Autres Occasions perdues

CRITIQUE STRATÉGIQUE
DE LA CAMPAGNE
DE L'ARMÉE MINEURE
EN 1870

R. CHAPELOT
30, Rue Dauphine
1908

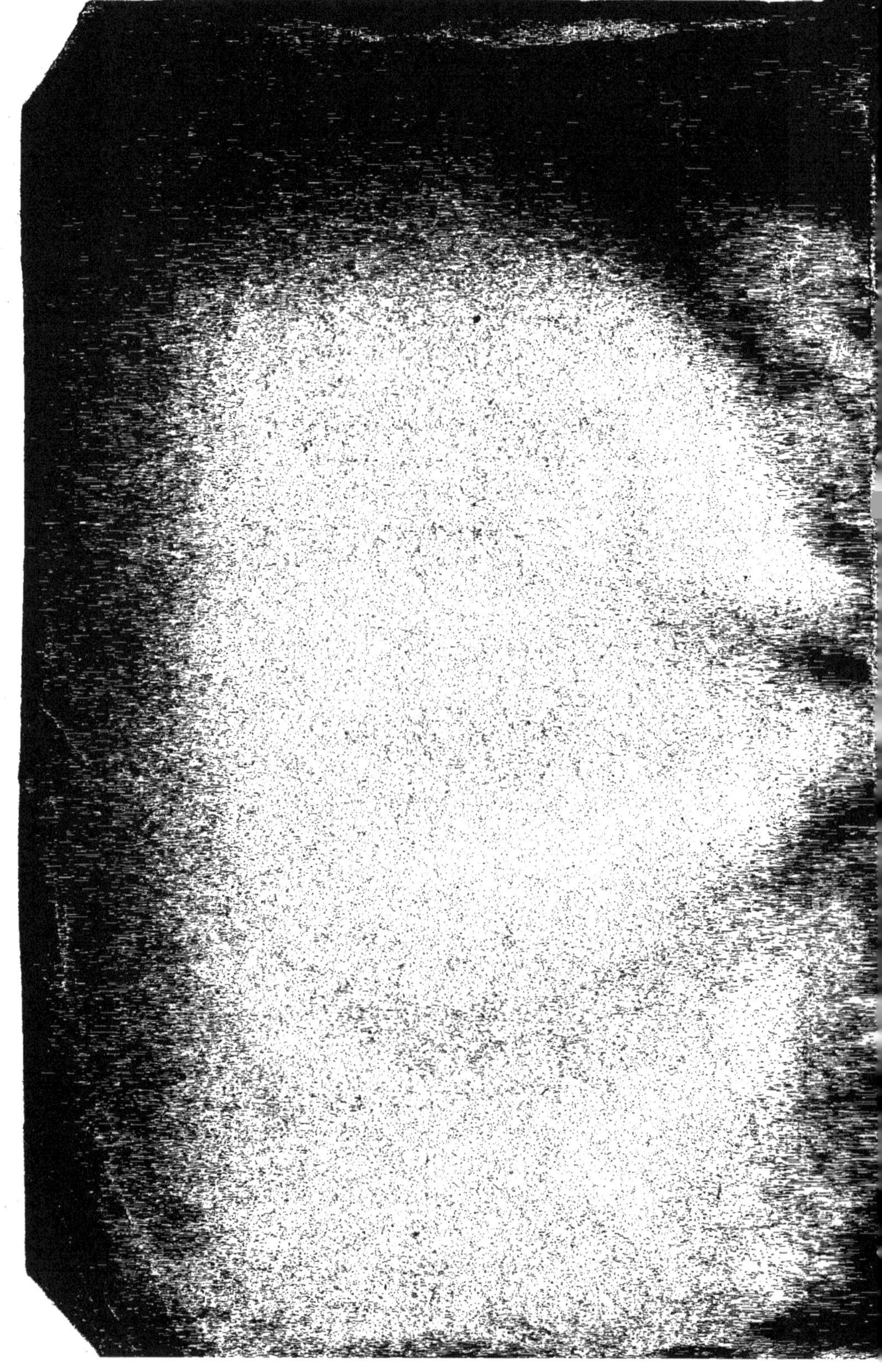

Autres
Occasions perdues...

PARIS. — IMPRIMERIE R. CHAPELOT ET C°, RUE CHRISTINE, 2.

Général IZZET-FUAD

Ministre de Turquie à Madrid

Autres Occasions perdues...

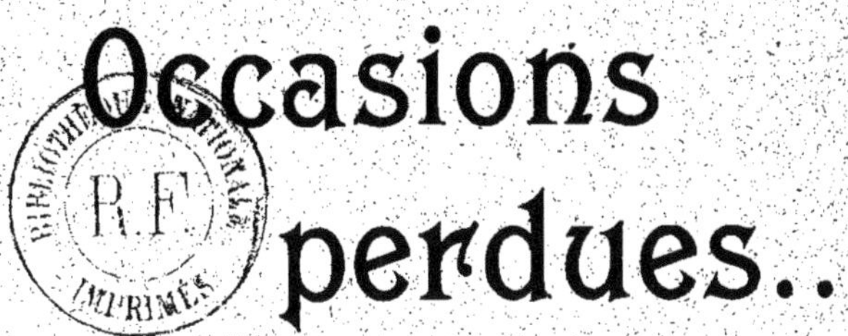

CRITIQUE STRATÉGIQUE

DE LA CAMPAGNE

D'ASIE MINEURE

1877-1878

R. CHAPELOT & Cie

30, Rue Dauphine

1908

PRÉFACE

La campagne d'Asie Mineure (1), dont l'intérêt paraissait secondaire, n'a jamais provoqué depuis trente ans une analyse et une critique approfondies. Ce qui a été publié à ce sujet a été écrit trop près des événements, et il nous semble que c'est à tort que l'on n'a pas sondé davantage les mystères de ce second théâtre de guerre, car ainsi que nous allons essayer de l'établir dans notre ouvrage, si entre les deux théâtres — Bulgarie et Anatolie — le lien de parenté au point de vue de l'intérêt stratégique n'apparaît pas intime, cependant on découvrira dans celui-ci des trésors de sujets à méditer et à critiquer.

Du côté turc, les documents manquant et la critique n'étant pas tolérée, il n'était pas facile d'entreprendre un travail consciencieux et efficace, du moment que l'utilité elle-même en a été méconnue jusqu'ici.

---

(1) Anatolie.

Du côté russe, il a été peut-être écrit davantage, mais pas énormément plus, par la raison sans doute qu'il y aurait eu, de ce côté-là aussi, plus à blâmer qu'à louer — et cela même dans la victoire — car dans les pays où l'on peut faire tout ce que l'on veut, on s'imagine, comme les enfants, qu'en voilant les fautes, on parvient à cacher la vérité..... En agissant ainsi, on fait le plus grand tort à son pays et à son armée..... Et cela vient d'être consacré par la prohibition de l'ouvrage du général Kouropatkine, qui, sans absoudre son auteur, dont les fautes sont impardonnables, aurait pu du moins éclairer bien des mystères et préserver les futurs officiers russes de semblables aventures.

Pour notre campagne d'Asie Mineure, ces mystères en ce qui concerne l'histoire, sont en grande partie dévoilés par une publication assez récente en langue turque, intitulée *Bachimiza guélenler* (1).

Cet excellent livre a pour auteur Mehemmed-Arif-Bey, mort avant d'avoir goûté le succès très grand qu'obtiendra bientôt son œuvre. Il fut — c'est ce qui rend l'exposé de son ouvrage particulièrement intéressant — le secrétaire particulier du généralissime Ahmed-Moukhtar-Pacha, sans toutefois n'avoir

---

(1) *Nos aventures* ou : *Tout ce qui nous est arrivé.*

jamais été que capitaine dans un bataillon de volontaires, au moment de la formation de cette troupe à
Erzeroum, et cela pendant quelques jours seulement.

L'ouvrage en question a été écrit en grande partie
sous la dictée du général en chef. Il est tellement
intéressant et il nous ouvre de tels horizons, qu'il
éveille des velléités de recherches depuis longtemps
endormies.

Mehemmed-Arif-Bey n'est pas un militaire; mais
son raisonnement est celui d'un soldat, puisqu'il
est guidé par le Muchir qui inspire sa plume.
L'œuvre est donc un reflet fidèle de ce qui se passait
dans la pensée du généralissime.

On verra dans la suite que les capacités des militaires qui se trouvaient dans cette région étaient
au-dessous de celles de leurs camarades de l'armée
de Roumélie.

Mais Moukhtar-Pacha lui-même, qui avait des
qualités de chef incontestables, possédait-il ce que
la légende se plaisait à lui supposer, et ce que beaucoup, qui ignorent notre science, lui accordent
encore aujourd'hui?

L'analyse de l'œuvre entière permettra seule de se prononcer à ce sujet.

En attendant, il faut remercier les fils de l'éminent écrivain, Djelal-Eddin-Arif et Nedjim-Eddin-Arif, de n'avoir pas hésité à publier ce précieux document, malgré la prohibition prévue de l'ouvrage en Turquie..... Oui! par un de ces caprices de notre curieuse destinée, ce livre appelé à éclairer les historiens ne peut être vendu, en tant que pays turc, qu'en Égypte, son port d'impression.

En dehors de l'intérêt historique à dégager du livre de Mehemmed-Arif-Bey, il y aura grand avantage à retrouver dans cette nouvelle étude — à côté des occasions que nous avons perdues — les fautes graves de l'armée russe.

Ces fautes de l'armée russe ne sont pas nées d'hier; par conséquent, les recherches s'imposent d'autant plus vivement que l'on s'attendait, de sa part, à ce que dans une longue période de paix (de 1877 à 1904), elles fussent corrigées : les événements de Mandchourie ont démontré qu'il n'en était absolument rien! Donc, en analysant les événements de notre dernière guerre, on comprendra plus facilement la raison des défaites russes dans le Liaotoung, depuis le Yalou et Port-Arthur, jusqu'à Liaoyang-Sandepou-Moukden. Devant des Japonais, mieux

organisés et plus savamment commandés, en 1904,
que nous ne l'étions en 1877, les Russes non perfectionnés devaient infailliblement être vaincus!

Notre longue résistance contre des forces infiniment supérieures a montré, une fois de plus, que
notre noble race n'a rien perdu de ses qualités qui
lui ont valu la domination d'immenses contrées.

Ce n'est pas seulement à la science (absente chez
l'adversaire) que nous avons succombé, c'est au
nombre; mais les Japonais viennent de nous prouver
qu'avec les vrais principes de la guerre moderne on
triomphe facilement de celui-ci; par conséquent
l'histoire doit être sévère contre ceux des nôtres qui
avaient osé se présenter devant l'ennemi, imbus de
fausses méthodes et d'idées encore plus fausses sur
l'art de la guerre.

Les campagnes modernes ne se font plus —
comme d'aucuns le pensaient alors chez nous —
avec des hommes armés de fusils! Les armées
contemporaines sont de grandes machines humaines,
aussi difficiles à manier qu'elles sont perfectionnées
et pesantes!

Un temps de paix long est muet. Il réserve des

surprises et des lacunes irréparables au dernier moment. Comment saurait-on qu'un cheval est meilleur qu'un autre si on ne le fait pas courir? Ce sont les courses qui déterminent la qualité d'une sélection : ce sont les grandes manœuvres qui fixent les gouvernements sur les qualités et le perfectionnement acquis par l'armée. C'est en montant dans de nombreuses courses que les jockeys acquièrent leur réputation et sont classés excellents jockeys et gagnent la confiance du public : ainsi cela devrait être pour les généraux. Comment en une longue période de paix fixerait-on autrement la valeur des chefs militaires?

Les grandes manœuvres font également ressortir les qualités ou les défauts du rouage des états-majors, de la rapidité de la mobilisation, des moyens de transport, des différents services et montrent si la liaison des armes et l'unité de méthode existent au sein d'une armée.

Chez nous, malheureusement, on pensait que les incessantes insurrections en Crète et au Monténégro et les expéditions du Yémen étaient des écoles suffisantes pour former l'armée et l'aguerrir..... C'était une erreur grave : l'armée turque est brave et n'a pas besoin de stimulants.....; tandis que ces guérillas, ces luttes agaçantes au milieu d'inaccessibles

rochers constituaient une vaste gendarmerie qui ne
pouvait que donner un mauvais pli à nos troupes,
en les habituant à la guerre de position et de
montagne, qui diffère considérablement de la grande
guerre.

Puisqu'il y avait des insurrections, il fallait bien y
affecter des troupes; mais pourquoi ces guerres
contre nos propres sujets ou vassaux? Pour quel
motif notre chère armée perdrait-elle son noble et
précieux sang en combattant ses frères?

Pour réparer les torts de notre administration!

Cette armée devenait ainsi une gendarmerie puissante, pour réparer les abus des gendarmes qui
étaient bien plus habiles et prompts à les engendrer
que capables d'agir pour calmer les crises nationales qu'ils faisaient naître.

Le bien-être national, la fraternité si nécessaire
entre les éléments qui composent l'Empire, l'amour
du même drapeau, la convergence indispensable
des intérêts, au lieu d'être assurés et obtenus par des
moyens normaux et paternels, avaient pour ennemis
acharnés nos coupables et féodaux administrateurs,
nos valys (1), nos mutessarifs (2), nos caïmacams (3),

---

(1) Préfets.
(2) Sous-préfets.
(3) Maires.

nos alays beys (1) et nos derfterdars (2), qui agissaient de manière à opprimer par la force brutale les paisibles et les faibles et qui obligeaient le gouvernement impérial à faire marcher des armées entières contre des mécontents, pour les empêcher de demander au Dieu protecteur des opprimés la fin de leurs misères.

Et Dieu écouta les populations non musulmanes!

Et quel fut le résultat de ces armées permanentes qui combattaient les idées des uns et les revendications des autres : la perte des plus belles provinces de l'Empire, et la ruine matérielle et morale des Turcs!

Erreurs fatales, erreurs irréparables!

D'autres corps d'armée pourtant étaient libres et pouvaient se perfectionner dans les manœuvres! On y songea une seule fois, et mon grand-père Fuad-Pacha, qui était alors ministre de la Guerre, les organisa à Constantinople avec un succès qui n'eut pas de lendemain, du reste.

Et c'est à peu près tout.

Lorsque la guerre fut déclarée, aucun de nos généraux n'avait jusque-là commandé à une armée régulièrement constituée, et c'est à l'énergie de cer-

---

(1) Chefs de la gendarmerie en province.
(2) Trésorier payeur général dans les chefs-lieux de province.

tains chefs, à leur bravoure, à leur patriotisme et aux qualités incomparables de nos chers soldats que nous devons Plevna, et la belle période des succès de Moukhtar-Pacha.

Dans nos armées — de 1877-1878 — nous avions certes des savants, des mathématiciens, des ingénieurs et même des saints, mais peu de tacticiens et presque pas de stratégistes.

L'analyse de la campagne d'Asie Mineure établira indiscutablement qu'ils avaient tort, ceux qui pensaient qu'on peut faire la guerre avec des méthodes personnelles et particulières!

Les chefs d'armées, de nos jours, ne doivent pas chercher la victoire « à quatorze heures »...; elle est simplement dans une bonne préparation de la troupe et d'eux-mêmes à la guerre par un entraînement physique et moral rationnel et l'adoption sans réserve des méthodes les plus recommandées par ceux dont nous ne pouvons mettre l'autorité en doute.

Le Génie de la guerre n'est plus à venir sur la Terre : il y est déjà venu! Il s'est présenté sous la forme de Napoléon. Le comprendre bien, c'est le faire revivre. Se souvenir de ce qu'il a fait, suivre pas à pas ceux qui l'ont le mieux compris et qui nous le font le mieux connaître, c'est la manière la plus certaine de bénéficier de la meilleure méthode

de guerre qui existe. Ceux qui s'en sont écartés, s'en
sont toujours amèrement repentis..... Mais ceux-ci ce
sont encore des bons, car dans leur repentir même,
on peut découvrir quelque chose de bon..... Mais
que dire des nombreux réfractaires qui encombrent
encore les armées de tous les pays? Que penser de
ceux qui condamnent les choses, parce qu'ils ne les
comprennent pas?

On plaint sincèrement ceux qui ne saisissent pas
Beethoven, Schumann, Wagner; mais plaindre n'est
point suffisant quand il s'agit de méconnaître les
beautés de l'art en matière de guerre, puisque ce
manque de goût peut précipiter toute une nation
dans l'abîme!

IZZET-FUAD,

Villa Machelon, Biarritz, janvier 1908.

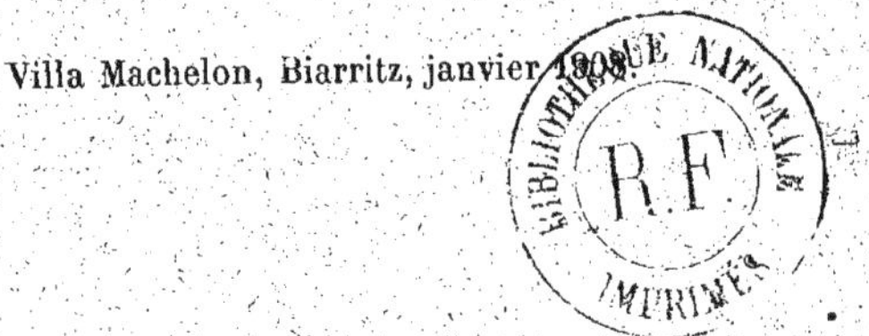

GÉNÉRALITÉS

La guerre entre la Russie et la Turquie présente comme caractère principal la différence flagrante des ressources, des moyens et du nombre : de là, immoralité absolue de la lutte !

La différence de l'éléphant au mouton !

Cent vingt millions contre trente ! Et de ces trente, il faut encore retrancher le tiers en faveur des populations exonérées du service militaire, y compris la capitale.

Étant donné un pays comme le nôtre, obligé de se battre avec une Russie qu'on croyait si formidable, qu'aurait fait un Bonaparte ?

La réponse ne comporte aucune hésitation : Napoléon Ier aurait réuni toutes les forces disponibles sur le point le plus important — en Roumélie, dans le cas qui nous occupe — et n'aurait rien laissé en Asie Mineure !

C'est ce que nous aurions dû faire !

« Mais comment ! Est-il possible de laisser envahir le pays par l'armée ennemie?... Et l'effet moral? Et ceci, et cela? »

A quoi ont servi, je me le demande, les bataillons qui

ont été sacrifiés à l'idée d'un second théâtre de guerre en Asie?

Le résultat n'a-t-il pas été le même que s'ils n'y avaient point été envoyés?

« Mais les Russes seraient venus jusqu'à Scutari! »

Jamais! La preuve, c'est qu'ils étaient tellement épuisés, qu'ils ont-été eux-mêmes cloués sur place, comme s'ils n'avaient pas été victorieux : quand il s'agit de parcourir une si grande étendue de pays, on doit posséder une armée trois fois plus nombreuse que celle dont ils disposaient. Qu'on se figure donc cette ligne d'étapes, depuis le Caucase jusqu'à Constantinople !

Et puis, ce dont on ne doit jamais tenir compte, si l'on subit une situation mauvaise, c'est précisément des considérations secondaires : avoir toutes les forces réunies et faire ce que l'art de la guerre conseille !....

Augmenter des troupes de Roumélie, les forces données à Ahmed-Moukhtar-Pacha et mettre à leur tête un bon état-major, c'était probablement précipiter les Russes dans le Danube..... ce n'était plus Plevna, c'était un Austerlitz ou un Iéna!

Mais on va voir dans les chapitres suivants — par les révélations que nous apporte le curieux ouvrage de Mehemmed-Arif-Bey — comment certains pachas, moelleusement assis autour d'une table, disposaient tranquillement de la vie d'un empire, et de celle de ses sujets, et comment de loin, de très loin, ils perdaient des batailles sur ces champs que les pachas d'autrefois avaient conquis à la sueur de leur généreux sang, montés sur leurs superbes pur sang arabes !

Comment faisait-on ces fameux plans qui ont si généreusement permis aux armées russes (qui auraient dû être sûrement battues, après Plevna, en avant d'Andrinople) (1) de venir jusqu'aux portes de Stamboul!

Qui les fabriquait ces jolis plans avec lesquels nous avons, en quelques petites séances, perdu une étendue de pays égale à une fois et demie la superficie de la France?

Qui donnait ces ordres abracadabrants?

Le Vukéla, c'est-à-dire le Conseil des ministres.

S. M. le Sultan, fraîchement monté sur le trône, avait trouvé un héritage d'hommes vraiment médiocres, à l'exception de deux ou trois, dont Midhat-Pacha. Ces derniers avaient été poursuivis et exilés à cause de leurs idées libérales et pour avoir pris part à la déposition du sultan Aldul-Aziz, survenue — comme on le sait — peu de temps avant la guerre turco-russe.

Il n'étaient pas seuls, les pachas et les beys, les vézirs et les balas (2) qui combinaient ces plans et qui donnaient ces ordres, à tort et à travers : ceux qui se mêlaient — de très près — de nos affaires militaires, faisaient chorus.

La tour de Babel n'a pas eu d'état-major plus hétérogène et plus multiforme.

Des cheihs syriens, des hodjas, diseurs officiels de bonne aventure, des astrologues, des rémildjis (fétichistes) et

---

(1) Voir notre ouvrage *Les Occasions perdues*.
(2) L'avant-dernier échelon dans la hiérarchie civile.

même des poètes avaient voix au chapitre, et cette stratégie cosmopolite sévissait comme une épidémie à Stamboul!

Rien ne saurait nous donner une idée plus précise de ce qui se passait alors, que la consignation, ici, des renseignements contenus dans le livre de Mehemmed-Arif-Bey.

« Vers la fin de la guerre, dans un moment très critique, le Ministre de la guerre envoie ce télégramme à Ahmed-Moukhtar-Pacha : . . . .

. . . . . —« Et comme depuis Erzeroum, jusqu'à Bayézid, l'influence morale du fameux Cheih Ubeydullah est très grande, en un rien de temps il pourrait nous fournir un minimum de 6,000 cavaliers (1)..... Je lui ai écrit pour lui désigner le point où cette cavalerie devra être concentrée. Mettez-vous également en communication avec le vénérable Cheih et comblez-le d'honneurs et de compliments! »

Ahmed-Moukhtar-Pacha avait répondu :

« On ne saurait rien attendre de tous ces gens-là. On peut être certain que les adeptes du Cheih lui sont bien plus attachés à l'intérieur des couvents qu'ailleurs. Je ne saurais que faire d'une armée de Derviches, quelque précieuse que puisse être sa pieuse présence parmi nous. D'ailleurs je n'ai ni des vestes, ni des pantalons à leur donner....., »

C'est effrayant, n'est-ce pas?

Mais j'allais oublier d'autres tacticiens, les plus écoutés de tous, ceux-là : les Tcherkess, en raison de leur origine guerrière!....

Beaucoup se figurent chez nous que la guerre est simple-

_____

(1) Des Murid ou adeptes et moines à cheval.

ment une combinaison qui a pour base principale la bravoure jointe à l'adresse individuelle.

Je les ai souvent entendus discuter, ces grands tacticiens
du Caucase! Dans les milieux les plus sérieux et les plus
officiels, on les écoutait avec une attention que d'ailleurs
ni moi, ni d'autres comme moi n'avons jamais obtenu. Oh!
non!

Nous avons connu des pachas..... des colonels, des généraux appartenant à la noble race circassienne : exception
faite en faveur d'un petit nombre, nous n'avons jamais rencontré un homme de tête, parmi ces Circassiens élevés en
ville.....

A l'armée de Roumélie en 1877, toute la journée et souvent toute la nuit, des ordonnances venaient prévenir les
commandants qu'on les voulait au bureau télégraphique.....
et tout le temps, c'étaient des :

« Il paraît, d'après tcherkess Djamboulat-Bey, que telle
localité est menacée : envoyez-y deux tabours (1). »

Ou bien :

« Au dire du Mutessarif (2) de ***, tcherkess Ahmey-Bey,
une colonne ennemie marche vers cette localité. Abouchez-
vous avec le Mutessarif, et mettez-vous à sa disposition. »

Les éléments contraires étaient puissants et nombreux :
les hauts fonctionnaires n'avaient jamais songé à s'instruire,
pour la raison très simple que dans les hautes sphères on

---

(1) Bataillons.
(2) Sous-préfet.

pensait que, quand on est investi d'un grade supérieur et d'un uniforme brillant, *on sait tout*!

On comprendra facilement que, dans ces conditions, la préparation du pays à la guerre était fort médiocre.... Les magasins, les dépôts, les ponts, les subsistances, les moyens de transport, n'avaient jamais préoccupé personne. Quant aux routes, elles ont été et sont considérées comme de très mauvaises choses pouvant servir à l'ennemi pour venir plus facilement chez nous?....

La conclusion s'impose : de toute façon, et en toute sagesse, nous devions éviter cette guerre; et, à ce propos, nous donnons ci-après la traduction d'un télégramme chiffré que nous trouvons au commencement du livre de Mehemmed-Arif-Bey. Il est envoyé par le maréchal Ahmed-Moukhtar-Pacha, du Monténégro où il commandait à cette époque, au Ministre de la guerre à Constantinople.

« Je me vois forcé d'exposer en quelques mots mon opinion, toute personnelle, au sujet de la situation actuelle; voici : à mon avis, un arrangement si injustement imposé, et quelque onéreux qu'il puisse être — avant d'en venir aux mains — serait préférable à une paix sûrement désastreuse, après une défaite! car, nous ne saurions aspirer à nous emparer soit de Tiflis, soit de la Crimée, soit de la Bessarabie dont la perte ne serait pas un très grand malheur pour la Russie; d'ailleurs les moyens d'y arriver nous manquent dans les proportions de neuf sur dix; et si nous parvenions à préserver entièrement nos frontières, il faudrait s'en féliciter (1). Mais en admettant même cette dernière possi-

____

(1) Cette idée, qui est dans toutes les têtes de l'époque, démontre que nos meilleurs chefs militaires eux-mêmes ne songeaient qu'à la défensive passive et à la guerre de position.

bilité, cela ne pourrait d'aucune façon nous valoir une paix satisfaisante, car on peut être certain qu'on nous arrachera la Bosnie et subséquemment l'Herzégovine..... Quant aux Anglais, ils ne viendraient pas avec nous, jusqu'à la frontière....; à peine se contenteraient-ils d'assurer la garde des détroits et de leurs alentours. Donc il résulte de tout ceci que de toute manière, la guerre aboutirait à une paix désastreuse pour l'Empire..... « Mais alors, puisque de toute façon, c'est la fâcheuse fin, eh bien! advienne que pourra! » dira-t-on. Non, si le salut n'est qu'un espoir, eh bien! tout minime qu'il soit, cet espoir est préférable à une perte certaine. S'il est vrai, qu'à l'heure actuelle, la Conférence ne se soucie pas de nous convier à parler, il est visible, d'autre part, qu'elle cherche à sauvegarder notre intégrité, tandis que je me demande si, après la défaite, il se trouvera une force capable d'assurer cette intégrité?.... »

Ce télégramme lu en Conseil des ministres fit fort mauvais effet sur les pachas ignorants et infatués de l'époque. Ils pensèrent qu'Ahmed-Moukhtar-Pacha, fatigué de la vie de campagne, avait besoin de se reposer; en conséquence, ils le firent nommer Gouverneur général de l'île de Crète..... Mais vingt jours s'écoulèrent à peine, qu'on le priait de prendre le commandement de l'armée d'Asie Mineure, car cette guerre que les sages voulaient éviter à toute force venait d'être déclarée!

Depuis les époques lointaines déjà, où nos ministres ne possédaient pas le ventre que nous avons aujourd'hui, on ne déclarait la guerre, qu'en sachant ce qu'on faisait..... A défaut des méthodes modernes plus étudiées, il y avait celles acquises par une pratique constante, liée au désir formel de conquérir et d'augmenter les ressources de l'Empire. Mais la conquête de Byzance devait — en une couple de siècles — fatalement détruire notre humeur guerrière..... sans toutefois la remplacer par d'autres vertus.

Depuis notre entrée triomphale et admirable à Constantinople — et après les Soliman et les Selim — du Monarque au dernier des Aghas, tous devaient malheureusement épouser, petit à petit, les mœurs des vaincus Byzantins que l'on remplaçait dans la plus dépravée des villes.

D'autre part, cette ville chrétienne ne pouvait pas, logiquement, politiquement et humainement, rester la capitale d'un empire musulman, à moins que l'amitié des vaincus ne fût sincèrement acquise aux vainqueurs? *Il fallait unifier, turquiser les intérêts..... et les aspirations,* ou bien abandonner Byzance et choisir un point du globe où nous aurions pu consolider notre existence politique et vivre selon nos idées et notre manière d'être : Soliman le Magnifique en avait senti le besoin !

Aux tentes de guerriers, en poil de chameau, sous lesquelles nous rêvions combats, victoires et grandeur, nous fîmes succéder de somptueux châteaux en marbre de Marmara et des conaks (1) vastes et des yalis (2) fleuris, dans lesquels, aux femmes modestement belles d'Anatolie succédèrent les divines Tcherkess du Caucase et de la Géorgie.

Voilà le point initial de nos malheurs : orgies et insouciance ! Circassiennes et Bosphore ! Contemplation et

---

(1) Hôtels particuliers des grands seigneurs.
(2) Les mêmes sur le Bosphore.

amour! Sorbets glacés et pâtisseries lourdes! Excellent pilaf et .... sommeil de plomb!

En ajoutant à cela l'exemption du service militaire des habitants de la capitale, et une très mauvaise interprétation de la religion du Prophète et de la civilisation moderne, on aura la clef de nos déboires.....

Nous disions donc que la guerre avec les Russes a été déclarée en 1877, sur l'avis des incompétents et des irréfléchis, contre les conseils des sages et des prévoyants. A ce propos, je ne saurais échapper au désir de consigner ici une imprudente détermination de ce genre, remontant un peu plus haut dans notre histoire.

En l'an de grâce 1828, Sultan Mahmoud qui, selon une vieille habitude du Sérail, n'appelait presque jamais ses ministres en sa présence et qui correspondait avec eux par l'intermédiaire de Mussahibs (Conseillers intimes) ou de Mabéyindjis (Chambellans), avait envoyé ce jour-là son Altesse le Dar-el-Suadé-Aghassi (le Grand Eunuque) au sein du Conseil — où l'on discutait les pour et les contre d'une guerre avec la Russie, à un moment où l'Empire désorganisé était en proie aux pires difficultés — afin de demander à mon aïeul Izzet Mollah — qui faisait partie du Conseil des Grands — pour quelle raison il s'était abstenu de signer le mazbata (1) relatif à une guerre avec la Russie.

« Pourquoi, dit le Grand Eunuque — que des faveurs inhérentes à sa neutralité dans le harem impérial avaient fait monter si haut — ne voulez-vous pas de cette guerre?.... (2)

---

(1) Procès-verbal.
(2) Elle nous fut funeste d'ailleurs.

Sa Majesté impériale, notre auguste Souverain, qui est
l'ombre de Dieu sur la Terre et le Maître des deux terres et
des deux mers ira jusqu'à Saint-Pétersbourg......

— Oui ! — s'écria mon grand-père — oui, Sa Majesté peut
aller à Pétersbourg...... en diligence...... mais il ne faudrait
pas oublier les relais sur la route !... » Et puis, levant les
mains au ciel, il ajouta : « O mon Dieu, donnez-moi, de
grâce, la tête de ce nègre, afin que je puisse dormir une
nuit tranquillement !... »

Mais ce fut le nègre qui eut celle de mon aïeul ; car le
lendemain Izzet-Mollah partit en exil à Kéchan et y mourut
bientôt très mystérieusement.

Avant l'arrivée de Moukhtar à Erzeroum, ville fortifiée,
qui devait être la base de ravitaillement de l'armée d'Asie
Mineure, les préparatifs — en vue de la toute prochaine
guerre — se font d'une façon fort curieuse, ainsi que l'on
va en juger : un certain Muchir-Samih-Pacha, un homme
d'une nullité notoire, se trouvait, à la déclaration de la
guerre turco-russe, à Erzeroum où il cumulait les fonctions
de Gouverneur général de la province et celles de commandant du 4ᵉ corps d'armée.

Ce pacha que j'ai connu quand j'étais enfant (1), avait,
d'après Mehemmed-Arif-Bey, une façon toute spéciale
de préparer, pour la guerre, la province à lui confiée. Il

---

(1) Il avait été l'aide de camp de feu mon grand-père Fuad-Pacha, grand
Vézir et Ministre de la guerre.

paraît qu'au lieu d'interdire d'une façon absolue l'exportation de tout ce qui devait nécessairement assurer la vie dans cette dure campagne, il avait, au contraire, permis aux populations indigènes de vendre à des marchands russes, follement accourus à cette nouvelle, les céréales et tous autres produits si nécessaires à la marche normale d'une campagne.

Le Maréchal auquel on faisait timidement remarquer, dans son entourage, le danger qu'il y avait à adopter ce système économique, répondait que ce n'était pas un mal de faire verser l'or russe entre les mains de nos populations, d'autant plus que Kars étant largement pourvu de tout le nécessaire, les troupes impériales n'auraient nullement à en souffrir.

Quelle triste chose, n'est-ce pas? Un maréchal qui pense qu'une ville frontière peut alimenter toute une immense et pauvre région qui allait ouvrir sa bouche affamée! Une région, qui même en temps de paix, est vouée souvent à une famine qui y fait d'horribles ravages!

Quel joli début pour une campagne!....

Mais bientôt l'alarme est donnée à Constantinople et le Maréchal économiste est momentanément remplacé par Courd-Ismaïl-Pacha qui, de son côté, cède bientôt le commandement à Ahmed-Moukhtar arrivant en toute hâte de la Crète.

C'est là, pendant les présentations officielles, que le Maréchal reconnut Mehemmed-Arif-Bey sous les vêtements d'un officier de volontaires; car, quelques années auparavant, pendant qu'il occupait le poste de Valy et de Commandant d'Erzeroum, il avait déjà connu et apprécié celui

qui va nous fournir de si précieux et curieux renseignements.

Donc, pour le jeune et nouveau commandant en chef, le
pays était une vieille connaissance, ce qui est toujours une
très bonne chose, à tous les points de vue; mais cependant,
aussitôt en possession de son État-major, la première chose
qu'il demanda, ce fut une bonne carte de la région : il n'y
en avait pas !.....

Mehemmed-Arif dit qu'on lui présenta bien une carte
géographique de l'ensemble de la Turquie d'Asie, de Kiepert,
mais qu'elle lui parut absolument insuffisante..... Un chef
d'armée arrivant à son commandement sans de bonnes
cartes, c'est comme si un chirurgien se présentait sans sa
trousse pour une opération grave : c'est un aveugle sans
bâton (1).....

A ce propos, nous trouvons dans le livre de Mehemmed-
Arif, les tristes lignes que l'on va lire :

« Bien avant la guerre, à l'époque où l'on construisait les
fortifications permanentes d'Erzeroum, de Kars et d'Ardahan,
de nombreux officiers d'État-major se trouvaient dans la
région, et, parmi eux Kutahyialy-Akif-Bey et d'autres valeu-
reux erkian-harb (2). Un jour, ces officiers s'adressèrent à
leur chef Phosphore-Moustafa-Pacha (3), lui demandant
instamment l'autorisation de faire, dans leurs moments
perdus, une carte de la frontière.

« Non! non! s'écria Phosphore — pour l'amour du ciel,

____

(1) Aujourd'hui nous avons une carte d'État-major au 1/210.000 cm.
mais de la Turquie d'Europe seulement.
(2) Officiers d'État-major.
(3) Quelque temps après, il fut Ministre de la guerre.

ne vous mêlez pas de ces choses-là ! Le gouvernement russe pourrait s'en formaliser, faire des remontrances à la Porte ; celle-ci se fâcherait et qui sait quels ennuis nous en aurions..... On penserait que nous sortons du cadre qui nous est assigné et l'on pourrait nous rappeler !.... Et nous sommes si bien ici !!! »

Il est certain que le maréchal Phosphore-Moustafa-Pacha avait absolument tort de penser et surtout de parler ainsi ; mais il n'était nullement nécessaire d'aller sur la frontière même : ces officiers auraient pu tranquillement faire les topos des pays plus en deçà ; cela eût largement suffi.

Mais ce qu'il y a de plus étrange et de plus désolant, c'est de voir que les chefs militaires savent que Constantinople a peur de permettre une chose utile à l'armée, de crainte de faire éternuer les autorités russes ; et cela dans la perspective d'une guerre avec ces mêmes Russes.

D'après l'auteur de *Bachimiza-guélenler* le Muchir Ahmed-Moukhtar aurait voulu avoir ces cartes pour y choisir ses futures lignes de batailles !

C'est bien là la manière de faire la guerre de nos braves généraux d'alors : les positions à choisir à priori : Des Wissembourg, des Wœrth, des Forbach, des Moukden !

D'où est venue, dans tous les pays, malgré Napoléon Ier — excepté en Allemagne — cette passion des plans et des dispositifs à priori ?

Eh bien ! C'est une infirmité périodique qui a pour origine et pour base la routine, le dédain du travail, le fanatisme, les erreurs incarnées, la limitation des idées, la myopie qui empêche de voir au loin !

Après Frédéric le Grand, Iéna n'aurait jamais dû être!

Après Napoléon Ier, Sedan est inadmissible!

Plevna n'a pas porté ses fruits. Faut-il attendre du bien de Liaoyang, de Sandepou et de Moukden?

Durant le peu de jours qu'il passa à Erzeroum, Ahmed-Moukhtar-Pacha fit un essai d'organisation des troupes et de l'administration militaire. Mais il affirme, avec une légitime inquiétude, que tous les moyens de transport existants sont de la dernière insuffisance.

Cependant, tout en cherchant à combler des vides, le commandant en chef aurait dû — avant tout — penser à donner immédiatement des ordres de concentration, afin de réunir dans sa main toutes les troupes disséminées d'une manière inconcevable! Il n'y songea qu'une fois à Kars et quand il fut au contact.

Dix bataillons et deux batteries de campagne se trouvaient à Ardahan, sous le commandement de Cassap-Hussein-Pacha (1).

Trente-neuf bataillons d'infanterie et six batteries de campagne (deux batteries et 3/4 environ par division!) étaient placés à Kars (voir carte n° 1) sous le commandement du général de division Hussein-Hami-Pacha.

Douze bataillons, deux batteries(?) à Kara-Kilissa, sous le commandement de Tatlioglou-Mehemmed-Pacha.

Deux bataillons à Bayézid.

Quatre bataillons du côté de Van.

---

(1) Hussein le Boucher, comme on l'appelait, commandait une brigade — autant que je m'en souviens — en Serbie où, un jour, pendant que je lui portais des ordres du commandant en chef, l'abri en gros bois que les soldats lui avaient construit s'étant effondré, le Pacha en avait eu une forte commotion cérébrale et, durant quelque temps, fut traité pour aliénation mentale.

Et enfin, à Khorassan, sur la route d'Erzeroum à Kars, six bataillons, sous le commandement du général de brigade Chahin-Pacha.

Quant à la cavalerie, en principe. le 4ᵉ corps d'armée devait posséder quatre médiocres régiments; mais, par le fait, il n'en resta que trois, l'un d'eux ayant été entièrement cueilli et fait prisonnier à la déclaration même de la guerre, pour la bonne et curieuse raison qu'on l'avait semé, homme par homme — en fourrageurs — tout le long de la frontière. Dans le langage militaire de l'époque, cela s'appelait : « un cordon de cavalerie ».

Avant d'aller plus loin, cherchons à saisir quelle a été — à défaut de toute méthode, cela est certain — l'idée particulière et collective des Pachas réunis à Erzeroum et de leur État-major, au sujet des dispositions prises avant l'arrivée du nouveau commandant en chef.

Vouloir empêcher l'ennemi de venir sur Erzeroum. Et alors, dans ce but, on cherche à boucher les trois voies qui, concentriquement, aboutissent de la frontière à Erzeroum, capitale de l'Arménie turque et base d'opérations de l'armée d'Asie Mineure.

On supposait donc — et avec raison du reste, puisque Loris Mélikoff a agi ainsi — (car ce qui s'assemble se ressemble) que l'armée russe opérerait par trois lignes séparées les unes des autres par des distances variant de 70 à 150 kilomètres, sans aucune transversale praticable.

Dans ces conditions, l'aile droite de l'armée russe devait marcher sur Ardahan; le centre, sur Kars; et l'aile gauche, sur Bayézid. C'est ce qui arriva, du reste. Seulement on peut se demander ce que chez nous on espérait de

la part de dix bataillons et d'un général — à moitié fou —
placés contre une aile d'une armée d'invasion au début
d'une campagne?

Arrêter? Contenir?

Non : être enlevé! Être cueilli!

C'est ce qui arriva, du reste !

Ce fait, d'enfermer, dès avant la déclaration de guerre,
39 bataillons dans un camp retranché, à deux pas de la
frontière, révèle bien l'état d'âme des chefs de l'armée à
cette époque..... Et ces 39 bataillons constituaient les
forces principales de l'armée d'Asie Mineure.

Pouvait-on douter que l'effort principal de l'armée d'opérations russe se porterait sur Kars, puisque cette place bar-
rait le chemin conduisant à l'objectif principal qui est
Erzeroum !

En admettant même que l'idée d'une manœuvre de flanc
(venant du côté d'Ardahan) ait germé un instant dans la
tête de l'adversaire, que pouvait le corps de Kars, sans
routes transversales, contre une pareille manœuvre! Tandis
qu'une armée placée plus en arrière aurait eu pour elle les
facteurs Temps et Espace.

Comment des gens qui, sans être des tacticiens ni des
stratèges, mais qui étaient pourtant des hommes sensés et
raisonnables, pouvaient-ils penser aussi pauvrement? Ainsi,
nous verrons que Moukhtar-Pacha lui-même se rend coupable
en laissant à Ardahan, et un peu disséminées de tous côtés,
les meilleures troupes dont il aurait pu disposer.

Peut-être y a-t-il songé un moment, et la pensée qu'il
serait en désaccord avec les idées de la capitale l'en a-t-elle
détourné?

A notre avis, cette considération n'aurait jamais dû

l'arrêter, car, si l'on ajoute aux forces qui vont prendre part aux futures opérations, les bataillons inutilement semés de toutes parts, l'on verra que les manœuvres que Moukhtar-Pacha a si habilement entreprises contre son adversaire, auraient réussi stratégiquement, comme elles avaient été couronnées d'un réel succès tactique.

La différence sera aisément constatée, nous n'en doutons pas.

La chose essentielle qui manquait à nos troupes d'alors, c'était une bonne préparation à la guerre. Le principe de la liaison des armes était une quantité complètement négligée.

Chaque chef faisait plus ou moins à sa tête et selon sa propre logique; par conséquent, l'*Unité de méthode* était inconnue ou méprisée.

Le service des ambulances était déplorable : des quantités de vies humaines étaient sacrifiées à cette mauvaise organisation, et d'excellents et braves soldats qui auraient pu revoir leurs mères, mouraient comme des mouches, faute d'une bonne entrée en campagne.

Personne n'avait songé à développer l'initiative des officiers sur le terrain et à les mettre à même de trouver rapidement la solution des différents problèmes qu'ils peuvent avoir à résoudre sur le champ de bataille, choses qui donnent à tous confiance en eux-mêmes et dans leurs chefs !

La guerre moderne ne peut plus se faire sans que les officiers et même les soldats soient instruits. Les instruments de guerre moderne donnent des résultats, si l'on sait s'en servir. Et plus ils sont perfectionnés, plus il faut que celui qui doit s'en servir soit instruit.

Jamais, en temps de paix, les troupes d'Anatolie, pas plus d'ailleurs que celles de Roumélie, n'avaient fait des manœuvres, car dans les hautes sphères gouvernementales on les considérait comme suffisamment aguerries par les insurrections auxquelles elles avaient pris part, sans toutefois tenir compte que des guerrillas au Monténégro et dans les montagnes de l'Herzégovine ne revêtent en aucune façon la physionomie de la grande Guerre, de sorte que le principe de la liaison des armes était chose absolument inconnue ; partant, la cohésion était nulle. Chaque arme travaillait pour son propre compte..... En un mot, les intérêts et les objectifs n'étaient pas communs. Cette science de la cohésion ne s'acquiert que par des travaux constants et méthodiques du temps de paix, exécutés en commun.

Cette précieuse école, que l'on appelle les manœuvres, est la seule route qui mène les trois armes au but de la guerre : la Victoire..... ; et dans une longue période de paix, elle remplace les leçons de la guerre, et sert à préparer les officiers supérieurs et les chefs des grandes unités. C'est là qu'ils peuvent se faire la main et le coup d'œil ; c'est là qu'ils apprennent à manier les grandes masses.... ; et c'est ainsi que chaque arme apprend la manière d'aider les autres armes, ses sœurs.

Non seulement rien de tout cela n'avait été envisagé ; mais encore, les unités tactiques et stratégiques n'avaient aucune valeur. On parlait par « bataillons ». Cinq « tabours » (1) par-ci ; dix « tabours » par-là.

---

(1) Bataillon.

Le corps d'armée, qui est la véritable unité susceptible de donner toute son ampleur au mode d'action et d'emploi des trois armes, n'a jamais eu le don de pénétrer dans nos réformes militaires.

Moukhtar-Pacha aurait eu beaucoup de mal à remettre tout cela au point. Pourtant, s'il avait été envoyé sur les lieux un peu plus tôt, il aurait pris un meilleur contact avec ses sous-ordres, tout en se rendant compte de la situation.

Cette situation était déplorable. Nos pachas qui s'étaient succédé comme valys (1) de cette province — comme tous nos valys, comme dans toutes nos provinces — non seulement n'avaient pas construit de nouvelles routes, mais encore ils ne s'étaient pas donné la peine d'entretenir les grandes voies existant entre les principales villes (2). De sorte que ni pour les concentrations, ni pour les ravitaillements, ni pour la manœuvre, aucun effort n'avait été fait. On avait construit quelques forts, très chers, et l'on s'était endormi dessus avec une insouciance et un fatalisme que la Chine elle-même semble secouer depuis quelque temps.

L'hiver de l'année de la guerre avait été exceptionnellement rigoureux; les voies d'accès étaient dans un état indescriptible. Le port de Surméné, qui est bien plus avantageusement situé que Trébizonde, n'avait pas été organisé.

Une bonne route, partant de ce point, aurait eu, entre autres avantages, celui d'abréger le trajet de moitié, du

---

(1) Gouverneurs ou Préfets.
(2) Le mot « entretenir » n'existe pas dans nos dictionnaires.

littoral à Baybourd-Erzeroum. Cette voie présentait en outre cet autre avantage appréciable de passer par des vallées, entre les deux chaînes principales des montagnes du Lazistan et de n'avoir presque jamais à redouter les neiges contrariantes des monts Zigana et Kop, par les crêtes desquels passe l'unique chaussée de Trébizonde à Erzeroum.

Deux expressions du pays, aussi pittoresques que caractéristiques, montrent combien cette dernière route est défectueuse. En effet, dans le patois de l'endroit, on désigne les versants éclairés par le soleil du nom de « Gumeÿ » et ceux qui ne le sont pas, de celui de « Kouzeÿ » et justement la chaussée de Trébizonde est construite sur les versants « Kouzeÿ », de sorte que presque toute l'année les neiges y sont permanentes !

Dans une contrée aussi coupablement négligée que l'était l'Asie Mineure, les meilleures volontés et tous les sacrifices militaires devaient fatalement échouer ; mais les immunités dont jouit l'administration la préserve de toute responsabilité ; et son impunité nous imputera dans l'avenir, comme dans le passé, les fautes qui devraient lui revenir !

Par contre, nos adversaires possédaient des routes de tout premier ordre pour venir chez nous. D'ailleurs, en cette première période de la campagne, les uns et les autres pouvaient passer partout ; car, avant l'hiver, toutes les routes sont plus ou moins praticables.

L'aile droite disposait de la route d'Akaldjik pour sa marche sur Ardahan.

La colonne du centre, accrue après la prise d'Ardahan

de la majeure partie du corps de l'aile droite, devait se servir de la grande route de Tiflis à Kars par Alexandropol et Zaim.

L'aile gauche marcherait sur Bayézid par Van Sigdir et Cara-Hissar.

En dehors de ces trois colonnes, les Russes en avaient formé une quatrième qu'on appelait le corps du Rion, qui eut pour mission de marcher par de très mauvais chemins sur Batoum où commandait le maréchal Dervich-Pacha.

Derviche, Moukhtar et Courd-Ismaïl qui était resté à Erzeroum, comme gouverneur général à l'arrivée du nouveau commandant en chef, formaient un triumvirat des plus dangereux pour la réussite des opérations ; car ces trois Muchirs étaient d'une éducation diamétralement opposée. Moukhtar, le plus instruit, le plus modernement militaire et le plus actif, se trouvait être leur cadet, tout en étant leur chef.... ; et les autres avaient pour eux sinon l'armée, du moins la grande majorité des influents, des intrigants et des ignorants. Leurs écoles étaient donc aussi dissemblables que leurs systèmes : Derviche procédait par la ruse ; Courd (1) n'admettait que la force brutale ; et Ahmed-Moukhtar, qui était officier d'état-major et excellent mathématicien, ne pensait qu'à mettre en pratique ce qu'il savait de l'art de la guerre, autant qu'on pouvait l'apprendre à cette époque-là.

Avant la guerre de 1877 avec les Russes, notre Harbié

----

(1) C'est ce Courd-Ismaïl qui avait conseillé, en haut lieu, l'intervention du Cheih Ubeydullah et de ses moines à cheval !

(École de Guerre) ne pouvait rien produire de bon, et voici pourquoi :

Après la destruction des Janissaires, Sultan Mahmoud — le grand-père du Sultan actuel — avait très sincèrement désiré la réforme militaire de l'Empire et c'est de cette époque que date pour nous le militarisme moderne.

Le maréchal Marmont, duc de Raguse, qui avait été à Constantinople et reçu par Mahmoud, parle dans ses impressions de voyage, d'un pacha (1) qui portait non seulement un uniforme occidental, mais des gants blancs, un col et des sous-pieds.

C'est sous le même règne, que Moltke, le grand Moltke, était resté plusieurs années comme instructeur chez nous. Mais les bons et dévoués conseils qu'il avait donnés au général turc qui commandait à la bataille de Nézib, contre Ibrahim-Pacha, le Vice-Roi d'Égypte rebelle, ne furent pas écoutés ; et nous perdîmes ridiculement une bataille que nous devions gagner. Il quitta le service ottoman, comprenant qu'il n'y avait rien à faire.

Après la guerre de Crimée, l'École de Guerre fut réorganisée avec un meilleur programme, et des missions militaires françaises se succédèrent. Mais les rendements devaient être médiocres, puisque ces officiers ne pouvaient enseigner en langue turque. Il fallait prendre une leçon de

---

(1) Namyk-Pacha ; il fut grand partisan des réformes militaires ; avait très bien appris le français et le parlait couramment ; vécut longtemps, mais à un certain moment de sa vie, devint tout à coup très fanatique, faisant même semblant de ne pas connaître le français. Envoyé à Choumla en 1877, comme adjoint du généralissime Abdul-Kérim-Pacha, il y vint avec des hodjas, s'enferma dans une maison et n'en sortit que pour retourner à Constantinople, n'ayant pu faire exaucer par le Ciel toutes les prières que lui et les hodjas récitaient à haute voix du matin au soir.

grammaire dans une salle et passer dans l'autre, pour étudier l'art militaire.

Ce qui manquait surtout à cette école de guerre, c'étaient
les livres d'art et surtout d'histoire militaire..... Il eût
fallu traduire des bibliothèques entières, des montagnes
de livres pour pouvoir mettre l'instruction des élèves et
élèves-officiers au niveau des établissements similaires
d'Europe (1)..... Cependant des livres de mathématiques
existent en bien plus grand nombre que les ouvrages sur la
tactique, le service en campagne et la stratégie; l'école
produisit donc quelques *très bons* mathématiciens, mais pas
autre chose! Quelle pouvait être, l'éducation de guerre
donnée à des Turcs, par des officiers étrangers qui, même
chez eux à cette époque, s'étaient rendus coupables de tant
d'ignorance, en négligeant les principes et les théories du
plus grand génie militaire que fut Napoléon Ier!

De là, il faut déduire que malheureusement l'instruction
et surtout l'éducation de guerre de nos pachas d'alors ne
pouvaient matériellement pas être brillantes. On pouvait
bien voir de droite et de gauche quelques officiers ayant fait
leur éducation militaire en Occident; mais l'action efficace
de ceux-là devait être nécessairement neutralisée par la
dissemblance même des connaissances et des jugements.

L'esprit de routine et la bureaucratie étaient tellement
incarnés dans nos mœurs militaires que l'officier de guerre
qui ne devait penser qu'à la guerre n'était qu'un écrivas-
sier, ou tout au plus un médiocre administrateur!....

---

(1) On avait également — faute de recherches — négligé de faire
connaître à nos officiers les plans de nos batailles du bon vieux temps
et l'esprit militaire de nos ancêtres.... C'est depuis peu qu'on commence
à savoir les précieuses leçons de notre glorieux passé!...

PREMIÈRE PÉRIODE

OFFENSIVE DES RUSSES JUSQU'A LEUR DÉFAITE A LA BATAILLE DE ZEWIN (24 juin 1877).

CHAPITRE PREMIER

Départ du général en chef pour Kars.

Le 16 avril, après avoir donné ses dernières instructions, et en compagnie de son chef d'État-major, le général de division Feyzi-Pacha, du général de brigade Hassan-Kiazim-Pacha et de son nouveau secrétaire Mehemmed-Arif-Bey, le commandant en chef quitta Erzeroum, et quatre jours plus tard, arriva à Kars.

La forteresse de Kars avait été prise en 1828 par Paskiewitz et bloquée par Mourawiew en 1854; par conséquent, tout en constituant une ville frontière fortifiée, elle avait donné une mesure exacte de sa valeur qui était très relative, même quand les forteresses avaient une valeur..... Transformée depuis en camp retranché, cette ville était de toute façon condamnée à être investie ou enlevée par l'armée russe, de sorte que le calcul consistant à lui demander d'y retenir une portion notable des forces de l'adversaire ne valait rien, ainsi que les événements l'ont démontré pour la troisième fois en 1877, et ainsi que cela constitue l'histoire lamentable de tous les camps retranchés passés, présents et à venir.

Un Metz ou un Kars peuvent aider à une manœuvre, en servant de point d'appui ou de pivot.

En d'autres termes, c'est-à-dire si au lieu de trente-neuf ou quarante-neuf bataillons, on avait pu ne laisser que deux corps d'armée dans les environs de Kars, le raisonnement des vieux tacticiens aurait peut-être revêtu quelque vérité : on obligeait l'adversaire à laisser en face de cette place une notable partie de ses forces. Mais en raisonnant mieux, en raisonnant plus méthodiquement, on arriverait à conclure que deux gros corps d'armée seraient mieux placés dans les mains d'un général qui n'est déjà pas assez riche pour se payer le luxe d'une si forte avant-garde stratégique. Avoir toutes les forces réunies pour imposer sa volonté à l'ennemi : c'est là le point capital que l'on doit toujours envisager. Et quel appoint pour donner plus tard de la consistance et de l'autorité au moment de la manœuvre qui doit décider du sort de la campagne; car il faut bien se convaincre d'une chose, c'est que le but de la guerre n'est pas de conserver certains points géographiques; mais bien d'écraser les masses principales de l'ennemi, seul moyen de conserver *tout*.

Pourtant, dans le cas qui nous occupe, ce n'est pas seulement Kars qui provoque la critique, mais l'ensemble des mesures prises, c'est l'éparpillement général : *du monde partout, des forces nulle part!*

Mehemmed-Arif-Bey dit que la physionomie des troupes que le commandant en chef trouva en arrivant à Kars, présentait bien plutôt l'aspect d'un ramassis d'hommes armés de fusils que celui d'une armée capable de se mouvoir.....

La pénurie des moyens de transport surtout était telle, qu'on aurait pu dire que cette troupe « était atteinte de paralysie ».

Mehemmed-Arif-Bey raisonne bien en disant que le sort d'une armée incapable de se mouvoir était de rester dans le camp retranché, de se faire cerner et d'y périr ; et alors, il pense au pays déjà dévasté, à son prestige, etc., etc. Il voudrait donc que l'armée fût mobile, afin de la pousser vers la frontière et de barrer le chemin aux armées russes, en prenant en avant de Kars des positions reconnues bonnes — d'avance : il voudrait protéger toute la frontière.....

Là, nous nous séparons entièrement de l'excellent écrivain : pays investi, prestige, etc., etc., etc., sont des considérations qui ne peuvent et ne doivent jamais influencer les dispositions à prendre en vue de la manœuvre, seule préservatrice, seule à considérer !

Le deuxième jour de son arrivée à Kars, Moukhtar-Pacha constitue sous le commandement du général Ahmed-Mouhliss-Pacha un détachement composé de 6 bataillons et d'une batterie de campagne, qu'il expédie à Sou-Batan comme avant-garde générale de l'armée de Kars ; mais il ne se soucie pas de donner des ordres à sa cavalerie et d'organiser normalement son service d'exploration et celui de sûreté.

Le colonel du fameux 2e régiment de cavalerie égrené le long de la ligne frontière, est chargé de courir après des réquisitions de chariots à bœufs et de vivres, lorsqu'on vient annoncer au Muchir que l'ennemi vient de franchir la frontière.....

« ..... La personne qui annonçait cette nouvelle ajoutant que le 2ᵉ régiment fractionné avait été complètement cueilli par l'ennemi, la consternation fut à son comble. »

Du jour de l'arrivée du commandant en chef à Kars, à l'heure où la nouvelle de la marche en avant de l'armée russe est donnée, 8 à 10 jours pleins se passent, pendant lesquels on pouvait aisément prendre toutes les dispositions et toutes les mesures afin d'éviter la fâcheuse surprise et cette sensation douloureuse au moment d'entrer en campagne.

Cet ordre à donner à la cavalerie aurait dû même partir d'Erzeroum avant le Maréchal.

En expédiant si tardivement le détachement qu'on appelait l'avant-garde de l'armée, confiée à Mouhliss-Pacha, on lui enlevait l'esprit de sa mission qui est d'assurer le facteur « temps ». De ce chef, le gros de l'armée devait naturellement subir la volonté de l'assaillant dès le début des opérations !

En jetant un coup d'œil sur le croquis nº 1, on verra qu'avec un dispositif à peu près comme celui que nous y indiquons, on aurait évité toutes ces émotions et ces désagréments : le contact stratégique et ensuite le contact tactique auraient été pris dans des conditions tout à fait normales.

Cependant, à notre avis, Sou-Batan est trop loin, il aurait

fallu avoir deux avant-gardes sur les deux routes allant vers
Alexandropol, reliées par la cavalerie.

Kars menacé, Constantinople fut aux abois,..... et alors, au
lieu de quelques ordres donnés avec calme par des hommes
connaissant à fond le métier de la guerre moderne,
c'étaient de longues et inutiles dépêches qui encombraient
les fils télégraphiques et les bureaux! C'étaient des prières,
des lamentations, voire des poèmes! C'étaient des louanges,
des récompenses avant les actes, des promesses provoquant
de dangereuses rivalités; des phrases longues et incompréhensibles pour voiler ou remplacer l'indigence des
idées.

En s'approchant des poteaux télégraphiques, on aurait
pu attraper la fièvre de l'ignorance et de l'incohérence!

Chaque degré de la hiérarchie avait son bagage de science,
de fatuité, de vues, d'arrogance..... Mais on peut affirmer,
sans hésitation, que plus on montait dans cette hiérarchie d'alors, et plus on sentait l'esprit et le savoir, descendre.

Cependant la plupart de ces messieurs possédaient une
science que j'avoue ignorer, pour ma part, avec regret du
reste.

Cette science n'a rien de commun avec l'art proprement
dit de la guerre : on l'appelle chez nous « idaré-ï-mas-
lahat ».

On pourrait traduire cela par : « l'art d'accommoder les
difficultés ».

Ainsi que son nom l'indique, c'est une science qui n'est pas facile : d'ailleurs, elle procède essentiellement du désordre et du néant !

Les César, les Annibal, les Frédéric, les Bonaparte ne l'ont pas connue..... Seul Moltke a dû s'en faire une idée, et cela parce qu'il est resté quelque temps chez nous, avant que la gloire ne l'ait baisé au front, après sa rentrée en Prusse.

L' « idaré-i-maslâhat » est assurément une admirable chose..... pour le bienheureux qui sait s'en servir !.... Quel est celui de nos lecteurs qui pourrait..... — par exemple — se charger de faire..... marcher une voiture sans roue !.... ou bien équiper un régiment de cavalerie de 500 chevaux avec 300 selles et 200 brides....; ou encore faire naviguer des bateaux de guerre avec des équipages qui n'auraient jamais pris la mer....; ou bien faire atteler trois batteries d'artillerie dont deux auraient des chevaux, mais point de harnais et la troisième qui posséderait les harnais, mais qui manquerait de véhicules?.... Qui pourrait, enfin, faire une omelette sans œufs, une limonade sans citron, ou avoir une belle-mère sans se marier?....

Eh bien ! avec l'art d'accommoder les difficultés, on doit sûrement pouvoir y arriver.....

Pourtant, à l'accomplissement de ces prodiges administratifs, un personnage doit prêter un concours d'une absolue nécessité : le Mutéahhid.

Le mutéahhid, c'est le grand fournisseur, c'est l'adjudicataire, c'est le père nourricier !

C'est quelquefois un Arménien, un Grec, et le plus souvent un Juif; rarement un Turc!

J'en ai connu un très classique, au 5ᵉ corps. Celui-là travaillait pour le compte de la garnison d'Alep.

Et c'était toujours le même Juif! Personne ne pouvait le remplacer, pour des raisons fort compréhensibles : d'abord, par l'habitude que l'on avait de lui et ensuite par le fait que la caisse du Vilayet (1) était sa débitrice en permanence, et cela, *malgré tout ce qu'on lui payait*; dans ces conditions, aucun commerçant ne lui faisait concurrence, personne ne pouvant accepter les conditions d'adjudication imposées au Juif qui pleurait, se lamentait, gémissait, refusait de toute son énergie, mais qui, la comédie finie, acceptait toujours!.... Et alors, on disposait dans des bocaux revêtus de cachets les échantillons-types des marchandises qu'il s'engageait à fournir et on les plaçait sur une étagère dans la chambre d'un Pacha; mais tout le monde savait que le Juif se ruinerait à bref délai s'il fournissait les marchandises identiques aux échantillons-types qui dormaient toute l'année inconscients dans les bocaux et les fioles!

Quand, par exemple, il devait fournir 1 000 quintaux de paillé pour les chevaux, il en livrait 500 seulement..... l'autre moitié se compensait par 500 quintaux de complaisance sous forme de cailloux..... égarés.

Le mutéahhid qui fournissait — également — les étoffes pour la fabrication des vêtements de la troupe, ainsi que ses chaussettes, ne remplissait jamais ses obligations; et nos braves soldats recevaient durant l'été leurs vêtements d'hiver et les chaussettes de laine destinées à les préserver

____

(1) Province.

de l'influenza; et, par contre, leurs vêtements d'été en hiver!...

Je m'étais laissé expliquer la raison pour laquelle le mutéahhid juif avait toujours une somme à recevoir de la caisse départementale : c'était pour ne pas payer les architectes et entrepreneurs qui lui avaient construit ses nombreuses maisons de rapport, en leur disant qu'il avait à recevoir du Gouvernement; ce qui, au su de tout le monde, était vrai..... Mais il avait bien moins à recevoir du Gouvernement qu'il ne devait à ses créanciers..... C'est ce que ceux-ci ne savaient pas!....

À Erzeroum, à Kars, les choses ne devaient pas se passer autrement sans doute; et si la question de vivre et de faire vivre quelques-uns fut la préoccupation du temps de paix, personne ne songea jamais, par contre, à l'existence menacée de l'Empire!

L'inconcevable idée économique de Samih-Pacha — dont nous avons parlé plus haut — avait mis l'armée de Moukhtar-Pacha dans une situation des plus critiques : en un coup de main, toutes les provisions avaient passé à l'ennemi.

Retournons à Kars. Les 6 bataillons auxquels 3 autres furent ajoutés, voyant les Russes s'avancer, se retirèrent et allèrent au sud de Kars, prendre position à l'endroit appelé Boz-Kalé, suivant les ordres donnés à Moubliss-Pacha.

Les allées et venues de ce détachement sont incompréhensibles. Il aurait pu rester plus en arrière de Sou-Batan et

assurer la zone de manœuvre, et en tout cas éviter une
surprise, en maîtrisant l'accès de la cavalerie, en l'empêchant de se répandre immédiatement dans la plaine de
Kars. C'eût été, en tout cas, un geste mâle qui aurait évité
la première mauvaise impression produite sur l'adversaire..... Ce sont des choses qui comptent beaucoup en
guerre.

Le Muchir est à Kars depuis déjà plusieurs jours et les
ordres ne parlent que de bataillons : il n'est pas question
de brigades, il n'est pas question de divisions ; à peine si
les régiments restent sous la main de leurs colonels. La
répartition tactique n'est envisagée qu'au point de vue de
la *capacité* et de *l'exigence* du terrain.....

L'exploration et les reconnaissances étant nulles, on ne
sait de l'ennemi que ses directions de marche, et ce qu'en
rapportent les paysans qui fuient devant les Cosaques!

Toutes les approximations sont fausses, et les dispositions sont prises sur les télégrammes des Mutessarifs (1)
ou des Caïmakams (2) affolés..... et chacun de ces
Messieurs voudrait commander ou être immédiatement
secouru.

Si Moukhtar-Pacha ne répond pas aux cris et aux lamentations de chacun par l'envoi d'un tabour (bataillon) à droite,
d'un alay (3) à gauche, d'un liva (4) en arrière, d'un firka (5)
en avant, alors ce sont des imprécations et même des

----

(1) Sous-préfet.
(2) Maire.
(3) Régiment.
(4) Brigade.
(5) Division.

impertinences qui pleuvent ; et ces faiseurs d'embarras ne
se gênent pas pour prier leurs puissants protecteurs de
la capitale d'appuyer leurs demandes, auprès du généralissime, par des télégrammes fulminants qui arrivent au
quartier général !

Du reste, Mehemmed-Arif-Bey va nous en donner un
échantillon :

« Au moment même où *quelqu'un* venait en courant dire
au Pacha que les Russes avaient enlevé le malheureux
2ᵉ régiment de cavalerie et qu'ils marchaient sur Kars, nous
apprenions que l'armée russe avait également franchi la
frontière vers Ardahan, Batoum et Bayézid. Mais l'alarme
qui vient de cette dernière localité prend des proportions
effrayantes. On sait que deux bataillons avaient été placés
à Bayézid, avec ordre de se retirer sur Barghiri, si les Russes
marquaient l'intention de s'emparer de Bayézid, et d'y
opérer leur jonction avec la division qui devait s'y rassembler sous le commandement du général Faïk-Pacha. Ce
détachement devait, avec le concours de troupes irrégulières, servir de couverture du côté de Bayézid, tout en
assurant des rapports (1) avec la division d'Alechkerd, et
entretenir régulièrement le commandement en chef des
faits et gestes de l'ennemi. Un certain Aly-Kémaly-Pacha
qui était alors mutessarif de Bayézid, dans l'ignorance de
l'ordre donné à l'officier commandant les deux bataillons,
envoie coup sur coup, et avec furie, des télégrammes de ce
genre : « Le Moskof (2) a franchi la frontière. Les 2 bataillons que nous possédons ne peuvent suffire à notre défense!

---

(1) Des liens tactiques, veut dire probablement Mehemmed-Arif-Bey.
(2) Le Russe.

Trouvez le moyen de nous envoyer un renfort. » Et pour ne
pas désespérer les populations, on ne renseignait pas le
mutessarif désemparé et ahuri sur les dispositions prises,
et l'on se contentait de lui dire : « C'est bien ! C'est bien,
on y va ! on y va !.... »

« Mais d'autres télégrammes succédaient aux premiers sur
ce ton : « Demain, l'ennemi sera aux portes de la Ville.
Est-il possible qu'on lui abandonne un pays aussi important ? Comment pourrait-on, sans pitié, livrer cette malheureuse population à l'adversaire ? Allah et le Padichah (1)
ne peuvent tolérer un pareil état de choses ! »

« Et puis, trois jours après que les Russes avaient franchi
la frontière, il envoyait cette autre dépêche : « L'ennemi
s'est approché de notre ville et nous a proposé de la lui
livrer. Les deux seuls bataillons que nous possédions, nous
abandonnant, se sont retirés dans la direction de Barghiri.
Nous n'avons jamais pu décider le Commandement de ces
troupes à organiser la défense !.... Dans ces conditions,
nous aussi, avec toutes les autorités, tout en versant des
larmes, nous avons abandonné la ville et la population aux
mains de l'ennemi ! Que Dieu punisse sévèrement ceux qui
se sont rendus coupables de tout cela ! »

Il est certain, ainsi d'ailleurs qu'on l'avait très justement
pensé à l'État-major d'Ahmed-Moukhtar-Pacha, que la position de Bayézid ne possédait ni tactiquement, ni stratégiquement, une valeur quelconque. Par contre, le maréchal
attendait beaucoup des divisions d'Alachkerd et de Faïk-
Pacha, pour prendre à revers les Russes qui s'aventuraient

---

(1) Souverain.

de ce côté puisque ces troupes se trouvaient déjà dans cette direction.

ó ó

Les 6 bataillons de Holoussi-Pacha retirés de Sou-Batan, vinrent occuper une position au sud de Kars, à l'endroit nommé Boz-Kalé.

Laissons de nouveau la parole à Mehemmed-Arif-Bey :
« Le lendemain du jour où cette troupe se retira à Boz-Kalé, était un vendredi. Chacun vaquait tranquillement à ses affaires ; et moi, j'étais occupé des miennes au Konak (1) de Kars, quand soudain un vacarme attira mon attention, et lorsque je fus dans le grand vestibule de la Préfecture, je vis des gens qui montaient l'escalier avec précipitation, et d'autres qui le descendaient affolés..... Renseignements pris, qu'est-ce que j'apprends avec terreur ? Les Russes étaient là, tout en face de Kars : on les voyait même à l'œil nu des fenêtres du Konak, et une de leurs divisions de cavalerie tournait la ville..... Aussitôt, je demandai mon cheval ; je ramassai mes papiers, pris mon revolver et chaussai mes bottes.:... Mais pendant ce temps-là, le général en chef était parti et tout ce qu'il y avait de gens rassemblés à la Préfecture l'avaient suivi, qui à cheval, qui à pied ; il ne restait plus qu'un vieux bonhomme de zaptié (2) qui gardait la porte, et moi !.... J'ai cru, en cet instant, que le ciel me tombait sur la tête !.... Mon cœur battait à se rompre, et je sentais que j'allais défaillir !.... Ceux qui ont passé par de semblables moments savent que les minutes deviennent des

---

(1) Hôtel du Gouvernement : préfecture-mairie.
(2) Sergent de ville.

mois et des années!.... Bref, au bout d'une demi-heure de cette angoisse, je vis arriver mon cheval. Le retard que ma monture mettait à venir jusqu'à moi provenait de ce que l'écurie où elle se trouvait, appartenait à des dames qui étaient dehors..... et alors, il fallut le temps de faire fracturer la porte..... Enfin, je sautai sur mon cheval; mais je ne savais ni la direction que je devais prendre, ni où était allé le Muchir..... Et avec cela, je suis loin d'être un débrouillard..... Je ne connaissais pas les routes, pas même les rues de la ville!.... Et dans cette cité, la moitié des gens demandait à l'autre moitié ce qu'on faisait, ce qu'on allait faire, ce qu'on allait devenir. Toute la ville était dans la rue!.... Les femmes, les enfants, les vieillards..... un pêle-mêle inénarrable! De toutes parts, des cris déchirants!.... Enfin on aurait dit que le glas de la fin du monde sonnait ce jour-là à Kars! Après le premier moment d'ahurissement passé, j'ai un peu retrouvé mes esprits, et je me suis souvenu que le commandant en chef avait dû se rendre à l'endroit déjà nommé de Boz-Kalé où l'on avait placé neuf bataillons. Et me voilà décidé à aller l'y rejoindre.

« .... Une des choses qui m'obsédaient le plus, c'était de penser que le personnage qui m'avait choisi comme son secrétaire et qui m'avait confié les clefs de la correspondance chiffrée et tous ses papiers officiels, avait quitté la ville qui, probablement à cette heure était tournée et déjà investie et que moi j'allais rester aux mains de l'ennemi!.... Qui sait à quels supplices, à quels spectacles j'étais condamné? O mon Dieu! guidez-moi, secourez-moi en cette terrible minute, marmottai-je en moi-même!

« Et quand l'homme se laisse envahir par de semblables

cauchemars et rêvasseries, il ne s'arrête plus ; dans le vaste champ qui s'ouvre devant son esprit apeuré, les armées du diable livrent des combats singuliers et passent des revues infernales....,

« Une fois décidé à me rendre à Boz-Kalé, la possibilité de rencontrer la cavalerie russe sur mon chemin n'était pas assez forte pour me détourner de mon projet ; mais les sensations éprouvées en ces courts moments avaient considérablement déprimé mes esprits ; et je demandai à tout moment, dans ces rues où grouillait la malheureuse population, les chemins qu'il fallait suivre pour aller vers Boz-Kalé..... De cette manière, j'arrivai enfin aux limites de la ville. Mais, là, encore une fois, à une femme d'un certain âge, qui était devant sa porte, je demandai la direction à prendre..... Je ne mis pas beaucoup de temps à me repentir d'avoir eu cette idée ; car la bonne vieille saisissant la bride de mon cheval, et après m'avoir lancé à la figure les pires injures, continua sur ce ton : « Et dire que nous vous avons hébergés tout l'hiver, que vous avez été logés, nourris dans nos maisons..... que nous avons eu pour vous les plus généreuses attentions ! Tout cela, c'était dans l'espoir qu'en un jour pareil, vous n'abandonneriez pas notre religion, nos biens, notre honneur et notre pays entre les mains de l'ennemi ! Et maintenant qu'il est là, où allez-vous les traîtres ? Ah ! vous fuyez, n'est-ce pas ? »

« Et pendant que la pauvre créature pérorait ainsi, moi j'étais comme un voleur qu'on traque..... je cherchais un trou pour m'y fourrer.... et j'avais beau dire : « Mais, chère Hanim (1), moi, je ne suis pas militaire. J'ai autre

---

(1) Madame.

chose à faire par là. Je vais à Boz-Kalé..... J'en amènerai
des troupes pour vous protéger (1)..... Allons, soyez bonne,
et montrez-moi la route qui mène à cet endroit!..... »

« Il n'était pas facile de calmer la vieille; ses yeux lan-
çaient des éclairs, et sa bouche proférait des paroles ter-
ribles. Après bien des efforts, j'ai pu me soustraire à cette
rencontre, et après mille autres difficultés, j'arrivai enfin
à Boz-Kalé!....

« Je me fis conduire aussitôt auprès des généraux Mouhliss
et Chevket qui devaient se trouver là. Ils me connaissaient,
et savaient mes nouvelles fonctions. En voyant ma mine
assez déconfite, sans doute, ils comprirent qu'il se passait
quelque chose de grave. Après quelques « bonjours » et
« bonsoirs » je leur demandai si le maréchal était venu à
Boz-Kalé, ou bien s'il y avait envoyé quelques nouveaux
ordres. Ils me répondirent qu'il n'était pas venu, et qu'il
n'avait envoyé aucun ordre..... Je m'aperçus alors de ma
terrible méprise..... Et me voilà tombé dans un nouveau
champ d'inquiétudes.....

« Le général Chevket vint tout près de moi, et me
demanda anxieusement : « Qu'y a-t-il de neuf? Vous avez
sûrement quelque nouvelle grave à nous annoncer..... » Et
alors, après lui avoir conté toute l'histoire, je lui dis : « Si
vous vouliez bien prendre la peine de regarder par-dessus
cette petite colline, vous apercevriez les divisions russes!.... »
Les braves pachas n'en savaient rien (2)..... Aussitôt qu'ils
apprirent de moi cette nouvelle, l'alarme fut donnée et les

---

(1) On voit que chacun veut une protection! Il aurait fallu 2 millions
de soldats pour protéger tous les points, et tout le monde.

(2) C'est des fenêtres de la Préfecture que quelqu'un avait aperçu les
Russes; et c'est ainsi que le Maréchal l'avait su!....

troupes prirent les armes...... Je laissai les généraux à leurs occupations, et je retombai dans mes pénibles réflexions. Les clefs de la correspondance chiffrée du Maréchal, l'ordre de bataille de l'armée, les récents ordres donnés aux différents détachements, tout cela se trouvait dans la sacoche que portait le cheval de mon valet de chambre Chaaban-Agha. Si un accident m'arrivait, si je tombais entre les mains de l'ennemi, que deviendrait la sacoche? Mon Dieu, quelle affaire!.... Pendant que ces pensées noires me hantaient terriblement la tête, le général Mouhliss me dit : « Le commandant en chef doit s'être rendu à l'un des forts détachés; l'avez-vous cherché de ce côté-là? »

« C'est alors que j'ai pu rassembler mes idées dans ma tête!.... Dans mon trouble, j'avais été vers Boz-Kalé, sans penser une minute à chercher le Muchir du côté des forts situés dans la direction par où venait l'ennemi..... Aussitôt, je repartis pour Kars, malgré la possibilité d'être pris en route par la cavalerie russe, non sans avoir concerté — avec Chaaban-Agha — un plan au sujet de la sacoche pouvant tomber entre les mains de l'ennemi. Enfin nous arrivâmes à Kars, où l'on m'annonça que le Muchir en était parti avec quelques troupes..... Un peu plus tard, j'eus le bonheur de retrouver le commandant en chef qui, après avoir vu les Russes arrêtés par la ligne des forts, rentra à Kars et la population fut tranquillisée. Mais la tente dans laquelle le Muchir venait de s'installer était bondée d'officiers de tous grades; les aides de camp allaient; les estafettes venaient : c'était effrayant. Je n'osais m'adresser à personne pour demander où en étaient les choses et ce qui se passait.

« Aucun n'aurait su me renseigner..... personne n'en

savait rien!.... Vers 9 heures du soir du même jour — nuit
du 28 au 29 avril — le commandant en chef me donna un
télégramme à chiffrer, et c'est ainsi que j'appris ce qui se
passait. Voici ce que le Muchir y disait au Ministre de la
guerre à Constantinople : « La cavalerie russe s'est montrée
aujourd'hui. Nous sommes sortis à sa rencontre; mais cette
troupe refusa le combat et continua son chemin dans le
but de tourner Kars. Comme il n'est pas possible que je
reste enfermé dans ce camp retranché, je confie Kars avec
trente bataillons et six mois de vivres, d'abord à Dieu, et
ensuite au général de division Hussein-Hami-Pacha, et avec
neuf bataillons et une batterie de campagne, je quitte la
ville. »

C'est sûrement le contraire qu'il eût fallu faire : neuf
bataillons (environ une division) dans le camp retranché,
c'était bien suffisant pour y retenir tout ce que les Russes
pouvaient y consacrer!....

Le récit de Mehemmed-Arif-Bey montre combien nous
avions raison de dire plus haut que les moindres mesures de
sûreté auraient épargné cette inutile surprise, d'autant
plus que le camp retranché de Kars n'avait pas à craindre
un danger immédiat, et la dépêche du Muchir disant que la
ville était tournée par la cavalerie ennemie n'avait pas de
raison d'être : cette cavalerie ne pouvait constituer qu'une
avant-garde (à la russe) ou une reconnaissance offensive.
On ne tourne pas un camp retranché sous le fusil et les
canons dont il est armé. Il eût fallu pour cela une opération
ayant plus d'envergure.

Mais donnons de nouveau la parole à Mehemmed-Arif-Bey,
pour connaître les dispositions prises par le Muchir afin de

se retirer de Kars et d'échapper à la cavalerie russe qui l'avait traqué un moment.

« Avant de partir, nous envoyâmes au général Chahin-Pacha (1) le télégramme que voici : « Quoique les passes des monts Soghanlis soient fermées par la neige, il est tout de même nécessaire de veiller sur les chemins qui traversent ces défilés. Soyez sur vos gardes, car l'ennemi est entré entre Kars et vous. »

Nous allons accompagner le général en chef vers les x de ses opérations futures, en compagnie du très intéressant Mehemmed-Arif-Bey qui nous fournira les détails les plus curieux sur cette campagne.

---

(1) On sait qu'il occupait une position entre Kars et Erzeroum.

CHAPITRE II

Départ de Moukhtar-Pacha de Kars.

La parole est toujours à Mehemmed-Arif-Bey : « Dans la nuit, le Maréchal prit avec lui une batterie de campagne et se dirigea sur Boz-Kalé. Le chef d'État-major de l'armée était avec nous. Les troupes qui étaient là, ayant déjà reçu l'ordre d'être sous les armes, nous les trouvâmes prêtes à marcher et l'on commença à suivre la route qui mène de Kars à Erzeroum, par Bardiz. Au milieu de cette nuit noire, notre marche fut arrêtée par une pente de la route tellement boueuse qu'il fut nécessaire d'atteler à chaque canon les chevaux de tous les autres, pour pouvoir hisser les pièces, les unes après les autres, avec mille difficultés. Une fois là-haut, on s'arrêta pour respirer..... Le Maréchal avait dirigé en personne cette pénible opération (1). Une demi-heure après, le soleil se leva. Nous pensions avoir franchi de grandes distances..... Mais quelle ne fut pas notre surprise en voyant que nous étions à peine à une distance de trois heures de Kars ; au niveau du village de Begli-Ahmed et à hauteur de notre colonne, on voyait la cavalerie russe..... »

---

(1) Comme Napoléon pendant la veillée d'Iéna.....

La route qu'avait choisie le Maréchal n'était pas la grande chaussée A de Kars à Erzeroum (croquis n° 2), mais bien le chemin B qui passe sur le versant est des montagnes de Kars. C'était pour ne pas rencontrer la cavalerie en plaine que ce chemin avait été choisi; mais le fait d'en être venu là n'est pas admissible. Dans tous les cas, ce n'est pas avec ce détachement retiré de Sou-Batan qu'il fallait exécuter la marche vers le défilé de Hizar, mais avec d'autres troupes prises dans Kars. La brigade de Sou-Batan aurait — ne fût-ce que momentanément — servi à l'exécution sans nervosité de la retraite du Maréchal. En plaçant des détachements de découverte, ou tout au moins des avant-gardes, sur les points indiqués au croquis n° 2, tout ceci eût été évité; tandis que c'est au milieu du plus grand désordre que débute la campagne; et pendant ce début, Son Excellence le Muchir Ahmed-Moukhtar-Pacha, Généralissime de l'armée impériale d'Anatolie, a été sous la menace directe d'une attaque de l'ennemi..... Durant vingt-quatre heures, dans son entourage, on a craint de le voir tomber entre les mains de la cavalerie russe..... ainsi que va nous le confirmer (1), avec des détails absolument inédits, Mehemmed-Arif-Bey. Laissons-le parler :

« Le grand-duc Michel Nicolayévitch, qui avait le commandement suprême de l'armée d'opération en Asie Mineure, avait promis à l'Empereur que cette campagne ne durerait pas plus de quarante-cinq jours. Du train dont marchaient les choses chez nous, ce projet m'avait paru réalisable, surtout si cette cavalerie qui menaçait de nous couper d'Erzeroum réalisait son projet. La grande route

____

(1) Cette particularité du voyage du Muchir est connue.

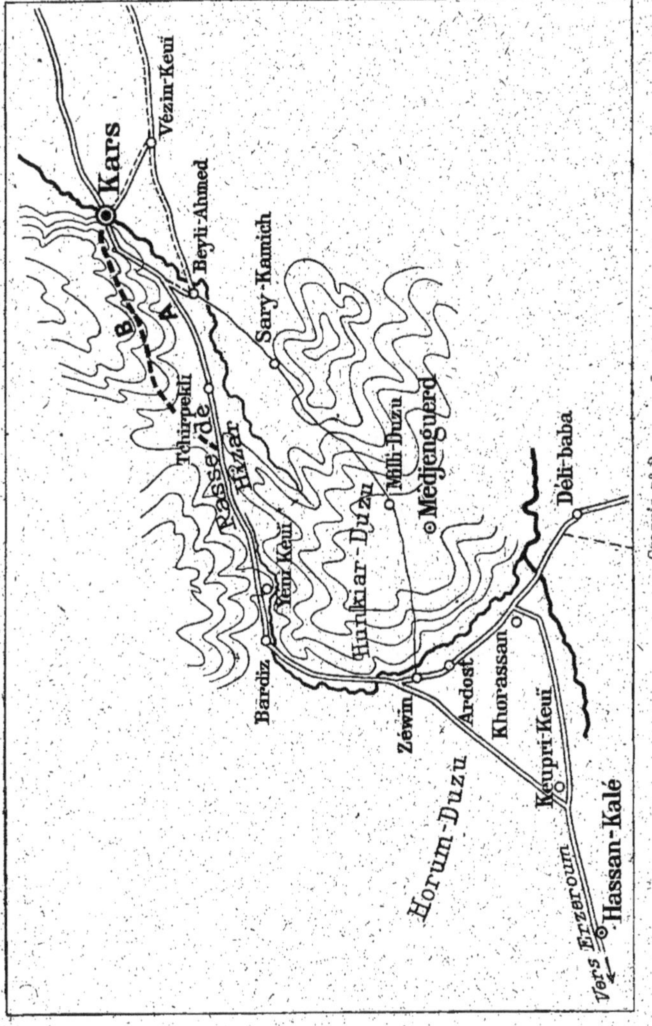

Kars
Vézin-Keui
Beyti-Ahmed
Sary-Kamich
Tchirpekir
Passe de Hazar
A
B
Yeni-Keui
Bardiz
Hnrikiar-Duzu
Milli-Duzu
Medjenguerd
Déli-baba
Zéwin
Ardost
Khorassan
Keupri-Keui
Horum-Duzu
Vers Erzeroum
Hassan-Kalé
Croquis n° 2.

passant par les sommets neigeux était impraticable. Le chemin par Bardiz était seul ouvert (croquis n° 2); mais à une distance de six à sept heures, en avant de nous, se trouvait situé sur cette route le défilé de Virichan (ou Hizar) qu'il fallait à toute force occuper avant le détachement ennemi, sans quoi il eût été nécessaire, sans doute, de nous jeter dans la vallée de Kars où la très nombreuse cavalerie de l'adversaire nous eût anéantis! »

Quoique le livre de Mehemmed-Arif-Bey n'en fasse pas mention, nous connaissons un détail fort intéressant sur cette marche. Il nous fut raconté par un officier qui faisait partie de l'État-major du Maréchal.

Quand le Muchir pensa que sa propre sécurité était menacée et que lui, généralissime, pouvait, comme le dernier de ses subalternes, être pris à l'aurore de cette campagne, il appela un jeune officier qui faisait partie de son État-major et lui dit :

« Rifat! Vous souvenez-vous qu'en venant d'Erzeroum à Kars, je vous avais, sur notre route, montré à tous un défilé dont j'avais fait ressortir la très grande importance? Eh bien! Vous allez choisir le cheval qui vous paraîtra le meilleur de notre escorte, et vous vous rendrez avec toute la vitesse possible à ce défilé qui s'appelle Hizar-Boghazi (la Gorge de Hizar). Là, vous trouverez un bataillon turc qui doit y être ou sur le point d'y arriver et vous prendrez un dispositif susceptible de barrer le chemin à cette troupe ennemie qui marche parallèlement à notre route. »

Le jeune officier, Monastirli-Rifat-Bey (1), partit aussitôt,

____

(1) C'est lui-même qui nous a fait cette narration.

et grâce aux nobles qualités de son cheval — un bon étalon arabe — il arriva au défilé en grande avance sur la cavalerie ennemie.

Le bataillon, qui y était déjà, prenait du repos avant de continuer sa marche vers Kars. Selon les ordres qu'il avait reçus du Maréchal, Rifat fit prendre à cette troupe le dispositif suivant :

Les fossés de tirailleurs furent bien creusés et les Russes auraient peut-être pénétré dans la passe, si l'une des compagnies de droite n'avait pas trop hâtivement ouvert le feu..... L'ennemi perdit quelques hommes et se retira devant cette toute petite résistance d'un seul bataillon..... Le but était atteint. Le Maréchal félicita Rifat des dispositions qu'il avait si bien prises et le chargea d'assurer, avec le bataillon, son passage du défilé et de lui servir ensuite d'arrière-garde (1).

La cavalerie russe avait — en ce début de campagne — une mission qui n'était pas bien définie.

Nous ne pouvons pas dire qu'elle avait voulu faire la chasse à la colonne du Maréchal pour l'empêcher de se retirer, puisqu'elle ne pouvait pas se douter de la décision prise par le Commandant en chef ottoman !

C'est un peu la répétition — aussi maladroitement entreprise d'ailleurs que l'autre — du raid de Gourko à travers les Balkans, et comme l'autre, cette cavalerie n'est pas, à proprement dit, une cavalerie d'exploration, ni une cavalerie indépendante, parce qu'elle n'a pas ses batteries avec elle, mais une cavalerie d'intimidation et effectivement

____

(1) Nous verrons plus loin la version de Mehemmed-Arif-Bey.

elle intimida; et mieux encore, devant la maladresse et les hésitations des nôtres, si son chef avait été un peu plus entreprenant, elle eût fait prisonnier le chef de l'armée turque avec tout son État-major et rien ne se serait dès lors opposé à la marche en avant de l'armée du grand-duc Michel! C'eût été une fin sans commencement.

Cette considération seule envisagée, Ahmed-Moukhtar-Pacha devait faire la petite promenade que l'on supposait tellement périlleuse avec la majeure partie des troupes de Kars. Mais en tout cas, il se serait épargné les tourments de cette possibilité en prenant des mesures de sûreté dès son arrivée à Kars.....

Maintenant laissons à Mehemmed-Arif-Bey le soin de nous raconter très pittoresquement, du reste, les péripéties de cette marche de Kars, vers les passes du Soghanly-Dagh.

« Le Maréchal qui avait parfaitement mesuré l'étendue du danger que nous courions, avait pris — de concert avec les généraux de son État-major — les mesures que les circonstances et *l'art de la guerre* dictaient; et il fut décidé que le détachement marcherait en une formation en carré, et le dispositif ainsi ordonné fut pris aussitôt. Nous ne pouvions pas songer à descendre à notre gauche, et suivre dans la vallée la grande route d'Erzeroum à Kars. Il paraît qu'en plaine, on ne doit pas exposer de l'infanterie aux entreprises de la cavalerie. »

Nous allons interrompre un instant le récit d'Arif, afin d'établir que ce qu'on lui avait dit au sujet du danger que court l'infanterie en plaine contre la cavalerie était juste, à l'époque où les fusils se chargeant par la culasse n'existaient

pas. Mais avec des Martini Henry et une batterie de canons
Krupp, neuf bataillons (presque une division) n'avaient rien
à craindre, même de la part d'une cavalerie encore plus
audacieuse que ne le fut jamais celle de l'adversaire,
d'autant plus que cette troupe russe ne possédait pas de

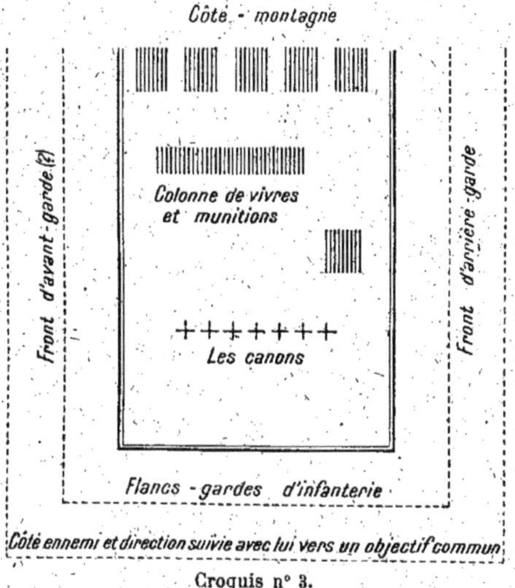

Croquis n° 3.

canons, et que notre détachement longeait à chaque instant
des points d'appui, en cas d'une attaque vigoureuse.

Deux bataillons en arrière-garde et des détachements de
flanc *alternatifs* auraient parfaitement préservé la colonne
contre toutes tentatives de cette cavalerie.

Mais Mehemmed-Arif-Bey va nous décrire ce curieux
épisode; il va même nous donner un croquis pittoresque —
et un peu primitif — du dispositif de marche adopté en
cette circonstance.

« Ce qui préoccupait le plus les chefs de ce détachement,

4

c'était que les troupes que nous avions avec nous étant des rédifs (1), l'on ne saurait les faire manœuvrer si la cavalerie russe qui marchait à notre hauteur, venait soudain à faire une conversion à droite. C'est pour ce motif que le Maréchal avait adopté le dispositif en carré.

« En avant, et sur le front du carré, on avait placé un bataillon déployé en « bataille ».

« Sur le côté gauche, un bataillon en colonne formait la flanc-garde. Les 5 bataillons disposés à droite étaient en colonne de compagnie..... Sur le côté opposé au front, on avait placé deux bataillons qui formaient l'arrière-garde. Les canons et les autres services étaient placés au centre du carré, et à l'abri des atteintes de l'ennemi. »

Le carré étant une formation essentiellement défensive, ne pouvait en cette occurrence être adopté..... D'ailleurs, il y a beau temps qu'on y a substitué la colonne plus solide et surtout plus rapidement formée dans toutes les circonstances, en restreignant l'emploi de cette formation à la plus faible unité de commandement : la compagnie.

Avec ce carré, on aurait envie de se reporter à un ou deux siècles en arrière..... Il nous semble que ce dispositif en carré doit être bien plus difficile à faire conserver, en marche, par des troupes non manœuvrières, que de leur faire faire tout simplement face à gauche et de tirer sur des cavaliers — cibles visibles et impuissantes en face d'une infanterie dont le moral n'est point encore déprimé (2).

---

(1) Réserves : C'est la seule excuse qui serait admissible, si l'on ne devait reprocher au Maréchal de n'avoir pas fait un meilleur choix sur l'ensemble des troupes de Kars.

(2) Pendant que nous publions cet ouvrage les journaux nous parlent

Et pourquoi donc ce bataillon d'avant-garde? Qui craignait-on en avant? Et pourquoi est-il déployé en bataille? Est-ce assez curieux?.... Il fallait plutôt l'ajouter à la flanc-garde et en faire un détachement de flanc, comme il est prescrit dans les règlements pour les détachements de ce genre. Les canons auraient dû marcher dans la colonne du gros, celui-ci scindé en deux tronçons couverts par la flanc-garde. Comme on ne pouvait avoir des craintes que sur le flanc gauche et en arrière, afin de n'être pas gêné, il fallait pousser le convoi en avant. Mais si nous envisageons un instant les choses comme à l'État-major de Moukhtar-Pacha, et si nous voulons absolument le carré, eh bien! c'est à gauche que nous devons placer les cinq bataillons, puisqu'il n'y avait rien à redouter du côté montagne. Il est clair que si cette colonne des cinq bataillons, placée à droite par les Pachas, avait été obligée de faire usage de ses armes, elle aurait tiré tout simplement sur nos propres troupes.

D'autre part, comment pouvait-on faire marcher cinq bataillons en colonne de compagnie (ou de peloton, si Mebemmed-Arif-Bey fait erreur), puisqu'ils ne sont pas bien exercés et qu'on ne pourrait pas en obtenir une manœuvre qui serait la même du reste que celle qu'on aurait exigée d'eux, dans un dispositif normal......

Si on ne les supposait pas assez habiles pour faire un changement de front à gauche, sur qui ces bataillons eussent-ils tiré? Et puis, enfin, il ne saurait être question,

---

d'un dispositif à peu près analogue adopté par le général Drude en avant de Casablanca. Là, en terrain plat et pour une courte marche d'approche, cela est — jusqu'à un certain point — admissible.

pour un dispositif en carré, d'avant-garde et d'arrière-garde.

Reprenons le récit de Mehemmed-Arif-Bey.

« Pendant que nous marchions ainsi, vers 3 ou 4 heures de l'après-midi, nous fûmes, tout à coup, arrêtés par un ruisseau assez large dont l'eau montait jusqu'à mi-taille d'homme.

« Il paraît que le Maréchal, prévenu d'avance par nos guides de la présence de cet obstacle, avait dépêché des gens pour aller querir des chariots à bœufs, que l'on devait transformer en passerelle ! Les chariots étaient là, et la passerelle organisée. Mais quand le front du carré fut en présence du ruisseau, il se disloqua aussitôt, tellement la présence de l'eau avait fait disparaître (1) tout ordre, toute discipline…. ; et les unités s'entre-mêlèrent, et aucun commandement n'eut d'effet sur ces malheureux qui avaient marché près de vingt-quatre heures, *sans aucune halte sérieuse !* Mais le danger qui pouvait résulter de ce désordre ne tarda pas à se montrer : les Russes qui avaient assisté de loin à tout ceci, ne voulant pas laisser, apparemment, échapper une si belle occasion, conversèrent à droite pour nous attaquer. Ce mouvement de l'ennemi n'avait pas échappé à nos soixante-dix cavaliers qui flanquaient le carré : ils nous en prévinrent, et aussitôt un terrible désordre s'ensuivit. »

Ici, encore une petite parenthèse : puisque le Maréchal savait que l'on s'arrêterait là, et du moment qu'il dirigeait en personne ce vaisseau désemparé, comment n'avait-il pas songé à ordonner une « halte gardée » ?

---

(1) Il fallait le prévoir.

Là, se dresse une question : le Maréchal et tous ceux qui
étaient là, même le vieux Féizi qui avait eu le temps d'oublier
ce qu'il avait appris jadis dans l'armée autrichienne,
connaissaient-ils à fond leur service en campagne? S'étaient-
ils exercés à la petite guerre?

J'en doute : ni à la petite, ni à la grande!.... et pour deux
raisons :

La première, c'est que nous savons comment on fait faire
ces sortes d'exercices aux élèves-officiers de Pangaldi (1),
en les faisant sortir de temps en temps aux alentours de Kiat
Hané (2) ;

La seconde, c'est que nos officiers supérieurs, quand ils
sont savants, DÉDAIGNENT ces choses qui leur paraissent si
élémentaires! En quittant l'École de Guerre, s'ils daignent
ouvrir un livre, ils aiment mieux s'occuper encore de
mathématiques transcendantes, de mécanique céleste et de
cosmographie. Ils continuent à patauger dans les calculs
différentiels, intégrals et infinitésimals..... travaux qui
n'ont d'ailleurs absolument rien de commun avec le métier
pratique de la guerre — proprement dit — et qui ne nous
apprennent ni l'art de faire marcher une colonne, ni celui
de la garder.....

Je rends la parole à Mehemmed-Arif-Bey : « Oui, à la
nouvelle du geste agressif de l'ennemi qui nous suivait
pas à pas, toute notre troupe, pêle-mêle, traversa l'eau,
et fut complètement mouillée. Si, à ce moment, la cavalerie

----

(1) École de guerre.
(2) Eaux douces d'Europe.

russe nous eût attaqués, elle aurait fait de nous une marmelade !

« Le Maréchal fit monter les canons sur une hauteur sise à 800 mètres environ de l'endroit où nous étions, et donna l'ordre d'y envoyer tout ce qu'on pouvait réunir de soldats sous la main. Je dis : soldats, parce qu'il n'était plus question de compagnie, de bataillon, de régiment..... Et dans cet état de désordre absolu, on attendit l'attaque de l'ennemi..... Mais bientôt nous vîmes celui-ci se scinder en deux parties, dont l'une resta en face de nous, et l'autre continua vers le défilé ; on comprit alors chez nous que le geste agressif n'était qu'une ruse (1) destinée à nous tromper sur le vrai mobile qui était de nous devancer au défilé !....

« Le commandant en chef qui s'était rendu compte de la situation prit, en vrai militaire, une résolution très énergique : suivi des soixante-dix cavaliers que nous possédions et des trois canons, sur les six, de notre batterie, il fila à toute vitesse dans la direction du défilé, après nous avoir ordonné de braquer les trois autres pièces restantes dans la direction de l'ennemi (2). »

Nous ne saurions être d'accord avec le très intéressant Mehemmed-Arif-Bey au sujet des éloges à décerner au Maréchal, à propos de son « énergique départ » pour le défilé de Hizar ; car depuis la négligence des mesures de sûreté qui pouvaient le mettre entièrement à l'abri d'une

---

(1) Mehemmed-Arif-Bey ne relate pas la mission dont le jeune Rifat-Bey fut chargé. Mais c'est de là, sans doute, que le Maréchal le fit partir vers le défilé.

(2) Quoique Mehemmed-Arif-Bey n'en fasse pas mention, il n'est pas douteux que le récit de Rifat-Bey est authentique et explique la course du Maréchal vers le défilé qui n'aurait pas pu être pris et gardé par les quelques cavaliers, sans le bataillon.

surprise à Kars, jusqu'à ce départ démoralisant, au milieu de la nuit, et du dispositif en carré, à l'alarme du ruisseau et à son départ précipité de cet endroit vers le défilé de Hizar, rien ne nous semble mériter ces éloges.

Dans tous les cas, la fameuse cavalerie russe, pas plus là qu'en Bulgarie et en Mandchourie du reste, ne sut jamais faire montre des qualités qu'on attendait d'elle et surtout *de sa quantité*! Par conséquent, à l'État-major de Moukhtar-Pacha, on avait attaché vraiment trop d'importance à sa présence dans la plaine de Kars! La preuve, c'est que ni pendant les heures de marche, ni à la halte du ruisseau, ni après, elle ne sut attaquer les Rédifs du Maréchal..... D'ailleurs devait-elle attaquer?

Nous devons ajouter que le Muchir ne pouvait pas disqualifier la cavalerie de ses adversaires, et alors certaines hésitations, certaines interventions de sa part peuvent trouver une explication, ainsi que le fait très judicieusement ressortir Mehemmed-Arif-Bey.

Voici ce qu'il dit à ce propos, avec ce grand bon sens qui le caractérise : « Le fait de confier à un général une armée dont il ne connaît les officiers que depuis quelques jours seulement, doit être une de ces graves erreurs qui ne se commettent que chez nous. »

C'est fort juste! Ahmed-Moukhtar-Pacha venait à peine de faire connaissance avec ses sous-ordres, et ne savait pas ce qu'il pouvait attendre de chacun d'eux, et de leur effort collectif! Pourtant : un homme de guerre comme lui, ne devait-il pas savoir que son détachement-escorte ne risquait qu'un danger très relatif, en voyant surtout que cet adversaire hésitant ne possédait pas d'artillerie.

Cet épisode ne mérite pas par lui-même qu'on s'en occupe autrement : si nous nous y sommes arrêtés un moment, c'est pour bien nous rendre compte des défauts capitaux de notre organisation de cette époque. Cette organisation était vraiment si médiocre qu'une campagne de cette importance débute par une première crise dans laquelle la sécurité du généralissime et celle de l'État-major de l'armée constituent le motif principal de toutes les craintes !

Cette crainte était la négation de tous les principes de la guerre; partant, elle était inadmissible, non pas comme frayeur, puisque le courage des officiers qui étaient là ne pouvait être mis en doute, mais comme éventualité prévue !

Et ce qu'il y a de vraiment curieux dans cette histoire, c'est que l'inquiétude qui régnait au sein du grand quartier général turc en marche, constituait à elle seule l'unique péril que l'on eût à redouter en cette circonstance, car *là où l'on admet un danger, on le fait naître.*

C'est pour ce motif qu'il est tout aussi inadmissible que les Russes, ne saisissant pas cet état d'âme de leurs adversaires, n'aient pas osé risquer une entreprise qui, logiquement, matériellement et méthodiquement, n'était pas possible. Mais à la guerre il faut quelquefois savoir calculer *à rebours* : c'est le côté psychologique de notre métier.....

Pour connaître la gravité d'une affection, le médecin prend la température du malade; mais la constatation du mal ne suffit pas pour arriver au but : faut-il encore savoir quel est le diagnostic, afin de prescrire tel ou tel traitement ! Le but est le même, mais les moyens d'y arriver diffèrent dans la plupart des cas.

Il en est de même à la guerre : on ne peut appliquer des remèdes semblables à des cas différents, surtout quand l'adversaire se livre à des opérations très sensiblement contraires aux principes admis.

En cette occurrence, ce n'est pas le fait d'avoir mis à la tête de cette armée le Muchir Ahmed-Moukhtar-Pacha qui est critiquable : il n'y en avait pas de meilleur.... ; mais le principe lui-même.

En poussant son raisonnement plus avant, Mehemmed-Arif-Bey dit avec une sagesse militaire digne des plus compétents.

« Le fait de voir une chef d'armée arriver au milieu de gens qu'il ne connaît pas, n'est pas seulement imputable au choix des généraux ; mais chez nous, cela est malheureusement constant pour tous les échelons de notre armée, et d'un pareil état de choses il résulte des situations fort préjudiciables, car l'uniformité absolue des qualités n'étant pas possible, ce n'est que dans la pratique, aux exercices, aux manœuvres et dans les applications que le chef peut juger des capacités de chacun (1).

« Or, chez nous, c'est au dernier moment, quand on a le couteau sous la gorge, que le danger nous menace à fond,

____

(1) Nous l'avons développé dans notre ouvrage, *Les Occasions perdues*. Il n'y a pas d'autre école pour assurer la liaison entre le chef et les sous-ordres que la pratique.

que l'on songe à prendre des mesures, tandis que tout cela
devrait être l'œuvre sage et réfléchie du temps de paix : c'est
ainsi qu'on peut assurer l'intégrité d'un empire et sauvegarder son honneur.

« On trouvera peut-être qu'il n'est pas admissible qu'un
chef d'armée s'en aille ainsi avec quelques cavaliers et trois
canons vers un objectif également visé par l'ennemi. (Je
suis complètement de l'avis qu'il ne le fallait pas, pour
cette bonne raison qu'un chef n'a pas le droit de se suicider
et que, là surtout, on s'exagérait considérablement la situation.) Seulement il faut prendre en considération ce qui a
été dit plus haut au sujet de l'ignorance dans laquelle se
trouvait Moukhtar-Pacha relativement à la capacité de ses
sous-ordres. Quoi qu'il en soit, au bout de deux heures, nous
parvenions au défilé où le Maréchal était arrivé avant la
cavalerie ennemie.

« Je ressentis à ce moment une grande joie, car mes
inquiétudes se dissipaient en voyant tout danger disparu ;
je me séparais du groupe et, mettant mon cheval au galop,
je me rendis auprès du Maréchal que je félicitai de son
succès..... »

Quel succès !.... Et que doivent penser de ce succès les
ossements des Osmanlis qui ont fait deux fois le siège de
Vienne en parcourant victorieux la moitié de l'Europe !....

Ainsi que nous l'avons déjà dit au commencement de
cette étude, de l'avis même de celui auquel on avait donné
le commandement de l'armée d'Anatolie, nous aurions
vraiment dû accepter toutes les volontés de la conférence

et éviter cette guerre à laquelle nous n'étions pas préparés.

L'histoire nous montre que les bonnes campagnes, celles qui ont justifié les sacrifices que les peuples se sont imposés pour les entreprendre, était presque toujours des campagnes bien préparées et de longue main ! Les Prussiens se préparaient pour 1870, dès Sadowa ! Les Japonais prévoyant la guerre avec la Russie, se sont préparés avec une ardeur, une persévérance et une méthode extraordinaires qui ont donné le maximum. Les Japonais ne sont pas des rêveurs, et si l'on veut une bonne guerre, il ne faut pas rêver !

On croyait les Russes mieux préparés que nous : il n'en était rien pourtant, puisque nous les avons battus dans toute la période intéressante de la campagne, sur les deux théâtres de guerre, et qu'il s'en fallut de peu qu'ils ne le fussent jusqu'à la fin. Mais ce sont là — pour les deux partis — des bénéfices éphémères et périodiques, des coups de veine ou de déveine momentanés de gens jouant à la Bourse et dont la fortune tout entière dépend d'une hausse ou d'une baisse..... Il n'y avait de solidement établi des deux côtés que la bravoure. Mais que vaut-elle, aujourd'hui la bravoure sans une préparation matérielle et morale ? Il n'y avait préparation effective et supérieure ni d'un côté, ni de l'autre ; notre armement seul était meilleur que celui de l'adversaire ; mais celui-ci nous était supérieur en système d'alimentation et de moyens de transport, ce qui aurait pu le rendre plus actif, plus offensif.

Le courage est un capital, mais comme tout capital, il doit être productif, et en cela, la guerre peut être comparée à une affaire financière bien ou mal lancée.

En Mandchourie, du côté des Russes, il y avait un courage immense..... Mais c'était une banquise! C'était un formidable bloc de courage..... inerte, improductif et dangereux, puisqu'en y comptant, un Empire de 120 millions a failli y sombrer.

Kouropatkine, le chef suprême de l'armée russe a eu, dans toutes les grandes occasions, — surtout à Sandepou — de grosses réserves dont il n'a pas su tirer parti.

Les chefs japonais, par contre, ont utilisé jusqu'au dernier homme qu'ils pouvaient avoir sous la main. Le capital « bravoure » de ceux-ci a donné d'énormes dividendes, tandis que celui des autres a fait faillite.

Il en a été de même de la valeur mal utilisée des hommes. Étant donné qu'aujourd'hui la tactique du mouvement abrité s'impose, le Russe a eu en main une pelle comme celle du Japonais. Celui-ci s'en est servi pour son mouvement en avant pour marcher vers la victoire : l'autre, pour enterrer..... sa réputation militaire.

Et surtout ne pas confondre préparation avec outillage — matériel — fourniture!

Actuellement, l'art de la guerre, est l'art de bien utiliser ses moyens.....

Un pays peut posséder d'excellents fusils, de bons canons, des navires chers, et n'être nullement préparé à la guerre pour cela.

C'est l'armée qui saura le mieux se servir de ce matériel, de cet outillage et qui par de constants exercices aura acquis l'assurance qu'elle est assimilée à la machine, et qu'elle est, elle-même, machine, machine intelligente et disciplinée dont tous les engrenages fonctionnent avec la plus parfaite précision et l'ensemble le plus complet, qui sera dite : préparée !

Si l'homme et la machine dont il doit faire usage, si la machine et l'homme par qui elle doit être réglée ne sont pas entièrement d'accord, l'homme n'utilisera pas la machine et la machine ne servira pas l'homme.

Donc, il ne s'agit pas d'acheter, de fabriquer ou de confectionner, mais surtout d'appliquer, d'expérimenter, d'entraîner avec un ensemble parfait, dans une liaison moelleuse, solide, constante et passionnée.

L'âme de la préparation, c'est l'application !

C'est une erreur profonde et coupable de penser qu'en faisant sortir des officiers des écoles, des Pachas de leurs Konaks (1), de leurs Yalis (2) ou de leurs confortables Médjliss (3)...., des canons de leurs caisses, des fusils de leurs boîtes, des hommes de leurs casernes et des croiseurs ou torpilleurs de leurs ports d'attache, on pourra faire la guerre, comme elle devrait être faite.

Une armée qui n'est pas normalement préparée, équivaut à une masse d'hommes que l'on conduit à la boucherie.

Avec les formidables armements modernes et les engins destructeurs dont on dispose, la guerre deviendrait un abattoir immonde, si des principes et des concepts straté-giques bien jalonnés ne diminuaient l'effet désastreux des grands chocs tactiques !

La campagne de 1806 est une campagne de tête, et non une campagne de sang !

Comment produire, comment former ce mécanicien moral, ce Napoléon ?

______

(1) Hôtels particuliers.
(2) Les mêmes dans le Bosphore, et au bord de l'eau.
(3) Conseils.

Puisque, jusqu'à présent, c'est le plus grand génie militaire, il n'y a qu'à savoir appliquer ce que ce génie a laissé derrière lui : il n'y a qu'à laisser porter !

Ce génie de Napoléon est un legs qui nous est d'autant plus cher qu'il est le coefficient de tous les grands esprits militaires depuis César jusqu'à lui.....

En ce qui concerne la préparation, les armées de Napoléon n'ont rien de commun avec les armées modernes, ni celles-ci avec celles-là : Bonaparte est arrivé au milieu d'une armée préparée par de longues campagnes, et a trouvé un stock de lieutenants de premier ordre. Dans la suite, ses armées n'ont presque pas chômé ! Par conséquent, la préparation se faisait d'elle-même.

Mais supposons que Napoléon soit resté quinze ou vingt ans sans faire campagne, et qu'un beau jour il soit parti en guerre, avec des généraux et officiers qui ne fussent pas à hauteur..... que serait-il arrivé ?

Son génie aurait-il suffi à remplacer tout ?

Son génie aurait-il fait séance tenante des Ney, des Lannes, des Davoust, des Murat, etc., etc.?.....

Nous ne le pensons pas.

Donc le génie ne peut jamais descendre rapidement : il faut monter vers lui autant qu'on peut. Aujourd'hui les résultats sont plus faciles à obtenir, parce que les méthodes pratiques sont infiniment plus répandues et que les moyens d'action sont bien plus considérables.

A l'époque de Napoléon, on bénéficiait, autour de lui, de ses actes; mais on n'avait pas pénétré dans son génie. Ses ennemis en subissaient les effets sans monter à la source. Depuis lors, les chercheurs les plus remarquables de France et de partout ont sondé, comparé, étudié, mis en pratique, concentré, commenté et enfin appliqué les moindres pensées de Napoléon qui sont aujourd'hui à la portée de tous les militaires désireux de s'initier aux secrets du génie mis en pratique, et la différence peut se comparer à celle qui existe de l'inventeur de la lumière électrique à la personne qui l'installe dans sa maison.

Reprenons le récit de Mehemmed-Arif-Bey : « Les canons du Maréchal sur une hauteur étaient dirigés vers nous pour nous protéger..... Nous n'avions plus que quelques centaines de mètres à parcourir, mais les soldats étaient tellement fatigués, qu'ils traînaient tous le pied ! »

Cela ne m'étonne pas : le soldat turc, qui est très sobre, admirable au combat, excessivement endurant, marche très mal : il a, en cela, beaucoup de ressemblance avec son ex-adversaire le Russe.

L'agilité, l'ordre dans les marches, la rapidité de mouvement, les assouplissements, bref, la capacité de marche et l'entraînement général d'une armée s'acquièrent en temps de paix. Les chefs doivent y veiller nuit et jour.

Dans toute cette campagne, l'État-major ne donna jamais des ordres pour la marche des colonnes. Elles marchaient comme elles voulaient..... Et pourtant la discipline de marche manquant, une troupe perd, en peu de temps, un effectif presque égal à celui que lui enlève le combat.

L'exécution d'une manœuvre en campagne exige une grande capacité de marche.

Dans un récent ouvrage (1) j'ai parlé de l'importance qu'il y a à soigner le pied du soldat : elle est très grande en campagne ; qu'on ne se le dissimule pas !

En temps de paix, nos généraux ne daignaient jamais assister aux exercices, aux marches et à l'entraînement de la troupe..... Comment donc ! Un Pacha, s'occuper de détails *aussi insignifiants* !.... Fi donc !.... Combien de fois n'ai-je pas été critiqué amèrement à Alep, parce que je m'occupais des moindres travaux des troupes que j'avais l'honneur de commander, et surtout quand je sortais à la tête d'un régiment de cavalerie et quelquefois même d'un escadron..... De nombreux Pachas ont, à ce sujet, des idées présomptueuses que n'avaient pas nos aînés quand nous possédions le secret de gagner les grandes batailles du bon vieux temps. Il n'y a pas de plus grand orgueil et de meilleure place pour un général que d'être à la tête de la troupe !.... Quelques-uns me critiquaient, dans la crainte, absolument gratuite d'ailleurs de déplaire — puisque je n'ai pas déplu — et d'autres désapprouvaient systématiquement pour n'être pas obligés d'étaler leur incapacité à commander.

C'étaient de très chers et très braves camarades que j'aimais beaucoup ; mais ils étaient de la vieille école et ne voulaient même pas entendre parler des méthodes nouvelles. Il y en avait un très vieux qui, quand il se fâchait, me disait toujours : « Toi, tu n'es pas un général, tu es un avocat !!! » D'autres cependant m'attribuaient une grande valeur militaire, parce qu'ils m'avaient vu faire des tours de force au pistolet, et que plusieurs fois, me livrant en

---

(1) *Le Contact.* Étude de guerre moderne. Librairie Chapelot, Paris.

plein air avec mes hommes à des exercices de carrousel, je piquais des têtes et en ramassais du bout de mon sabre avec infiniment plus de succès que mes officiers et mes hommes..... Cela provenait tout simplement de ce que je choisissais un cheval qui n'avait pas peur du mannequin et que les autres ne s'en approchaient pas suffisamment. Ces exercices, et mes cartons de pistolet que je faisais à dessein en public, étaient les seules chances que j'avais de me faire apprécier d'un monde qui n'avait pas pour un sou de bienveillance pour les très nombreuses et très utiles applications de service en campagne et autres, auxquelles je me livrais à cette époque.

Mehemmed-Arif-Bey est enchanté de voir que l'aventure a bien tourné et dans sa grande satisfaction, il nous parle de ses impressions sur la tactique du stationnement alors en usage dans notre armée. Nous allons le laisser nous le conter, rien qu'à titre de curiosité.....

« A force de rester au milieu des officiers, j'avais commencé à me rendre compte de certaines règles de la guerre (?). Ainsi, par exemple, il paraît que quand une troupe s'arrête pour camper, ne serait-ce que pour une nuit, elle s'installe selon certaines règles et, à cet effet, le chef de cette troupe et les autres officiers font le tour de l'endroit où le campement va être fixé, et après avoir reconnu les capacités du terrain (1), ils disent : là, deux bataillons; là,

____

(1) Du temps de César ou d'Annibal, ça se passait ainsi.

trois; ici, cinq; sur cette croupe, deux compagnies; en avant de ce plateau, deux autres compagnies, etc., etc. Les canons doivent rester à tel endroit....; tant de troupes d'infanterie doivent être consacrées à leur sécurité. »

Hélas! Je m'en souviens, c'était de même en Bulgarie aussi.....

Refermons la parenthèse.

« On donnait, continue Mehemmed-Arif-Bey, des ordres à tous les commandants d'unités et on leur désignait des zones défensives! On leur disait : voilà votre champ de tir, et si l'ennemi vient de là, vous monterez là-bas..... S'il vient de l'autre côté, vous vous mettrez par ici.

« C'était admirable de voir combien ces ordres étaient bien donnés (?).

« Mais les traînards étaient tellement nombreux qu'il eût fallu des efforts considérables pour recueillir la troupe et mettre quelque ordre dans les unités. Si l'ennemi avait pu savoir, à ce moment, le désordre qui régnait parmi nous, c'en était fait de la colonne du Maréchal!

« Je me demandais quel pouvait être aussi le danger réel que nous courions du côté de l'adversaire : ses chevaux n'étaient-ils pas très fatigués? (1)

---

(1) Sans doute, *la capacité offensive* de cette cavalerie contre une bonne infanterie normalement conduite n'était pas grande; mais cela ne pouvait pas lui venir de l'état de ses chevaux qui ne pouvait pas être mauvais au début de la campagne, mais parce qu'elle n'avait pas envie d'attaquer.

« Les officiers faisaient leur devoir, mais les traînards n'entendaient rien...... Cependant survint un accident qui secoua leur torpeur : par la maladresse d'un artilleur, un caisson venait de faire explosion avec un vacarme épouvantable...... A ce bruit, le premier de son genre, en ce fâcheux début de campagne, les énergies somnolentes furent secouées, et ceux que l'on voyait par terre incapables de se mouvoir, se sentirent des ailes, tellement l'esprit de conservation est un sentiment irrésistible! Et grâce à cet accident (qui avait coûté la vie à un lieutenant et à quelques hommes) chaque fraction alla occuper les fossés qu'on leur avait déjà préparés.

« L'heure était avancée, et bientôt le soir vint, accompagné d'une pluie fine...... Jusque-là, je n'avais jamais fait campagne, et je ne me souviens pas d'avoir passé une nuit en plein air, sans lit. Du reste, je savais que nous — la suite du Pacha — nous serions bien partagés, car, mon père qui autrefois était monté jusqu'au grade de colonel et qui avait passé par « le chaud et par le froid » nous racontait toujours que les grands chefs avaient des tentes somptueuses et que leurs suites étaient confortablement logées. Tout ceci m'était resté dans la tête, et je me disais que l'heure de m'étendre sur un bon lit, après tant de fatigues et d'émotions, serait saluée par moi avec un certain enthousiasme. Une bonne tasse de thé bien chaud ne serait pas de refus, non plus! L'heure de se coucher vint sans que la bonne tasse parût. Et à ce moment, je vis des soldats mettre des pierres sur le sol mouillé. Puis on apporta une botte de foin qui fut étendue sur ces pierres; et sur ce lit improvisé, mes yeux ahuris virent le général en chef s'étendre en tirant sa capote sur sa tête!....

« Alors je compris qu'il ne fallait pas espérer le faste du palais ambulant des Muchirs d'antan et que chacun devait se suffire avec ses propres moyens..... Or, les miens étaient médiocres. Chaaban, mon brave valet, m'apporta bien un morceau de bois en guise d'oreiller, mais il fut aperçu par un aide de camp du Maréchal qui vint le partager avec moi. La fatigue aidant, je m'étais assoupi et je dormais depuis environ trois heures, lorsque je fus réveillé en sursaut par un bruit qui était inconnu de moi, jusque-là.

« Bientôt je compris que c'était un coup de feu! Je me levai vivement, me demandant avec terreur ce que cela pouvait être. L'aide de camp Hussein-Raghib-Effendi n'était guère plus fier que moi. Aux premiers coups de fusil, d'autres et encore d'autres succédaient drus!

« Nous nous regardions avec l'aide de camp sans rien comprendre et sans rien pouvoir nous expliquer..... Tout à coup, qu'est-ce que j'entends? Des balles tout bonnement des balles qui sifflaient à nos oreilles..... Alors il devint clair que les Russes tiraient sur notre campement! (1) C'était donc sérieux?.... moi qui n'avais jamais entendu siffler une balle, je sentis que je perdais tout l'équilibre de ma tête, et sans doute une peur atroce s'emparait de moi, ou bien j'étais tellement secoué par tous ces événements que j'étais devenu insensible à la peur, puisque je nageais en plein dans le plus pur et le plus limpide des dangers.....

« Mais tout en voulant sauver les apparences et sans

---

(1) C'est bien ce que nous avons pensé plus haut : aucune mesure de sécurité; la protection immédiate des troupes n'était pas possible dans un bivouac aussi enfantin.

porter atteinte à la crânerie dont mes fonctions nouvelles devaient être partiellement revêtues, je cherchais dans ma tête un moyen de m'esquiver!.... Comment faire pourtant au milieu de tous ces militaires qui se seraient payé ma tête! A force de recherches j'avais fini par trouver une solution : monter sur la colline située au-dessus de nous, où j'avais vu l'après-midi s'installer le général Chevket-Pacha avec deux bataillons. Il était placé de manière à pouvoir tirer par-dessus nos têtes sur l'ennemi, sans être atteint et sans nous atteindre.... Faire ressortir cette particularité tactique aux yeux du Muchir et le prier de m'envoyer en donner l'ordre à Chevket : c'était l'abri sûr! C'était le salut! Mais le commandant en chef qui était toujours couché, ne s'était point réveillé et dormait comme si rien de grave ne se passait.

« Je m'en approchai un peu plus et j'essayai de le réveiller..... Il ouvrit à demi les yeux, et me demanda, en se mettant sur son séant, ce que je voulais : « Mais...., Excellence! Vous n'entendez donc pas ces coups de fusil?.... C'est l'ennemi qui..... c'est l'ennemi que..... Si j'allais dire à Chevket-Pacha, de votre part?.... » Furieux d'avoir été troublé dans son sommeil, le Muchir me répondit à demi réveillé par des qui, quoi, qu'est-ce..... et il se rendormit (1). Et moi, j'ai pris ces quelques mots pour une autorisation ; d'autant plus que, pour moi, il ne s'agissait que d'avoir le prétexte de quitter cette zone très dangereuse..... Autrement je ne me serais nullement soucié de porter des

____

(1) Le maréchal Ahmed Moukhtar qui est actuellement le représentant du Sultan (Haut commissaire Impérial) au Caire, avait en 1877, une quarantaine d'années. D'une santé robuste, grand chasseur et militaire ayant fait déjà plusieurs campagnes contre les Monténégrins, il était en très bonne forme et ne craignait pas le grand air.

ordres à Chevket-Pacha...., des ordres qui auraient pu ne pas être du goût du Muchir.

« Une fois que cette autorisation que je m'octroyai me parut un fait acquis, je montai sur mon cheval, et accompagné de mon excellent Chaaban, je filai dans une direction qui me paraissait être la bonne,.... Nous avions à peine fait quelques mètres, que de la ligne des vedettes, mais dans notre dos, une sentinelle nous cria : « Qui va là? » Nous nous approchâmes de ce soldat qui nous demanda de nouveau où nous allions. Nous lui fîmes connaître l'endroit où nous voulions aller. Il se mit à se moquer de nous, et nous dit en riant : « Mais, vous êtes bons, vous..... Vous allez en plein dans la direction de l'ennemi!.... »

« Et c'était vrai! En cette nuit affreuse, en cette nuit froide et noire, où la peur avait pénétré en moi d'une si terrible façon, au lieu de trouver le refuge, j'allais tomber au milieu de l'ennemi.....

« On pense avec quelle ardeur je rebroussai chemin, et m'orientai de nouveau pour atteindre Chevket-Pacha..... Durant des minutes et des minutes, nous gravîmes une pente odieuse, où les pierres et les ronces s'enchevêtraient tellement, qu'il fallut mettre pied à terre et tirer nos bêtes qui avaient toutes les peines du monde à marcher; les malheureuses butaient à chaque instant et nous entraînaient dans leurs chutes : c'était affreux, et cela ne finissait pas.

« Monsieur, me dit Chaaban, je crois que nous n'allons pas du côté de Chevket-Pacha..... Il n'y a pas âme qui vive par ici. Voyez! Écoutez : ni une lumière, ni une voix! » Effectivement, nous n'avions pas l'air d'aller vers un campement..... Un conciliabule avec Chaaban, et il fut décidé que nous ferions mieux de retourner au quartier général :

c'était très sage, d'autant plus que l'on avait cessé d'entendre fusillade et sonneries..... Il était assez tard dans la nuit, quand nous regagnâmes notre point de départ.

« Je trouvai le Muchir debout. Il ne parut pas étonné d'apprendre que je n'avais pu trouver Chevket-Pacha..... : « Vous vous êtes alarmé pour rien, me dit-il ; la nuit, il n'y avait rien à redouter ; mais avec le jour, ça pourrait changer..... » Comment ! Ça pouvait changer..... Donc le Pacha prévoyait une affaire !.... Et comment cette affaire allait-elle commencer ?.... Comment allait-elle finir ? Et si nous sommes battus, qu'adviendra-t-il ?

« Le Maréchal, qui s'était recouché, n'en dit pas davantage, et tirant de nouveau sa capote sur lui, se remit à dormir.....

« Peu de temps après, le jour commença à poindre. L'horizon s'éclaircit, et la plaine aussi...., la plaine où mes yeux inquiets cherchaient les lignes déjà formées pour l'attaque de l'ennemi. Quelque chose de noir, comme un large ruban, se déroulait dans cette plaine. Ah ! Voilà ! Voilà bien l'ennemi. Voilà une première colonne en marche...... Les autres ne vont pas tarder à se montrer....., Plus de doute.... c'est lui. — Non, ce n'est pas lui : ce sont des volontaires circassiens qui viennent jonctionner avec nous.

« Nous voici en plein jour, et pas de Russes. Où sont-ils donc ? Est-ce qu'ils n'osent pas nous attaquer, ou bien leur mission ne leur permettait-elle pas (1) d'entreprendre davantage ?....

« A ce moment, le Muchir m'appela et me donna l'ordre

____

(1) Bien entendu.

de faire une dépêche relatant nos affaires à Constantinople et à Erzeroum qui, depuis deux jours, ne savaient où nous étions. La disparition de l'ennemi de la plaine m'avait donné des doigts : une minute plus tôt, je n'aurais pu tracer un mot ! »

Effectivement, pour Constantinople et pour Erzeroum, depuis quarante-huit heures, le chef de l'armée était perdu. Cela devait avoir naturellement donné de graves inquiétudes. Des télégrammes et des estafettes couraient dans toutes les directions, et les communications n'étaient pas faciles, car bien que l'on fût au 1er mai, les montagnes et les cols par où passaient les routes étaient couverts de neige.

Deux routes conduisent d'Erzeroum à Kars, et vers le nord-ouest. La première, après avoir traversé le Gurdji Boghazi, dans la vallée profonde d'Olti (500 mètres), arrive au Kanly-Dagh, qu'elle franchit derrière la localité nommée Pennek, et tombe au nord-est dans la vallée de Kur, qui se termine au delà d'Ardahan, dans l'empire russe.

Une deuxième traverse directement à Erzeroum le Dévé-Boynou, suit le haut plateau (1,800 mètres) de Hassan-Kalé pendant 27 kilomètres, franchit à l'extrémité est de ce plateau un contrefort assez bas s'avançant jusqu'au fleuve, et atteint Keupri-Keuï au bout de 14 kilomètres. Cette route se bifurque alors : la plus au nord passe par-dessus les mamelons méridionaux des monts Kirestchli pour arriver à Zewin (36 kilomètres) sur le Chansouyou, affluent septentrional de l'Araxe, traverse celui-ci et détache un embranchement plus au nord sur Karaurghan et Yeni-Keuï (18 kilomètres), situé directement au pied du Soghanly. La branche sud arrive à Medjenguerd (13 kilomètres), également à l'extrémité sud des défilés du Soghanby. De Keupri-Keuï, une deuxième voie de communication tirant directement vers l'est, conduit sur la rive gauche de l'Araxe jusqu'à Khorassan (23 kilomètres), d'où une branche suivant les hauteurs occidentales qui bordent le Chan-Suju arrive à Zewin (14 kilomètres), tandis qu'un autre embranchement, traversant le Chan-Suju, conduit à Medjenguerd (14 kilomètres).

Les deux routes qui aboutissent à Yeni-Keuï et à Medjenguerd franchissent alors le Soghanly-Dagh ; la plus au nord, suivant toujours les pentes septentrionales des montagnes de Kars, qui séparent la vallée du Kur avec Ardahan de la plaine de Kars, atteint cette dernière place après un parcours de 63 kilomètres. La route du sud, après avoir traversé le Soghanly-Dagh à Kamisch, se déroule dans la vallée de Kars, et se réunit, non loin de cette place (61 kilomètres), à la route du nord.

Tandis que les routes d'Erzeroum à Kars que nous avons citées, arrivées à Keupri-Keuï, restent sur la rive gauche de l'Araxe, une autre communication partant de ce nœud traverse le fleuve sur un pont voûté, très ancien et très solide, nommé Tschoban Kôprû (pont des Bergers), et, suivant la rive droite plus élevée, en forme de plateau, arrive aux passes d'Hadji-Khalil, Kara-Derbend et Délibababoghazi (30 kilomètres), à l'aide desquelles on traverse la ceinture de montagnes fort escarpées qui entoure les sources de l'Euphrate oriental (Mourad) et qui constitue les étages

principaux des Scherian-Dagh, Keussé-Dagh, et Schah-Dagh.
La campagne à l'est de ces chaînes de montagnes hautes de
2,900 à 3,200 mètres, s'appelle Alaschguerd; la route qui
constitue la principale voie de communication entre
l'Arménie et la Perse, se dirige vers le sud-est, à travers
la vallée du Mourad et du Dalykla jusqu'à Bayézid (185 kilomètres).

En été, l'ensemble de ces communications est assez praticable; bien que dans les vallées on ne s'occupe pour ainsi
dire pas de l'entretien des routes qui ne sont d'ailleurs pas
autre chose que de larges chemins du pays circulant à
travers la campagne et les pentes pierreuses des contreforts
des montagnes.

De toutes ces voies, la seule qui pouvait être une route
d'hiver était celle qui passe par Bardiz, après le défilé où
nous avons vu s'installer la colonne du Muchir le lendemain
soir de son départ de Kars (1). Il importait donc de la conserver.

Moukhtar-Pacha fixa son quartier général au village de
Zaghim, distant d'une heure du défilé de Hizar.

Aussitôt des essais de correspondance furent entrepris.
Les cavaliers expédiés vers Kars apprirent que le détachement qui avait poursuivi le Maréchal s'était retiré au delà
de Kars où se trouvait le gros de la colonne du centre de
l'armée russe. Cette cavalerie était si peu audacieuse — à

(1) Les bonnes cartes de la région manquant, nous nous reportons
à celles qui existaient en ce temps-là, et à celle qui accompagne le livre
de Mehemmed-Arif-Bey.

ce moment-là surtout — que des colonnes de munitions
purent être introduites dans le camp retranché. Mais la
triste chevauchée circassienne dont nous allons parler un
peu plus loin, rendit le quartier général tellement méfiant
qu'il n'osa plus rien entreprendre avec ses quelques cavaliers et les Tcherkess indisciplinés.

La cavalerie que nous pouvions opposer à celle de
l'adversaire était, en effet, nulle. Cette arme, si importante
pourtant, est négligée avec autant d'imprévoyance que nos
ancêtres mettaient de coquetterie et de soins à la mettre
au-dessus de toutes celles du monde!... Les spahis, les
akindjis (1) d'autrefois ont fait trembler du nord au midi,
et de l'est à l'ouest, les plus fières armées! Dans notre langage, le mot « Osmanli » signifie « guerrier » et surtout
« cavalier ». On dit par exemple : « Pour un Osmanli, vous
ne montez pas assez bien à cheval. »

Les passe-temps les plus chers à nos ancêtres étaient le
carrousel et le Djirid (javelot). La grande place de Sultan-
Ahmed, au centre de la ville en est un vestige vivant (2).
Les plus hauts fonctionnaires de l'État s'y exerçaient journellement entre deux campagnes ; et la passion du cheval —
cette si noble passion — dura longtemps. Mon grand-père
même et ses contemporains possédaient de 25 à 50 étalons
dans leurs écuries.

Aujourd'hui on pourrait parier gros que dans tout Stamboul, les grands personnages compris, on ne trouverait pas
trois chevaux : Sa Majesté le Sultan seul, en possède de très
nombreux !

---

(1) Le mot turc : « akin » signifie « raid ». Donc nous faisions des
« akin » avant qu'on ne fît des « raid ».
(2) Cette place s'appelle « At-Meydan » ou hippodrome.

Par quoi avons-nous donc remplacé ces vertus guerrières? ces bonnes traditions d'antan? En tout cas, la disparition du cheval chez nous sera antérieure à l'apparition des automobiles, et comme on ne saurait faire monter les cavaliers sur des autos, il faut faire du cheval!

Au cœur du pays arabe — d'Orfa à Alep — j'avais eu toutes les peines du monde pour remonter un régiment de 400 chevaux, il y a dix ans! Et Flying-Fox, cet étalon vendu un million de francs, descend de pères qui ont été achetés un siècle auparavant dans ces mêmes pays..... En France, après 1870, il n'y avait plus un seul cheval..... Aujourd'hui, en trente-sept ans, on en a produit plusieurs millions, tandis que nous, nous allons en Hongrie chercher péniblement nos chevaux pour l'armée.

Le livre de Mehemmed-Arif-Bey va nous donner, au sujet de la cavalerie à l'armée de Moukhtar-Pacha, les navrants renseignements que voici :

« On a pu voir que ce qui nous manquait surtout en Asie Mineure, c'était la cavalerie. Nous attendions avec impatience les 4 régiments de Circassiens que l'on avait hâtivement organisés et dont le commandement avait été donné à Moussa-Pacha, également Circassien. D'autre part, l'un des trois maréchaux qui se trouvaient dans la région, Courd-Ismaïl-Pacha, avait pompeusement affirmé qu'il organiserait 50 bataillons de volontaires et de nombreux régiments de cavalerie kurde, mais on ne vit jamais la couleur, ni des uns ni des autres (1). Nous n'avions que *soixante-dix cava-*

---

(1) De la présence à l'absence de ces hordes indisciplinées, je préfère encore la seconde éventualité. Toutes ces troupes irrégulières nous ont toujours fait un mal incalculable et d'ailleurs elles ne sont plus dans l'esprit de notre temps.

liers — ainsi que je l'ai déjà dit : c'était tout à fait insuffisant pour le service des avant-postes et de la correspondance.

« Enfin les cavaliers tcherkess et leur chef Mussa-Pacha arrivèrent; et, dans le but de savoir ce qui se passait du côté de Kars, le Maréchal les expédia dans cette région, vers le 24 mai. Il y avait six jours qu'ils étaient partis, et ils ne donnaient presque pas de nouvelles sur ce qu'ils faisaient, quand le 30 mai, vers le tard, de nos avant-postes d'infanterie, on vint avertir que de nombreux Circassiens en débandade venaient vers nous...... On en déduisit qu'ils avaient rencontré l'ennemi en grand nombre et qu'ils étaient poursuivis par lui..... Aussitôt l'alarme fut donnée, et nos bataillons courant aux armes allèrent occuper les tranchées *qui leur étaient désignées.*

« Les cavaliers circassiens arrivaient par paquets de 5, de 10, de 20. Ils disaient tout brièvement que les Russes en grand nombre les avaient surpris la nuit au village de Begli-Ahmed.

« Bientôt nous vîmes venir Mussa-Pacha, en compagnie du lieutenant-colonel d'État-major Chevket-Bey que le Maréchal lui avait adjoint. Il avait la tête entourée de bandeaux ensanglantés. Dans la bagarre motivée par la surprise de nuit à laquelle la défection des avant-postes tcherkess avait donné lieu, l'officier d'État-major avait reçu un coup de sabre à la nuque..... et on n'a jamais pu savoir si c'étaient les Russes ou les Circassiens qui avaient failli lui couper le cou !.... Dans cette fâcheuse affaire, Chevket-Bey n'accuse pas Mussa. Il déclare que celui-ci est un Pacha tcherkess qui avait autrefois fait un stage régulier dans l'armée russe, et il avoue que Mussa-Pacha avait — en

langue circassienne — expliqué aux cavaliers de sa race
l'organisation des avant-postes; mais dans la nuit, toutes
les vedettes placées aux points nécessaires les avaient
quittés, les unes sous le prétexte de donner à manger à leurs
montures, et les autres pour manger elles-mêmes!.... De
cette façon, les Russes, qui guettaient probablement une
pareille occasion, se ruèrent sur le village, où l'on se battit
dans la nuit noire, à l'aveuglette, et où bien entendu, les
deux canons de montagne restèrent entre les mains de
l'ennemi comme cadeau de noces en cette première nuitée!

Dans cette affaire, ce qui nous attriste le plus, ce n'est
pas l'indiscipline des Circassiens, que nous connaissons de
longue date, mais bien le fait de voir l'État-major du Muchir
joindre deux canons *de montagne* à ce détachement dont
les mouvements ont dû être nécessairement paralysés par
la présence de ces pièces d'artillerie!.... A défaut de batteries à cheval sous la main, il n'était même pas permis de
donner à un détachement volant, dont la mission initiale
ne peut être que la vitesse, de l'artillerie montée..... Il
n'est pas nécessaire de faire ressortir davantage cette faute,
même aux yeux des lecteurs qui ne seraient pas du métier.

A la même époque, sur l'autre théâtre de guerre, en
Bulgarie, je formais avec mon escadron (du 3ᵉ régiment
de la Garde) la tête d'avant-garde de la division de cavalerie
de l'armée de l'est, avec un autre escadron recruté par
moi, par ordre du Général, dans la masse des Tcherkess
venus s'offrir de toutes parts. J'avais eu la chance de trouver
parmi eux un très bon garçon qui connaissait plusieurs
langues, et dont l'éducation militaire avait été faite en
Russie. Il s'appelait Sultan-Bey. C'est lui qui me choisit

dans la masse de sa tribu les quatre-vingt-dix hommes qui formèrent mon second escadron. Mais à cet escadron, il manquait une chose plutôt nécessaire : les chevaux ! Mais voilà : chaque Tcherkess venait au camp de Choumla, avec une selle sur son propre dos, et un poignard circassien à sa ceinture. Un point, c'est tout ! On les inscrivait et on exigeait qu'ils amenassent leurs montures : « Donnez-nous la permission d'aller dans les environs, et nous reviendrons avec des chevaux », disaient-ils ; et ils revenaient effectivement avec des véhicules..... On disait au camp : les Tcherkess sont partis pour changer de linge dans leurs villages.....

Et les miens en changèrent aussi, comme va le voir.... Les Russes n'avaient pas encore franchi le Danube, et à Choumla nous avions tout le loisir de nous exercer sous la direction de notre chef d'État-major, le colonel Mouzaffer-Bey (1). Tout marcha bien, et à la première affaire que nous eûmes sur la Yantra avec la cavalerie russe, mon escadron de Tcherkess montra autant de discipline que de courage.

Deux jours d'une pluie diluvienne nous séparaient de ce premier combat, quand, au milieu de la nuit, je fus réveillé par Sultan-Bey. Il venait m'annoncer que les Russes arrivaient.

Je fis part de ce renseignement à mon excellent ami de Torcy (2) qui partagea toujours ma tente en cette période

---

(1) Mouzaffer est d'origine polonaise. C'est un ancien élève de Saint-Cyr. Il vient de mourir maréchal, remplissant les fonctions de gouverneur général du Liban.

(2) Attaché militaire du gouvernement français, M. de Torcy fit toute la campagne avec nous. Actuellement, il commande le 3e corps d'armée.

de campagne. Plus âgé, bien plus instruit et plus expérimenté que moi, de Torcy me dit qu'il lui paraissait tout à fait extraordinaire que la nuit, et par un pareil déluge, l'armée russe se décidât à attaquer les forces principales de l'armée de l'est. Mais Sultan-Bey était si affirmatif que nous allions voir ce qui en était.

Effectivement, en prêtant l'oreille, à travers le bruissement de la rafale et du tonnerre, on entendait assez clairement le bruit du galop de nombreux chevaux sur la chaussée.

Bientôt nous eûmes l'explication de l'énigme en voyant plus de deux cents chevaux qui nous arrivaient *sans* cavaliers..... Mal surveillées sans doute par des hommes de garde et sentant leurs piquets ne pas tenir dans la terre complètement détrempée, les excellentes bêtes s'étaient engagées sur la grande route et étaient très aimablement venues chez nous. Oh! quelles excellentes montures nous en fîmes! Un peu plus tard, pendant mon séjour au quartier général de l'armée de Russie, en qualité de parlementaire, j'ai su que le colonel du régiment auquel les fugitifs appartenaient, apprenant au rapport que la moitié de son effectif était à pied, avait voulu se suicider..... Il y avait de quoi.

Quelques jours après, à mon tour, par une aventure d'un autre genre, je fus veuf de la moitié de mon monde! On était aux environs de Roustchouk. Nous étions rentrés très fatigués d'une reconnaissance que j'avais été chargé d'exécuter vers le Cara-Lom. J'avais dit qu'à moins d'un événement, on ne me dérangeât pas, et je dormais à poings fermés, quand on me réveilla pour m'annoncer que les hommes de garde venaient de s'apercevoir que mon escadron de Tcherkess n'était plus là : il avait disparu!..... Il avait décampé! et on ne le revit plus!

Le mystère paraissait définitivement enterré, quand j'en eus l'explication cinq mois plus tard, alors que chef d'escadron dans un autre régiment, à l'armée des Balkans, je patrouillais, un jour, avec deux pelotons, dans la vallée de Sophia.

A l'approche d'un village, j'entendis des cris, des appels de gens qu'on molestait. Croyant que c'était un parti de Russes descendus dans la vallée, ainsi que cela se passait quelquefois, je me mis au galop avec ma troupe dans la direction d'où venaient les cris. Au tournant d'une rue, devant la boutique d'un boulanger, je vis des hommes armés dont les uns étaient restés à cheval, les autres étaient en train de rosser un malheureux mitron. Je fondis sur ces misérables; mais ceux des bandits qui étaient à cheval eurent le temps de se sauver; nous prenions les autres, et à mon ébahissement, je reconnus parmi eux quelques-uns de mes fugitifs de l'armée de l'est!

« Ah! C'est vous, mes bons amis...... c'est vous..... Enchanté de vous voir...... mais avant tout, dites-moi vite, je vous prie, bien vite, pourquoi vous avez filé en cette fameuse nuit?

— Eh bien! Voici pourquoi nous vous avons abandonné : un des nôtres étant venu nous avertir que dans les environs, il y avait trois mille moutons..... Alors!.... »

C'était clair : ils n'avaient pu résister à la tentation!

Quelle cavalerie de premier ordre ne ferait-on pas avec ces Circassiens?

Mais nous n'avons jamais su nous servir de ces braves Tcherkess, pas plus que de nos Kurdes, et surtout de nos

Arabes qui sont encore meilleurs et plus souples cavaliers
que les autres.

J'ai souvent vu, dans une répartition de conscrits, les Laz,
qui sont d'excellents marins de nos côtes de la mer Noire,
incorporés dans la cavalerie, et des Arabes — les meilleurs
cavaliers que l'on puisse rêver — versés dans nos bataillons
d'infanterie.....

L'idée des régiments kurdes-hamidié n'est pas mauvaise,
mais il faudrait qu'elle fût comprise autrement. En effet,
elle est à l'heure actuelle une véritable calamité, aussi bien
en temps de paix qu'en temps de guerre.

Mehemmed-Arif-Bey nous rappelle certaines habitudes
de guerre des Tcherkess qui méritent d'être connues de nos
lecteurs.

« Le Circassien est un cavalier hors ligne et serait précieux en temps de guerre, à la condition d'être incorporé
dans l'armée régulière et non conduit par des chefs ignorants et indisciplinés. En leur état actuel, ils ont des
habitudes qui montrent combien ils sont personnels, et à
l'écart de tout. Par exemple, en temps de guerre, ils ne font
jamais soigner leurs blessures par nos chirurgiens, et
refusent d'envoyer leurs malades à nos ambulances ou
hôpitaux..... Quand l'état de l'un d'entre eux réclame des
soins, ils le confient à un, deux ou trois de leurs camarades,
selon le cas, qui le conduisent jusqu'au village, quelque
éloigné qu'il puisse être..... De la sorte, si dans une affaire,
il y a — par exemple — 50 Circassiens hors de combat,
100 autres — au minimum — doivent être déduits de leur
effectif. Quand un Tcherkess fait un butin de quelque valeur,
et de nature un peu encombrante, il part avec sa prise,

quelque nécessaire que puisse être sa présence dans un moment considéré comme très critique; rien ne le retient, ni ordre, ni chef, d'aller jusqu'au pays, quitte à revenir immédiatement après y avoir déposé la précieuse prise (1)! Et cependant chaque tribu a un chef très respecté et très aimé. Mais les hommes d'une tribu ne reconnaissent nullement celui d'une autre tribu. Il existe pourtant certains grands chefs dont l'influence s'étend sur plusieurs tribus à la fois. Parmi ceux-ci, nous avons eu un certain Ghazi-Hussein-Bey, de la fameuse tribu des Cabartay; mais s'il fut écouté par les nombreuses tribus dont nous avions des échantillons à l'armée, par contre le chef en question ne voulut pas opérer selon les intentions du général en chef; et au lieu de profiter de ses cavaliers, nous en avons eu de grands ennuis.

« Après le moindre combat, tous ces chefs grincheux, irascibles prenaient d'assaut la tente du Maréchal et chacun réclamait quelque chose. L'un disait : « Mon cheval a été tué, il valait 50 louis...; il faut me les rembourser. » L'autre se plaignait d'avoir perdu son pistolet qui valait tant. Un troisième, les fers de son cheval; un quatrième, sa montre...; et tous insistant, vociférant, allant même jusqu'à dire des choses désagréables..... Bref, on essaya de la rigueur, de la douceur, rien ne put les équilibrer, et en somme, ils ne rendirent aucun service appréciable. »

---

(1) Pour le guerrier circassien, toute prise de guerre — quelle qu'elle soit — a une valeur et n'est pas à dédaigner. Ainsi, par exemple, pendant la campagne de Serbie, nous avons vu des cavaliers traînant des tableaux noirs abandonnés dans les écoles de village et toutes sortes d'objets de ménage parmi lesquels jusqu'à des berceaux d'enfant!

Pour compléter les observations de Mehemmed-Arif-Bey à propos des mœurs circassiennes, il me vient à l'idée une particularité rapportée par certains chefs circassiens de mes parents (1) : il paraît que les Tcherkess n'admettent pas, pour leurs blessés, les amputations.

Quand l'un des leurs est atteint d'une blessure grave, on le transporte chez lui, et le remède le plus efficace contre la gangrène n'est jamais venu sans doute à l'idée d'aucune faculté de médecine, jusqu'ici. Voici le traitement que subit le patient : on l'installe confortablement dans la plus grande pièce du logis ; là..... on l'empêche de dormir..... et jusqu'à guérison complète il ne doit pas fermer l'œil!.... mais pas une minute..... Comment veiller un tel malade? Il faudrait que toute sa famille, en admettant qu'elle fût nombreuse, le veillât sans sommeil. Aussi, voici ce qu'on fait : tous les voisins, sans exception, viennent à tour de rôle veiller le blessé, et les jeunes gens se livrent, sans trêve ni merci, à des danses très caractéristiques et très bruyantes!

Il paraît que c'est un remède souverain.

Après cette affaire de Mussa-Pacha, le commandant en chef rectifie encore sa position. Le défilé de Hizar est toujours occupé; mais avec les quelques bataillons qu'il prend à la brigade de Chahin-Pacha, il s'établit à Hunkiar-Duzu, au nord-est de Bardiz.

Jusqu'au 20 mai, Moukhtar-Pacha resta avec ses cinq ou

____

(1) Ma mère est Circassienne.

six mille hommes et ne reçut aucun autre renfort que ces deux ou trois bataillons de la brigade Chahin.

Les nouvelles reçues de l'aile droite apprirent la marche de Tergoukassow, de Bayézid sur Karakilissa, et le 16 juin, la division turque qui reçoit le choc des Russes près du village de Dagar, perd son brave chef. Tatli-Oglou-Mehemmed-Pacha épuisa toutes ses munitions et se retira en désordre sur Délibaba.

D'autre part, il n'y a pas de doute que le fiasco d'Ardahan n'ait augmenté le centre russe des forces de l'aile droite devenues disponibles.

Nous lisons dans le petit livre du baron autrichien Rudolf von Schluga, *Les combats de Halijas et de Zewin en Arménie : 1877* :

« La situation de la petite armée turque était excessivement précaire. Au quartier général, on estimait la force de l'armée russe d'invasion à un chiffre beaucoup plus élevé qu'il n'était réellement, et on lui supposait le dessein de prendre une offensive énergique. En revanche, les Russes ne pouvaient avoir aucune idée de la faiblesse du centre turc, puisque à cette époque, il aurait suffi d'une division pour l'anéantir ou le tourner, tandis que jusque vers le milieu de juin, on perdit un temps précieux dans l'inaction. »

La ressemblance est vraiment frappante! Ce sont deux sœurs jumelles, ces deux combinaisons russes à trente ans d'intervalle à n'en pas douter!....

Cette aventure du Yalou, avant la concentration, avant d'être à même de *pouvoir*..... est extraordinaire!

S'aventurer loin..... loin, avec peu de monde; et puis quand on est en nombre, attendre que les autres le soient encore plus! Tandis que sept ou huit ans plus tôt, nous voyons — en 1870 — les Prussiens *réunis*, formidables, s'abattre sur les faibles concentrations françaises.....

Pourquoi choisir les méthodes de ceux-ci plutôt que celles de ceux-là? Pourtant, entre les Français qui avaient perdu de vue leur Napoléon et les Prussiens qui l'imitaient si bien, le choix s'imposait!

En 1877, le service de renseignements clochant des deux côtés, chacun croit que l'autre est très fort et n'ose attaquer.....

La médiocre cavalerie de Moukhtar-Pacha ne pouvait rien voir, ni rien entendre, cela est certain, Mais à quoi servaient donc les quarante-neuf escadrons russes aux brandebourgs dorés?

Ils observaient un camp retranché!

Nous avons vu plus haut que le commandant en chef et sa petite armée, en composition, avaient occupé Hunkiar-Duzu, où les neiges étaient déjà en grande partie fondues.

Sur cette petite armée, tombent goutte à goutte, peu à peu, effort par effort, les troupes envoyées au Maréchal. D'abord, ce sont dix bataillons syriens qui sont près d'arriver. Trois ou quatre autres tabours viennent ensuite renforcer l'aile gauche à Olti.

En principe, c'est Zéwin qui est choisi par le Muchir comme position d'attente stratégique, et ce choix ne nous semble pas répondre aux exigences de la situation.

Ainsi posté, Moukhtar-Pacha ne s'assure pas « les lignes

intérieures »; tandis que son point de concentration devait
se jalonner par Hassan-Kalé, Keuprikeuï; son front

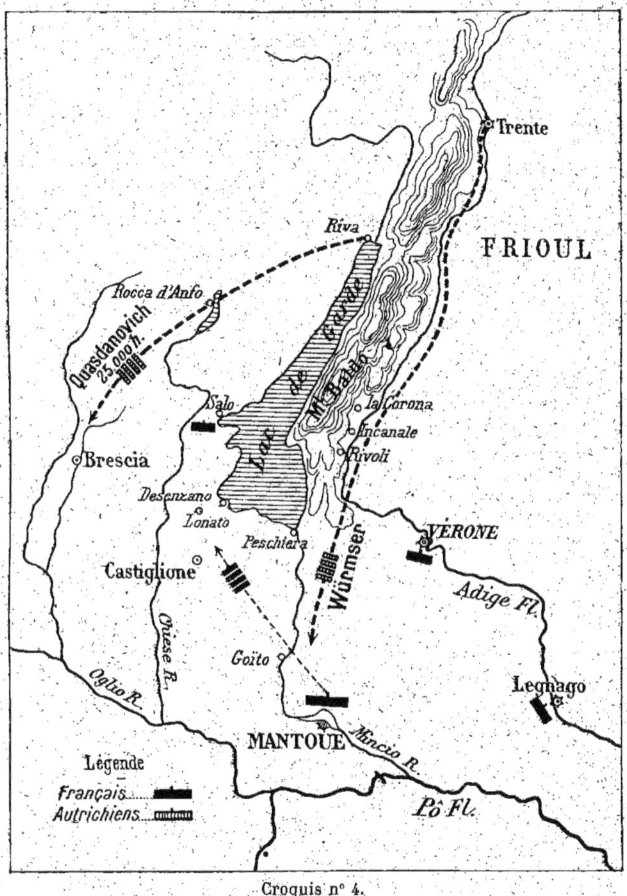

Croquis n° 4.

stratégique ne devait pas dépasser ce dernier point et
Gurdji-Boghazi; de la sorte, il se serait trouvé comme
Bonaparte au-dessous du lac de Garde. La situation est, à

peu de chose près, la même; mais pour cette combinaison, une partie des troupes d'Alaschguerd elles-mêmes auraient dû être appelées vers ces régions.

Le choix que nous faisons paraît remplir toutes les conditions (voir croquis n° 4).

Kars et Ardahan ne possédaient une valeur réelle (celle qu'on leur attribuait, et celles que certains écrivains militaires leur donnent) qu'à la condition que le commandant en chef eût entre les mains une armée d'opération sérieuse et nombreuse. Mais étant donné les forces dont on disposait en Asie Mineure, c'était une erreur aussi profonde d'attendre quelque chose de Kars et d'Ardahan, que de chercher à boucher toutes les issues des monts Soghanlis et autres et de s'y concentrer. Plus en arrière, on s'assurait non seulement les lignes intérieures, mais encore on augmentait les facilités de ravitaillement de toutes sortes.

Une armée de 200, 300, 500,000 hommes pourrait choisir un point de concentration ou d'attente stratégique dans le goût de Zewin; mais que l'on suppose au début d'une guerre 10,000 Français isolés attendant l'armée allemande à Nancy, ou bien 20,000 Allemands se préparant à recevoir le choc de l'armée française à Aix-la-Chapelle. A quelle combinaison cela répondrait-il?

Une armée ne peut s'éloigner de sa base qu'en raison directe de sa force et de ses moyens d'action. La non-observation de ce principe a conduit Moukhtar-Pacha à sa perte!....

Quant aux Russes, ils se considèrent meilleurs stratèges que Napoléon Ier puisqu'ils ne tiennent pas compte de la maxime napoléonienne : « Une armée n'a qu'une ligne d'opération. »

Les Loris Mélikoff et les Tergukassow étaient d'excellents élèves et imitateurs des Wurmser et des Quasdanovich..... Mais ceux-ci n'étaient, en somme, séparés les uns des autres que par un lac, tandis que les Russes avaient des centaines de kilomètres de leur centre à leur aile gauche.....

Dans ces conditions, un miracle seul pouvait assurer la manœuvre et l'harmonie dans les opérations.

Encore une fois, c'est l'oubli de bons principes, et c'est l'échouement de la *tactique d'intimidation*. Le commandement russe qui veut faire « une guerre d'intimidation » n'envisage que ce point et ne se met au courant d'aucun progrès de l'art de la guerre : il se cramponne à de vieilles doctrines ! « S'il est vrai que les principes de l'art militaire sont éternels, les facteurs dont cet art s'occupe, avec lesquels il a à compter, sont soumis à une évolution constante » (Von der Goltz).

Tergoukassow réuni à la colonne du centre, eût assuré l'émission des actions stratégiques de l'armée du Czar, et l'offensive eût fait prime !....

La position centrale de Moukhtar-Pacha contre les deux masses ennemies n'était pas bonne ; il craignait, sans doute, non pas pour sa droite qui était protégée par la division d'Alachguerd, mais pour sa gauche, surtout depuis la chute d'Ardahan.

A l'encontre des opinions émises jusqu'ici, nous dirons que les dix bataillons cloués en cette petite place n'auraient pu, en aucune façon, contrecarrer les entreprises de l'adversaire, d'autant plus qu'à notre avis la mission de couper les communications entre Erzeroum et Trébizonde, vers

Baïbourd, devait échoir spécialement à la nombreuse cavalerie russe (voir carte d'ensemble).

Dans cette crainte, Moukhtar-Pacha s'installa avec sa petite troupe à Tchakir-Baba près de Zéwin, où les quelques bataillons de Chevket, détachés pour secourir Ardahan, étaient venus également, ayant appris en route la reddition de cette place.

Nous n'entrons pas, à dessein, dans tous les détails tactiques et de mouvements de troupes, afin de ne pas gêner la manifestation claire des questions stratégiques.

Dans une étude de critique, il faut, autant que possible, ne faire ressortir que les faits généraux et les situations initiales dont on peut retirer une leçon ou un profit.

La triste aventure de la cavalerie tcherkess avait été décourageante. Le Muchir en avait été profondément affecté, et ainsi que le dit avec beaucoup de raison Mehemmed-Arif-Bey, « la cavalerie devant être considérée comme les yeux et les oreilles d'une armée, on était chez nous, comme des aveugles et des sourds qui ne voyaient et qui n'entendaient pas grand'chose! »

Tous les auteurs consultés sur cette campagne, y compris Mehemmed-Arif-Bey, disent que l'armée de Moukhtar-Pacha avait son centre à Zéwin (Tcharkir-Baba, Hunkiar-Duzu), son aile droite vers Toprak-Kalé et son aile gauche à Ardahan.

Dans sa position de Tchakir-Baba, Moukhtar n'a pas d'aile droite : un oiseau qui a son aile détachée n'a pas d'aile ; donc un détachement très éloigné de lui, le couvrait vers Toprak-Kalé. *L'aile gauche* était à Olti. A cette aile et au centre, le contact n'est pas pris. La cavalerie auxiliaire (un mélange de volontaires Kurdes et autres) est à Penek pour observer le Kanli-Dagh. La petite cavalerie du Maréchal (à peine un escadron) et les Tcherkess sont dans le Soghanly. On est dans l'ignorance la plus complète sur l'adversaire, qui, de son côté, reste cloué sur place par la médiocrité de ses renseignements. Vers Toprak-Kalé, on était au contact.

Quand les Japonais, en 1904, commencent à se concentrer, c'est que tout est prêt pour cela. La mer à traverser et la possibilité de quelques dangers obligent les différents corps à se séparer un peu les uns des autres. Mais il faut voir et admirer la précision avec laquelle chaque unité stratégique prend sa place dans la marche vers les champs de bataille probables.

La Iᵉ armée débarquée dans la première quinzaine de février à Tchemoulpo et à Tchianampo, en Corée, attaque les Russes, le 1ᵉʳ mai sur le Yalou.

Le 5 mai, la IIᵉ armée (Oku) débarque à Putseuouo et successivement les IIIᵉ (Noghi) et IVᵉ (Kuroki) ont débarqué à Kerr, Dalny et Takouchan.

Le 3 août, après des batailles survenues sur les parcours, les Iʳᵉ, IIᵉ et IVᵉ armées japonaises étaient devant Liaoyang.

Des pluies torrentielles firent perdre trois semaines à cette armée, et les Russes n'en profitèrent pas pour annihiler l'offensive avant l'arrivée de la IIIᵉ armée occupée à Port-Arthur !

On peut rapprocher cette situation de celle des mois de mai et juin en Asie Mineure.

Ahmed-Moukhtar, attaqué au premier moment de ses efforts de concentration à Tchakir-Baba-Zéwin, eût été sûrement anéanti ! En laissant échapper cette occasion, les Russes se font battre par lui, dans toute la première période de la campagne.

Mais les Russes ne craignent pas le « temps ». Au contraire, plus celui-ci s'écoulera et plus leurs effectifs augmenteront ! Tandis que pour Moukhtar, c'était le contraire : sauf quelques petits bataillons en formation, il n'avait aucune chance de ce côté-là ! Il était donc essentiel pour lui d'envisager la question si importante de « l'économie des forces », et il y songea en grand économe qu'il est ; mais, comme on le verra dans le courant de cette étude, il n'y parvint que fort médiocrement.

Avec de tous petits moyens, on avait voulu entreprendre une campagne contre le « Colosse du Nord » et on créa deux théâtres de guerre, ce qui était également une détermination contraire au principe de « l'économie des forces » ; car, ainsi que le recommandait Frédéric le Grand, il faut savoir limiter le foyer de la guerre : qui veut tout défendre ne sauve rien !

CHAPITRE III

Les premières affaires.

Au moment où Moukhtar-Pacha va être au contact et recevoir le choc des divisions russes, il n'a presque pas de canons!.... Et à Erzeroum, ce n'est certes pas ce qui manquait! Mais ces batteries étaient comme des navires sans mâts et sans hélices..... incapables de sortir de leurs ports d'attache! Certaines d'entre elles possédaient des chevaux, mais manquaient de harnais; d'autres n'avaient que des harnais, mais pas de chevaux et, pour la plupart, c'étaient les munitions qui faisaient défaut, car celles-ci devaient être expédiées de Constantinople.... Et comme toujours, Constantinople avait attendu jusqu'au dernier moment. C'est avec toutes les peines du monde que Moukhtar-Pacha fit venir jusqu'à lui, au début des affaires, une batterie de campagne Krupp.

Pendant les loisirs que l'inaction russe avait donnés, on s'était, au camp du Muchir, occupé à exercer un peu les troupes et surtout les Rédifs qui n'avaient aucune notion de la tactique la plus élémentaire.

Pendant ce chômage, le Maréchal montre qu'il s'était fait une meilleure idée de la situation, en rectifiant sa position vers Délibaba et en retirant le détachement d'Alachguerd vers Tahir-Guédiki.

Et, en attendant, les 50,000 hommes promis par le fameux Cheih Ubeydoullah n'arrivaient pas..... D'après Mehemmed-Arif-Bey, il n'en arriva jamais plus de 2,000..... et pour le reste, il dit que c'était une vaste fumisterie à laquelle on crut un peu trop naïvement!

D'ailleurs, de quoi devaient-ils être armés, ces 50,000 hommes? Que devaient-ils manger? Où était leur artillerie? D'où devaient-ils tirer leurs munitions? De quelle espèce de tactique devaient-ils procéder?

A la place de l'État-major de Moukhtar-Pacha, je me serais réjoui, et j'aurais remercié mille fois le Ciel de voir que ces moines armés ne venaient pas et qu'ils ne pourraient jamais venir! Car, si, par malheur, ils étaient venus, c'était la dévastation, l'incendie de tout le théâtre d'opération, c'était le désordre dans les affaires, c'était l'enfer! C'est grâce à ces indisciplinés (que les Occidentaux appellent des Bachi-Bozouks) qu'on nous fait une réputation de vandales et de coupeurs de têtes, que notre chère armée régulière n'a méritée à aucune époque!

Il ne faut jamais rien attendre d'une chose *qui n'est pas organisée!* Par conséquent nous n'attendrons rien de nos Bachi-Bozouks..

L'âme du militarisme, c'est l'ordre et la discipline! Mais il faut distinguer une armée bien disciplinée, d'une armée où l'obéissance existe.

Nous envisageons la discipline morale de l'homme pensant, la discipline intellectuelle de l'individu qui comprend..... Il n'y a de discipline intellectuelle que lorsque tout le monde, saisissant bien la pensée du chef, l'approuve et cherche sincèrement à l'exécuter! C'est à cette condition qu'un but visé par le haut commandement peut obtenir un résultat. Il en est de même des règlements.

Quelle est l'armée dans laquelle tous les échelons n'obéissent pas, du petit au grand?

Notre pensée se porte vers cette discipline qui résulte de l'ordre, de la méthode et de la compréhension de l'intérêt collectif : c'est la discipline intellectuelle.

L'obéissance est dans toutes les armées ; seulement la différence qui existe entre celle de tout le monde et la vraie discipline peut se mesurer par ce qui différencie l'obéissance de toutes les armées, de la discipline allemande, par exemple.

La discipline de marche qui maintient les effectifs, la discipline de manœuvre qui assure l'ordre, la discipline de combat qui procure le succès, la discipline de feu surtout qui économise les munitions : voilà ce qui manquait totalement à la petite armée de Moukhtar-Pacha, tout autant du reste que sur l'autre théâtre de guerre, en Bulgarie !

Et malheureusement, en lisant le détail qui suit, il faut croire que la simple et bourgeoise obéissance elle-même n'était pas fameuse autour du Maréchal.....

On avait donné, en son temps, à un colonel Hakky-Bey, l'ordre formel de rester avec son régiment à Pének (voir carte d'ensemble), afin de préserver la gauche de l'armée d'une offensive venant d'Ardahan.

Or, Hakki-Bey écrivit une lettre au Muchir pour faire ressortir des dangers qui n'existaient pas, et, *sans attendre* la réponse du quartier général, il quitta précipitamment et sans y être obligé par une attaque des Russes, la position de Pének et prenant la route de Sivri-Dagh, se mit à fuir vers Erzeroum.

Un général que le Muchir avait envoyé entre temps avec
un petit détachement pour occuper Olti, rencontra le
colonel dans un piteux état : sa troupe était démoralisée et
horriblement fatiguée par une retraite..... rapide. Ce général
prit le détachement avec lui et renvoya le colonel à Erzeroum.

Et ce Hakki-Bey ne fut pas puni.

Il en a toujours été ainsi, du reste : pitié, considération
à l'égard de quelques-uns, sans penser que cette bonté
d'âme peut nuire à toute une société, à toute une nation!
Elle est vieille, cette fâcheuse habitude de punir toujours
les innocents et de ne jamais châtier les coupables! C'est
une imprévoyance qui a coûté cher aux Osmanlis! Mais.....
dépêchons-nous de retourner à nos moutons.

« L'ennemi vint à Pének, et n'y trouvant personne,
marcha jusqu'à Olti (1) » — nous dit le livre de Mehemmed-
Arif-Bey — et il ajoute : « Nous avions détaché d'Erzeroum,
Hadji-Rachid-Pacha avec trois bataillons, une batterie et
un peu de cavalerie, avec mission de marcher sur Olti par
Gurdji-Boghazi. Et le général Chahin fut chargé, avec une
force analogue, de s'y rendre par le mont Kiretchli afin de
tomber sur le flanc de la colonne russe.

« Deux jours après son départ, au moment où il descendait les pentes de la montagne pour pénétrer dans la petite
ville, il apprit que les Russes y étaient déjà : le pauvre
homme que les soldats avaient surnommé Karga-Pacha
(Corbeau Pacha) fut cloué de terreur sur place..... Afin

____

(1) C'était un détachement de découverte.

d'éviter quelque accident — dit-il — et ne voyant pas arriver le détachement Rachid qui était en retard, il se retira

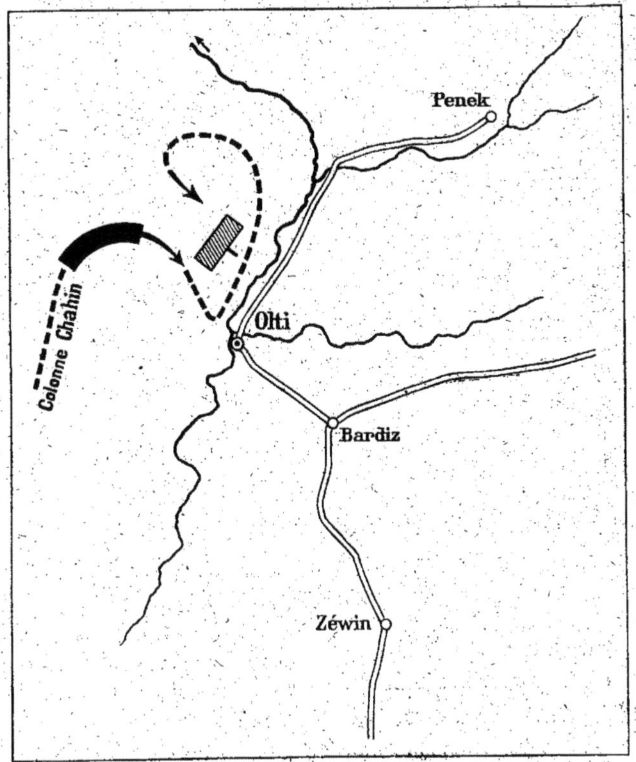

Croquis n° 6.

le 8 juin, un peu..... en arrière sur une colline dominant la petite ville d'Olti.

Nous avions fait accompagner le détachement de Chahin-Pacha par plusieurs notables éclairés du pays, afin de lui servir de guide à travers les mystères et les détours de cette contrée montagneuse. Quand ces braves gens virent les

7

hésitations du général, ils le supplièrent d'attaquer les Russes. Ces ignorants de l'art de la guerre lui dirent même : « Vous avez affaire à un tout petit détachement (1), un détachement fort éloigné de sa base....; il est tout à fait en l'air..... et d'ailleurs en ce moment nous dominons le défilé par lequel cette petite troupe ennemie peut opérer sa retraite..... Général! Ce sont des poissons dans le filet..... Dans ce défilé très long qu'ils doivent parcourir, il n'y aurait qu'à rouler sur eux des pierres!.... Pour l'amour du ciel, ne laissez pas filer l'oiseau en cage..... » Mais rien ne put décider Karga-Pacha à attaquer ces quelques Russes.... Et ceux-ci, voyant de loin l'arrivée de la colonne, et apprenant qu'une autre venait aussi directement d'Erzeroum, ne pensèrent qu'à s'esquiver....; et, bien entendu, quand ils virent qu'on ne leur en voulait d'aucune façon, ils s'en allèrent tambour battant, à travers la longue souricière dans laquelle on les tenait si bien..... De son côté, Chahin-Pacha fut très heureux de ce départ de l'ennemi. Il pensa sans doute au proverbe qui dit : « Vive cent ans le serpent qui ne me touche pas! »

« D'ailleurs, le résultat n'était-il pas le même? Et même mieux..... puisqu'on avait chassé l'ennemi sans faire saigner notre nez..... ni le sien non plus.

« Mais cette triste chose eut un écho tout différent au quartier général où Chahin-Pacha fit savoir — quelle audace! — que l'ennemi, s'apercevant de son approche et s'intimidant de sa vaillante et mâle attitude, s'était enfui

---

(1) Un régiment, à peine, de cavalerie et 2 bataillons!...

aussitôt sans chercher à combattre et en laissant entre ses mains tous ses bagages !

« Au quartier général, nous sûmes quelques jours plus tard la vérité sur cette triste affaire : le Maréchal rappela Chahin qui fut remplacé par un Hadji-Rachid-Pacha. » Et tout le temps, ce sont des essais, des allées, des venues.....

Une préoccupation constante étreint le cœur du quartier général : il faut tenir Pének, mais pour tenir Pének, il faut tenir Olti; pour tenir Olti, il faut tenir Bardiz; pour tenir Bardiz, il faut tenir Tchakir-Baba; et pour pouvoir rester à Tchakir-Baba, il faut tenir Zéwin.

Un pacha remplace un colonel qui se retire de Pének sans ordre..... Ce colonel est remplacé par un autre colonel qui, à son tour, abandonne Olti et se retire sans combattre; un autre est envoyé pour appuyer celui-là..... Et voilà comment on manœuvrait, en l'an de grâce 1877!....

C'est pourquoi nous avons dit plus haut qu'il fallait circonscrire le front de la petite armée. Ce front ne devait, en aucune façon, dépasser la ligne Hassan-Kalé-Gurdji-Boghazi, avec des avant-gardes sur les routes de Zéwin, Khorassan, Délibaba (1). Bien entendu nous sommes loin de l'opinion des écrivains qui donnent à Zéwin une grande importance; car nous pensons qu'on trouve partout de bonnes positions, mais que l'essentiel est d'avoir toutes ses forces réunies et capables par leur ensemble de porter un coup décisif; par conséquent, nous ne partageons nullement l'opinion du colonel Lecointe et d'autres écrivains qui ont traité cette question. D'ailleurs, si Moukhtar avait été battu

----

(1) Voir carte d'ensemble.

en cette première période de la campagne, comme il le fut dans la suite, tout le monde aurait crié sur les défauts de la position. Donc, les positions ne sont rien..... ce sont les combinaisons qui ont une valeur réelle.

D'autres écrivains nous parlent de mesures préventives à prendre à la droite de l'armée pour protéger les derrières de celle-ci contre Erivan (Tergoukassow).

Il n'y avait pas à y songer. La preuve, c'est que malgré le plus grand désordre qui régnait à l'armée d'Asie Mineure, l'adversaire n'a rien pu entreprendre contre elle, quoiqu'il s'y passât des événements tout bonnement scandaleux. Qu'on en juge : le maréchal Moukhtar-Pacha avait désigné le fameux Courd-Ismaïl (Ismaïl le Loup) pour remplacer un certain Faïk-Pacha qui n'avait jamais voulu quitter Barghiri pour se porter avec le gros de ses forces sur Bayézid ou bien vers Diadin, selon les nécessités formelles du moment et les ordres du commandant en chef..... Après la guerre, il fut dégradé et exilé!

Le pauvre diable a dû manquer d'amis puissants! Car Ismaïl le Courd qui le remplaça ne fit pas mieux : au lieu de se porter (ceci se passe après le premier grand succès de Moukhtar-Pacha) sur la ligne de retraite de l'ennemi, il s'arrêta à mi-chemin et Tergoukassow put trouver un dégagement vers le nord.

C'était une de ces occasions inespérées qu'il ne fallait laisser échapper à aucun prix!

Après la guerre, Ismaïl et sa famille furent comblés de faveurs.....

Nulle part on ne saurait voir une vitalité comparable à la nôtre.....

Faut-il, vraiment, que nous soyons solides pour résister ainsi au mal que nous nous faisons? Mais, au fond, cette manière d'être n'est-elle pas la plus rationnelle : la meilleure? Qui peut dire que nous avons tort d'être ainsi?.... Dans les choses de la vie, il y a le pour et il y a le contre..... surtout dans les gestes de l'Orient! Quelquefois, en voulant faire mieux, on tombe dans le pire.....

Un jour, le célèbre Pasteur se trouvait en Bourgogne, dans la famille de son gendre. On était à table et le repas touchait à sa fin.

Sans rien dire, le savant mangeait des cerises, mais non sans les avoir préalablement lavées une à une dans un verre d'eau, avec un soin tellement méticuleux, que les siens ne purent s'empêcher de rire, Pasteur s'en aperçut et dit : « Vous riez, mes enfants, mais vous ne savez donc pas ce qu'il y a d'impuretés sur chacune de ces cerises? »

Et là-dessus, il se mit, tout en continuant à nettoyer les fruits, à faire un véritable cours à ceux qui l'entouraient, insistant particulièrement sur le nombre effroyable de microbes attachés à chacune des cerises. Quand il eut fini, il conclut :

« Vous voyez qu'on ne saurait prendre trop de précautions. Faites donc comme moi, lavez vos fruits. »

Et ce disant, l'illustre savant, retombant dans ses méditations, saisit le verre dans lequel il avait si soigneusement noyé tous les microbes, et..... l'avala d'un trait.

C'est sans peine — abstraction faite de quelques erreurs stratégiques et tactiques — que nos lecteurs trouveront des éloges à décerner à Moukhtar-Pacha d'avoir pu faire — dans sa belle campagne d'été — ce qu'il a fait avec des sous-ordres aussi médiocres, et au milieu d'un pareil gâchis !

Mehemmed-Arif-Bey va nous donner encore le spectacle de navrantes choses !

Parlant des nouvelles qui arrivaient des assiégés de Kars dont l'investissement du côté sud-sud-est n'était pas complet à cause de certaines particularités topographiques, il dit : « Autant Moukhtar-Pacha cherchait à soutenir et relever le moral de ses hommes et à leur donner de l'espoir dans l'avenir, autant le général Hussein-Hami-Pacha commandant du camp retranché de Kars déprimait, paraît-il, le courage des assiégés par sa conduite scandaleuse..... et sanguinaire. Depuis l'investissement de la place, les tribunaux civils n'existant plus, le général Hami s'était senti le maître des hommes et des choses, n'obéissant qu'à ses propres caprices ! Affrontant le présent et l'avenir il s'était cru affranchi de la crainte d'avoir à répondre de ses actes..... il avait même été jusqu'à se dire que le pouvoir absolu est un grand bonheur, ne le détiendrait-on qu'un jour ?.... Mais cette folie de la grandeur alla si loin, et il s'en laissa tellement envahir, qu'il chercha à faire croire à des Derviches et à des fétichistes dont il s'était entouré, que bientôt il deviendrait un Mehdi !.... Ce nouveau Prophète annoncé et attendu, c'était lui ; dès lors, on pouvait s'attendre à des événements extraordinaires.....

Effectivement, ces événements extraordinaires eurent lieu dans Kars. Des misérables, de toutes classes, profitèrent de la monomanie du Pacha et du gâchis qui en résultait pour donner libre cours à leurs passions désordonnées. Et alors, on vola, on pilla..... on viola des domiciles..... et on alla même jusqu'à pendre et à faire précipiter, *manu militari*, un malheureux du haut d'un rocher! Dans ces conditions, la population souffrit bien plus des atrocités du dedans que des faits du dehors.... et l'on traita ainsi une population qui montrait le plus grand patriotisme, en s'associant d'une façon admirable aux faits et gestes de la garnison!

« En dehors de ces nombreux actes sans nom, on doit encore reprocher à ce Pacha, les inutiles tueries auxquelles il se livrait, sous le fallacieux prétexte de faire des sorties! Qu'espérait-il de ces fanfaronnades?.... Ah! si l'on avait pu faire une sortie capable d'anéantir les assaillants..... ou bien s'il avait été question de faire pénétrer des munitions et des vivres dans le camp retranché, il n'y aurait eu rien à dire; mais pourquoi faire tuer inutilement nos chers soldats, et faire de nombreux vides dans la population? À quoi bon dépenser inutilement les munitions contre toutes les recommandations sages du général-en chef?.... Les Russes, eux, qui pouvaient se ravitailler, n'avaient pas à craindre de rester en panne..... »

Nous allons formuler cette prière avec Mehemmed-Arif-Bey : « Ô Dieu tout-puissant! préservez-nous; préservez notre pays et notre nation de tomber encore en de pareilles mains!..... »

De nos jours, l'action d'une artillerie — en 1877, comme aujourd'hui — ne peut donner des résultats que dans « la guerre de mouvement ». A part l'effet moral, auquel on s'habitue bien vite, un bombardement pur et simple est une coûteuse distraction. L'artillerie en liaison avec l'infanterie, surtout pour faciliter le mouvement en avant de celle-ci, rend les plus grands services.

A Moukden, une manœuvre appuyée de toute l'artillerie, faite avec décision et précision sur une aile, a tout chambardé!.... Mais les Japonais sont de grands économes de munitions et ils sont dans le vrai!

Mehemmed-Arif-Bey parle ainsi de certains ordres *donnés par* Ahmed-Moukhtar-Pacha :

« Au moment, où nous nous installions aux environs de Zéwin, le commandant en chef envoyait un de ses aides de camp à Tatli-Oglon-Mehemmed-Pacha, à Alachguerd, pour lui recommander d'établir sa liaison et ses communications avec nous, et de se rapprocher un peu plus de nous. L'aide de camp vint rendre compte que le général avait déjà rectifié sa position dans ce sens et qu'il occupait les défilés de Tahir-Keuï et de Hat. »

Tatli-Oglon-Mehemmed-Pacha aurait occupé — d'après ce que nous avons pu comprendre — la partie extérieure de ces défilés, ce qui est une faute, car une avant-garde peut prendre une telle position pour le débouché de la troupe qui la suit; mais pour défendre effectivement une passe, on ne doit jamais mettre le défilé derrière soi, sauf en des circonstances rares, comme par exemple quand on cherche à en conserver les deux issues, ou bien lorsqu'une arrière-garde protège une troupe qui la traverse.

Dans la plupart des cas, la défense en arrière est préférable, surtout pour des troupes non manœuvrières, comme les nôtres, qui ne savent pas se garder. Mais notre critique vise un point beaucoup plus important, et s'adresse à l'ordre où il est formellement prescrit de *choisir un point fort et de l'occuper tactiquement*.

C'est le choix de la position *a priori*.

Dans une position choisie *a priori*, même si l'on réussit *on a tort*.

On peut réussir par toutes espèces de raisons, moins une : la bonne !

Toutes les positions — ou à peu près — sont bonnes, excepté celles que l'on choisit avant d'être au contact. La position choisie à l'avance — comme Austerlitz — par exemple, peut être bonne, si on peut l'imposer à l'adversaire.....

Rappelons, à ce propos, la théorie de Napoléon sur les plans de campagne *a priori*.

Napoléon a toujours fait son plan de campagne *a priori* et d'après les renseignements généralement assez vagues qu'il a pu se procurer sur le rassemblement initial de son adversaire. Dans la théorie napoléonienne, souvent le plan de bataille lui-même est fait *a priori*; mais ce n'est pas la POSITION A PRIORI : *il ne faudrait pas confondre*. Nous lisons, toujours à ce sujet, dans l'ouvrage du lieutenant-colonel Camon, *La Guerre napoléonienne*, les lignes suivantes, très remarquablement écrites, sur les plans de Napoléon :

« Plan de bataille. — Dès qu'il avait pu se faire par ses renseignements, par ses reconnaissances, quelquefois par

un engagement préalable, une idée sommaire des positions
de l'ennemi, Napoléon arrêtait son *plan* d'après la situation
stratégique et ses dispositions générales, et ce plan ne pouvait subir que de faibles modifications. Dans bien peu de
batailles, le point d'application de l'attaque décisive a été
déplacé au courant de l'action, à la demande des événements. Et quand le fait s'est produit comme à Wagram,
cette modification au plan primitif a diminué grandement
les résultats de la victoire.

« Ainsi Napoléon vise toujours à se subordonner l'adversaire : dans le plan de campagne, par la manœuvre sur ses
derrières ; dans le plan de bataille, par l'attaque débordante
ou tournante.

« Il arrive par ces manœuvres mêmes à provoquer la décision, en stratégie dans une zone déterminée du théâtre de la
guerre, en tactique en un point de la ligne de bataille de
l'adversaire.

« De sorte, qu'en dernière analyse nous pouvons dire que
deux idées maîtresses informent tout le système de guerre de
Napoléon : l'*a priori* et la désorganisation préalable de
l'adversaire et qu'il les réalise par le même artifice : une
attaque sur les derrières de l'ennemi.

« C'est sans doute en raison de cette simplicité de moyens
que Napoléon a pu écrire : « L'art de la guerre est simple
et tout d'exécution. »

« Mais nous savons maintenant tout ce qu'il y a dans cette
exécution : la divination de ce que fera l'ennemi, l'imagination qui invente la manœuvre, le travail formidable qui
rassemble les moyens, la volonté qui lève tous les obstacles,
l'opiniâtreté qui ne se laisse arrêter par aucun des acci-
dents de l'exécution, la décision qui saisit l'occasion au

vol, la force de résistance physique nécessaire à une si rude besogne.

« Et ces multiples conditions expliquent la rareté de génies militaires de la taille d'un Napoléon. »

Cette très remarquable exposition de la théorie napoléonienne ne vise que le plan de campagne et les plans de bataille *a priori*. Mais ici, il n'est et ne saurait être question de l'*a priori* qu'en ce qui concerne les positions défensives. Une position défensive n'est choisie d'avance que dans la possibilité de l'étendre suffisamment, pour n'être pas tourné.

De toutes façons, *une seule pensée* devait guider en ce moment-là le général en chef turc : non pas de défendre telle ou telle route, tel ou tel défilé; mais de se trouver *avec toutes ses forces réunies* dans une position centrale d'attente, avec la faculté de choisir — au moment du contact — telle ligne de défense qui lui paraîtrait bonne, avec la volonté bien arrêtée de faire un retour offensif avec *toutes* les réserves bien placées d'avance et visant surtout le flanc le plus faible de l'ennemi et ses communications. Mais en ce qui concerne le cas bien concret de Moukhtar-Pacha, ainsi que nous l'avons déjà dit, c'était la manœuvre de Napoléon, en 1796, contre Wurmser et Quasdanovich..... Moukhtar devait, une fois bien renseigné sur les directives et les forces de l'adversaire, se porter au-devant de l'une des colonnes russes, et se retourner contre l'autre en cas de succès; ou bien attendre dans une position, *à choisir*, la plus rapprochée, prendre le contact avec cette colonne, s'engager, puis voir, comme disait Napoléon.

Tandis qu'avec le système de la défensive passive des Pachas de 1877, *une petite armée* doit se trouver perpétuellement et nécessairement sous la menace d'une surprise, d'un mouvement tournant ou bien enveloppant.

En se fixant sur une position choisie *a priori*, on abandonne le précieux avantage du dispositif en profondeur qui donne la possibilité de se mouvoir librement en tous sens, de pouvoir faire front dans une direction quelconque, et de n'offrir à l'adversaire aucun point fixe sur lequel il puisse orienter une manœuvre enveloppante..... Les Russes, en Mandchourie, ont abandonné cet avantage essentiel pour trouver dans le terrain une force illusoire et fait le jeu de leurs adversaires.

Mehemmed-Arif-Bey dit :

« Toute notre attention s'était portée du côté du détachement de l'est. Le départ, pour Kars, des forces principales russes qui avaient pris Ardahan, nous avait permis de retirer les six bataillons d'Olti.

« Vers le 15 juin, on apprit que Tergoukassow avait poussé de Toprak-Kalé son avant-garde du côté de Sédikian et qu'un combat était imminent...... Le 16, l'employé du bureau télégraphique placé dans Délibaba disait à son collègue du quartier général : « Il paraît qu'aujourd'hui la division d'Alachguerd a été attaquée par les Russes et qu'elle a été battue....; voilà déjà des fuyards qui arrivent ici. Que dois-je faire? Faut-il que je quitte les lieux en emportant l'appareil?.... » Quand le général en chef apprit cette nouvelle qui nous secoua beaucoup, il appela à l'appareil télégraphique un officier arrivant de l'endroit où le combat avait été livré. Il paraît que l'on s'était battu assez longtemps; mais dès que le général Tatli-Oglon-Mehemmed avait été tué d'un éclat d'obus à la tête, toute la division s'était débandée. »

Avant de laisser Mehemmed-Arif-Bey nous dire la suite de ces événements, posons une question.

Pourquoi, par la disparition d'un général — dont la mort ne devait être connue que de quelques-uns seulement — toute la troupe se démoralise-t-elle au point de quitter le champ de bataille?

La raison n'est pas difficile à comprendre : elle réside essentiellement dans l'habitude que nous avions et que nous conservons encore aujourd'hui, hélas! d'envoyer à l'armée des chefs, petits ou grands, qui n'ont jamais travaillé en commun et qui, d'autre part, ne sont pas connus de leurs soldats. Sans quoi, un des autres Pachas présents, prenant la suite, le combat n'aurait jamais dû s'en ressentir!

Fermons la parenthèse et laissons continuer Mehemmed-Arif-Bey.

« Un Djavid-Pacha présent à cette affaire et à qui était échu le commandement de la division, correspondant avec le Muchir par le télégraphe, raconta bien que la retraite avait eu lieu en bon ordre, et selon les règles; mais il n'en était rien : d'autres nouvelles succédant à celles-là, nous apprirent que non seulement il y avait eu déroute, mais que deux bataillons qui étaient en marche pour cet endroit, voyant venir les fuyards, se débandèrent à leur tour, sans avoir vu la couleur des Russes, et à quatre heures de distance du lieu où se trouvait l'ennemi.

« A ce spectacle, les troupes de Djavid, déjà en fuite,

s'emparèrent, en un clin d'œil, des chevaux de bât du convoi des deux bataillons, qui furent dépouillés de leurs charges, et les hommes s'en servirent pour fuir plus vite!.... »

Voilà bien la déroute des positions choisies *a priori*..... Voilà bien une preuve de plus pour les condamner à jamais.....

Entre le courage excessif de nos soldats en maintes circonstances, et leur facile démoralisation en d'autres événements, il y a une telle distance qu'on peut se demander comment cela peut arriver..... La raison en est pourtant bien simple : la rareté — à cette époque-là — d'officiers instruits, d'officiers sortant des écoles militaires avec l'autorité et l'esprit militaire et de bons sous-officiers.

La statistique que nous avons faite indique que dans toutes les affaires où nos soldats furent démoralisés, et se conduisirent mal, leurs officiers étaient des Alaylis (1) ; tandis que chaque fois qu'ils eurent une conduite admirable, ils étaient commandés par des Mekteblis (2). A Plewna, par exemple, la plupart des officiers étaient sortis de l'École, et l'on a vu ce qu'ils étaient capables de faire.

Le soldat turc, bien organisé, avec des sous-officiers et des officiers capables, commandés par des chefs à la hauteur de leurs tâches, ne peut-être égalé par aucun soldat du monde.

Là, en Asie Mineure, avec une poignée d'hommes et les Pachas dont nous avons donné *quelques échantillons, il a*

---

(1) Officiers sortant du rang.
(2) Officiers sortant de l'École militaire.

suffi d'un seul homme — Moukhtar — pour faire des
prodiges.

Rendons la parole à Mehemmed-Arif-Bey :

« Le Maréchal envoya un autre aide de camp pour bien
recommander à Djavid-Pacha de prendre position sur les
hauteurs qui, sur la carte, lui paraissaient favorables à la
défense, et en attendant l'arrivée du nouveau divisionnaire
Ahmed-Fazil-Pacha, de tenir ferme sur les hautes montagnes
pour le cas où les troupes voudraient abandonner le défilé,
placer du monde à l'issue de la passe et faire tirer sur tout
ce qui voudrait abandonner la position. »

C'est donc toujours en avant du défilé que le Muchir fait
prendre position à nos bataillons, malgré le premier
insuccès de ce système.

Chacun sait que celui qui attaque une position doit être
beaucoup plus nombreux que celui qui la défend, sauf dans
les cas, comme à Liaoyang et à Moukden, où les Russes
étendent tellement leur front qu'il leur faut plus de monde
qu'à l'assaillant. A la première de ces batailles, les Russes
avaient 30,000 hommes de plus que les Japonais et à la
seconde 60,000.....

A Sédikian, le 16 juin 1877, Tatli-Oglon-Mehemmed-Pacha
qui possédait 7,000 hommes est attaqué par 9,000 Russes.
Il avait douze canons Krupp se chargeant par la culasse;
Tergoukassow en possédait trente-deux se chargeant par
la bouche. C'est donc Tatli-Oglon qui avait la supériorité de
l'artillerie, malgré le nombre de celle de l'adversaire : la
vitesse initiale, la portée et la rapidité remplaçaient avantageusement la quantité.

Les 2,000 ou 3,000 hommes en plus des Russes ne pouvaient pas constituer une supériorité numérique : aux premières affaires de Plewna, Osman-Pacha, qui n'avait qu'une vingtaine de bataillons, repoussa toujours victorieusement les mémorables attaques de forces trois fois et plus tard six fois supérieures à la sienne.

La déroute de Sédikian doit provenir surtout du manque absolu de renseignements sur l'adversaire; autrement, comment l'expliquer, étant donné que nos pertes ne dépassaient pas 130 hommes et que les Russes n'avaient pas poursuivi?

Ahmed-Fazil-Pacha va placer les fuyards rassemblés à la passe de Délibaba. « Cependant — dit Mehemmed-Arif-Bey — le télégramme relatant les dispositions prises par le nouveau divisionnaire (1) n'ayant tranquillisé Moukhtar-Pacha qu'à demi, il y expédia Chahin-Pacha avec trois bataillons, ainsi qu'un certain nombre de cavaliers auxiliaires..... Le général en chef n'avait pas non plus une confiance exagérée en Djavid-Pacha, car celui-ci avait reçu au Monténégro, alors qu'il n'était que capitaine, une balle qui avait traversé son corps de part en part, et ça le cuisait encore, malgré les vingt années écoulées..... Pour ces différentes raisons, le Maréchal prit la décision d'aller lui-même vers Délibaba. Après avoir demandé, par télégraphe, au maréchal Courd-Ismaïl-Pacha, d'aller le remplacer à Zéwin, il prit deux bataillons et partit dans la nuit. En route, on rencontra Chahin-Pacha auquel le général en chef confia les deux bataillons qu'il amenait, mais poussa lui-même en avant pour faire

____

(1) Il n'avait jamais commandé à la troupe, jusque-là.

rapidement une reconnaissance des lieux avant l'arrivée de ses renforts. »

Nous allons couper la parole à l'auteur de *Bachimizagué-lenler*, pour nous permettre de faire un nouveau reproche au Muchir.

Comment! non seulement, on ne punit pas ce Chahin-Pacha, après la si belle occasion qu'il perd à Olti, mais on lui confie encore une mission?.... Et comme tout *détache-ment* n'est justifiable que par une nécessité absolue, la mission donnée à Carga-Pacha devait être revêtue d'une certaine importance..... Si l'expérience ne doit pas servir, il est inutile d'espérer que les affaires marchent bien?....

Par qui aurait-on pu remplacer ce Pacha?

Mais par n'importe quel colonel ou lieutenant-colonel!

Et si, par hasard, ce colonel ou ce lieutenant-colonel n'est pas plus brillant que le Carga-Pacha, à incapacité égale, le résultat ne pouvait pas être plus mauvais, tandis que l'exemple aurait sûrement porté son fruit, en brisant, aux yeux des nombreux impunis, cette croyance vraiment risible, que le titre de Pacha, tout en pouvant couvrir de son voile les ignorances les plus notoires, peut également garantir contre toutes les impunités et les horreurs dont un Pacha se rendrait coupable!

C'est ce titre, donné la plupart du temps par népotisme à une foule de gens inassouvis d'abus, qui a fait à notre pays un mal qu'aucune armée russe ne lui fera jamais!

Il est difficile de se figurer les abominations qui se commettent au moyen d'un titre, surtout en province! C'est de là glu : les paysans y laissent toutes leurs plumes.

Dans les vilayets, on faisait payer coup sur coup au

moyen des Mufrézés (1), ou bien par les tournées des Vidi-Mémouru (2), ou encore au moyen des Achars (3), plusieurs fois, dans la même année, les mêmes taxes déjà payées; par contre, dans les villes, tous les notables ayant titre de Bey ou de Pacha — et par cela même, les protégés des protégés des Pachas — ne paient *jamais* les impôts; et les mille francs que, pour eux ou leurs fils, ils doivent comme droit de remplacement pour le service militaire restent éternellement dus à la caisse du gouvernement (4) cela s'appelle même en termes très officiels dans les livres du Trésorier général du Vilayet : « Varidatimevhoumé (5) ».

Le jour où l'on arrivera à supprimer tous ces abus, non seulement le pays se sentira riche, mais encore nos corps d'armée grossiront leurs effectifs dans des proportions que l'on ne peut soupçonner. Il suffirait pour cela que les gouverneurs généraux ne se laissassent pas intimider et cajoler par ces destructeurs éhontés qui forment la classe privilégiée des provinces. La bonté d'âme que l'on a vis-à-vis de cette classe malfaisante est la cause de la ruine matérielle et morale du pays.

L'existence de classes aussi nettement privilégiées et tellement contraires aux intérêts des masses travailleuses et productives, détruit toute idée de « société » d' « organisation » et de « progrès ».

---

(1) Infanterie montée servant à *calmer* les populations et à faire payer les impôts arriérés.

(2) Percepteurs de dîmes.

(3) Adjudications.

(4) J'ai connu des Defeterdars intègres et énergiques qui parvenaient parfois à obliger ces retardataires à s'acquitter vis-à-vis de l'État.

(5) Revenus illusoires.

« De ce que des individus se trouvent rassemblés en un groupe, ils ne forment pas une société. Une société, au sens scientifique du mot, n'existe que lorsque à la juxtaposition des individus, s'ajoute la *coopération*.

« La coopération ne saurait donc exister sans société, et c'est le but pour lequel une société existe! » (Herbert Spencer, *Principes de sociologie*.)

Or, dans nos provinces, où seul le peuple travaille, produit et donne généreusement, depuis son argent, fruit de son honnête labeur, rendu pourtant si pénible par la privation de toutes facilités, jusqu'à son enfant et son sang! Le peuple, c'est la vache à lait des notables; il ne peut coopérer à une œuvre collective : le *Devoir* et la *Destruction* ne vivront jamais sous le même toit..... Celle-ci, c'est la tuberculose politique qui poursuit sans trêve les poumons de l'Empire.

Tout ceci a une corrélation intime avec le militarisme, puisque la guerre moderne, la guerre scientifique — la seule possible de nos jours, même pour ceux qui ne daignent pas la pratiquer — dépend en très grande partie des progrès du pays et de la richesse de nos provinces. La richesse du pays facilitera dans des proportions énormes la tâche de nos chefs d'armée.

Mais, reprenons le récit du regretté Mehemmed-Arif-Bey :

« Le Maréchal reconnut toute la position et décida qu'il fallait attaquer l'ennemi dans ses positions sans perdre une minute! »

Moukhtar-Pacha disposait de : vingt-cinq bataillons, dix-huit pièces de canon, et vingt et un escadrons.

Dans la nuit du 20 au 21 juin, ces troupes se concentrèrent au sud de Délibaba.

Avant de quitter son quartier général de Zéwin, le général en chef donne l'ordre *formel* aux Pachas qu'il y laisse, de *ne pas bouger*, et il écrit dans le même sens au maréchal Courd-Ismaïl-Pacha qui va venir d'Erzeroum à Zéwin.

On dirait toujours le commencement de la manœuvre de Napoléon en 1796, dont nous avons déjà parlé — moins toutefois l'ordre formel de ne pas bouger.....

Le combat de Halias ou de Délibaba.

Avec sa petite division et à une distance très éloignée de de toute base, le général Tergoukassow continue sa marche vers le défilé de Délibaba.

Qu'espérait-il de ce mouvement? A quelle combinaison tactique ou stratégique répondait cette manœuvre?

A aucune.

Battant son adversaire, il aurait fait quelques kilomètres de plus en avant : histoire de changer de ligne de crêtes..... Moukhtar-Pacha était suffisamment renforcé pour lui tenir tête, échelon par échelon, jusqu'au moment où il aurait pu l'attirer dans une bonne souricière, et chaque mètre en avant l'éloignait autant de sa base.....

Tandis que si l'on envisage le cas — survenu d'ailleurs — de son échec, et celui où il aurait été coupé du territoire russe — ce qui aurait dû lui arriver — par les troupes que Moukhtar-Pacha avait, entre temps, dépêchées du côté de Bayézid, c'était de toutes façons un coup d'épée dans l'eau dans le premier cas, et un désastre dans le second. Quant à

Moukhtar-Pacha, il avait eu tort, de son côté, de chercher à couper la retraite aux Russes à une si grande distance.

La position choisie par les Russes était forte.

Prises au hasard, toutes les positions dans ces montagnes d'Arménie sont fortes, surtout contre un adversaire qui attaque presque toujours de front. En cela, les deux partis n'avaient que l'embarras du choix.

Mais une position quelconque, sans être une montagne en Arménie ou en Patagonie, n'est-elle pas bonne contre des incorrigibles qui attaquent de front?

Au contraire; des positions bien moins montagneuses et découvertes sont encore meilleures parce qu'elles donnent aux feux de l'artillerie et de l'infanterie, des champs admirables de tir.

En Arménie, Turcs et Russes tombaient souvent dans des angles morts qui diminuaient considérablement les avantages des positions dites inaccessibles.

D'ailleurs, ces positions sont comme l'Achille de l'histoire : elles pèchent toujours par un côté, et c'est justement ce côté ou ce flanc, que les nôtres avaient visé; mais des lenteurs dans l'exécution n'ont pas couronné de succès ce mouvement autant que Moukhtar-Pacha l'aurait désiré.

Résumons les événements d'après les historiens qui ont écrit sur cette campagne.

Quand dans la soirée du 20 juin, Moukhtar-Pacha arriva à Délibaba pour prendre, en personne, le commandement des forces réunies en ce point, il savait que les troupes du général Tergoukassow se fortifiaient à Tahir-Keuï (ou Halias).

Pour se rendre maître des passes, le général en chef décida de se défendre de front avec des forces à peu près égales à celles des Russes, et de se porter avec le reste sur leur flanc droit et sur leurs derrières. En conséquence, deux brigades de cavalerie, et la 2ᵉ division d'infanterie devaient former une colonne qui s'avancerait par le défilé de Kara-Derbend jusqu'à Echek-Ilias; quatre bataillons et une batterie devaient suivre cette colonne, puis, après avoir traversé le défilé, marcher aussitôt sur Haïdar-Keuï et y prendre une position d'attente en s'y retranchant. Le reste (3ᵉ division), c'est-à-dire huit bataillons, demeurait provisoirement en réserve, occupant la position conquise entre Kara-Derbend et Délibaba. La cavalerie (2ᵉ division) devait attaquer de front.

En cas d'échec, les quatre bataillons de Haïdar-Keuï devaient protéger la retraite de la 2ᵉ division; en cas de succès, les huit bataillons de la 3ᵉ division devaient opérer sur les derrières des Russes vers Sédikian.

Le 19 juin, le général Tergoukassow, résolu, comme il a été dit, à accepter la lutte, s'était fortifié sur les hauteurs de Halias par une série de tranchées-abris occupées par son infanterie, tandis que l'artillerie était disposée en arrière (cotes 270 et 120) (croquis n° 7).

Le 25 juin, à 10 heures du matin, la 2ᵉ division turque déboucha par la route d'Echek-Ilias et se déploya d'abord en deux colonnes, dont celle de droite forte, de 5 bataillons (de la brigade Chahin-Pacha), marcha sur le mamelon coté 300; la colonne de gauche (huit bataillons) se détacha de la route et se dirigea vers la hauteur cotée 250. Les 1ʳᵉ et 2ᵉ brigades de cavalerie se rassemblèrent d'abord au sud de la route et devaient gagner la vallée du Mourad, dans la direction de Karasul, pour couvrir le flanc droit de l'infanterie.

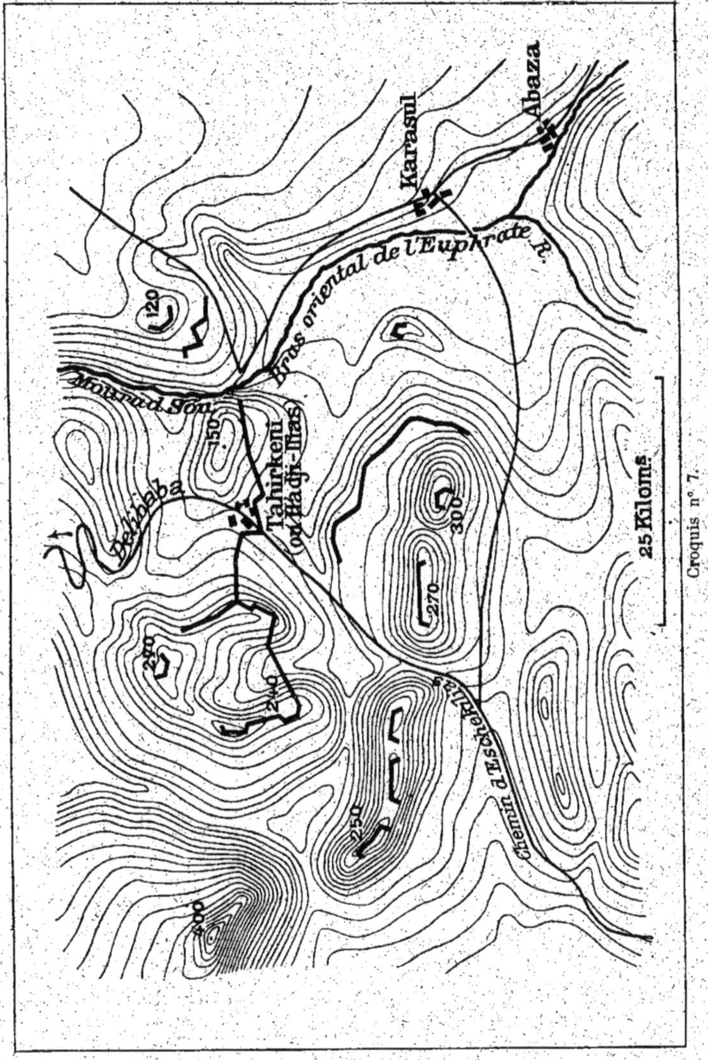
Abaza
Karasui
Bras oriental de l'Euphrate R.
Mourad Son
Délibaba
Tahirkeu
(ou Hadji-Ilias)
120
150
200
270
300
250
250
400
Chemin d'Tschekdaïr
25 Kiloms
Croquis n° 7.

Vers 11 heures et demie, la colonne d'infanterie de droite atteignit le pied de la hauteur 300 et la gravit; arrivée à mi-pente, elle fut accueillie par un feu violent parti du village de Halias et dut s'arrêter.

La colonne de gauche occupa la hauteur 250 et y mit quatre pièces en batterie.

Vers la même heure, la cavalerie turque arrivait à Karasul, après avoir traversé le Mourad, et se trouvait en présence de la cavalerie russe.

Moukhtar-Pacha avait bien déployé ses troupes avec rapidité et presque à l'improviste; mais à ce moment-là, il reconnut que les forces dont il disposait étaient insuffisantes pour attaquer avec chance de succès les positions russes tenues par dix bataillons, trois mille cavaliers et trente-deux bouches à feu, avec réserve à Halias. En outre, ses réserves et les différents renforts qu'il attendait étaient encore trop loin des lieux.

Le monticule 150 était couronné par une batterie russe de douze pièces; la lisière de Halias, ainsi que les hauteurs voisines, étaient couvertes par une tranchée-abri interrompue, tandis que l'aile gauche se trouvait à la cote 120 sur l'autre rive du Mourad, occupée par huit pièces, et garnie d'un retranchement. La ligne totale avait un développement de 5 kilomètres; mais elle était fortifiée sur son front seulement : on n'avait pas eu le temps nécessaire pour organiser les lignes successives et latérales.

Moukhtar-Pacha fit appeler, par voie télégraphique, six bataillons à Délibaba (un devait rester en ce point, un autre était chargé de la communication avec Zéwin); trois bataillons sur quatre furent appelés à Haïdarkeuï; ils arrivèrent à 3 heures du soir et les précédents à 4 heures seulement. C'est avec ces forces que Moukhtar-Pacha se proposait d'attaquer, en la débordant, l'aile droite russe, c'est-à-dire la cote 240.

De midi à 2 heures, le combat de front n'avait produit aucun effet notable. Les Turcs subirent des pertes sensibles, pendant que deux régiments de cavalerie russe, soutenus par l'infanterie de la cote 120, traversaient le Mourad au sud de Karasul, et menaçaient le flanc des Turcs qui d'ailleurs commençaient déjà à descendre des hauteurs qu'ils occupaient (300 et 270). La cavalerie turque chercha bien à s'opposer à ce mouvement; mais, arrivée vers midi seulement, et accueillie à Karasul par un feu meurtrier des dragons russes qui avaient mis pied à terre, elle dut rétrograder, et se replier jusqu'à la hauteur cotée 300. La cavalerie russe la poursuivit; mais elle dut se retirer à son tour, non sur Karasul, mais sur Halias.

En présence de l'insuccès de sa cavalerie, le général Tergoukasow envoya quelques troupes d'infanterie; mais sans résultat.

Sur ces entrefaites, deux bataillons turcs, venus de Haïdar-Keuï, vinrent prolonger, à 2 heures, l'aile gauche turque et essayer d'envelopper la droite russe; mais ces forces étaient insuffisantes pour produire un effort sérieux de ce côté; il fallait attendre l'arrivée des forces appelées par Moukhtar-Pacha.

Ces forces appelées par télégramme, comme il a été dit, avaient pu se mettre en route, dès la réception de l'ordre; mais, à leur sortie du défilé, elles rencontrèrent des blessés et de nombreux fuyards, ce qui occasionna un retard dans leur entrée en ligne.

Enfin, vers 4 heures, Moukhtar-Pacha lança sept bataillons

et demi à l'assaut des hauteurs qui se trouvaient en face
de lui. Tout le front ouest de la position russe fut enlevé
(cote 240) ; le bataillon turc de gauche déborda la hauteur, et
se dirigea sur la batterie 270, qui dut se replier ; les troupes
turques occupant les tranchées purent prendre de flanc et
de revers une partie de celles qui s'étendaient vers Halias.

Presque toutes les tranchées des hauteurs de Halias
furent évacuées ; leurs défenseurs se retirèrent vers la
cote 120, pendant que les Turcs, longeant les retranchements, marchèrent sur le village.

C'est alors que trois bataillons russes tenus en réserve,
entrant en ligne, se portèrent vigoureusement en avant, et
tout en recueillant les fractions en retraite, obligèrent les
Turcs à reculer, et reprirent les tranchées de la hauteur 240
qu'ils reperdirent bientôt.

Malheureusement, les Turcs ne disposaient plus d'un
seul élément pour soutenir leurs troupes épuisées, tandis
que les Russes, renforcés, s'avancèrent de nouveau et
chassèrent les occupants de la cote 240.

Enfin, vers 7 heures, dix bataillons turcs réussirent à
s'emparer de nouveau de la même hauteur 240.

Mais pendant ce temps, craignant une attaque russe
venant de la rive droite du Mourad (hauteur 120), Moukhtar-
Pacha se retira sur la ligne de hauteurs du début, c'est-à-
dire 300, 270 et 250. La nuit était arrivée ; les derniers
Turcs de la colline 240 furent repoussés et les Russes se
disposaient à marcher sur la cote 250 lorsqu'ils furent
brusquement attaqués à la baïonnette et arrêtés.

Le combat fut suspendu ; Moukhtar-Pacha se proposait de
reprendre son offensive le lendemain, malgré la fatigue de
ses troupes et la perte de 2,000 hommes qu'il avait subies ;

à cet effet, il prescrivit à une brigade (Ghazy-Mehemmed-Pacha) de traverser le Mourad.

Dès l'aurore, cette unité se mit en marche et fut bientôt aux prises avec de l'infanterie et de la cavalerie russes qui se retiraient sur Halias. Le général Tergoukassow avait, en effet, donné l'ordre de battre en retraite sur Daïar, où il resta six jours.

Moukhtar-Pacha fit avancer ses troupes jusqu'à Halias, mais ne put pas exécuter la poursuite d' « une petite armée qui se retirait sans avoir été entamée » ; elle avait perdu, en effet, un millier d'hommes seulement.

Il faut constater que les attaques exécutées par les nôtres se sont à peu près toutes produites de front ; il est presque certain que si les réserves avaient pu arriver à temps, le détachement russe se serait trouvé dans une position critique, notamment lorsque Moukhtar-Pacha avait réussi à s'emparer de la hauteur 240 et tournait ses efforts sur Halias. Il se trouvait à ce moment près d'atteindre la route de Sédikian, but qu'il s'était proposé...... Et c'est bien ce qu'il fallait viser.

« Les Turcs, dit le général Tartrat dans son cours de fortification à l'École de guerre, arrivèrent après une lutte sanglante à chasser les défenseurs des tranchées-abris qui couvraient la droite de la position ; mais un retour offensif vigoureusement exécuté par les réserves russes, les rejeta hors des positions conquises, et le général russe dont les pertes avaient été très faibles (1,000 hommes) relativement à celles de l'assaillant (2,000 hommes) ne battit en retraite,

le lendemain, que par suite du manque de munitions
d'artillerie.

« Ainsi, quoique l'organisation défensive eût été des plus
sommaires, qu'une seule ligne de défense eût été préparée
et que les travaux se fussent bornés à l'exécution de simples
tranchées-abris, les Russes purent, grâce à l'appui de la
fortification et au jeu de leurs réserves, résister victorieusement à un ennemi supérieur et lui infliger des pertes
doubles de celles qu'ils éprouvèrent eux-mêmes (1).

« Il faut faire une petite réserve en ce qui concerne les
pertes russes qui furent, comme il a été dit ailleurs, d'un
millier d'hommes environ. »

Le même jour, 25 juin, les Russes étaient battus à Zéwin,
ainsi qu'on va le voir plus loin.

Le 26, le général Tergoukassow fut informé de cette
nouvelle désastreuse et dut se retirer sur Bayézid, qui
d'ailleurs était sérieusement menacé par les nôtres.

Au combat de Halias, Moukhtar-Pacha avait eu à combattre de très sérieuses difficultés, faute de moyens de
transport pour compléter les vivres et munitions épuisés.
Le Maréchal était sur ces entrefaites averti que Loris-
Mélikow, avec une force considérable, se trouvait en
marche contre ses communications. La nuit du 24, on vit,
grâce à la configuration du terrain, des feux de bivouacs
russes sur les monts Soghanly, dans les environs de Medjinguerd. Cette découverte inquiéta Moukhtar-Pacha pour sa
position à Zéwin, de sorte qu'il dut abandonner l'idée de
continuer son offensive contre Tergoukassow et fut obligé

---

(1) Les chiffres parlent mieux..... Quand il s'agit de nous, les éloges
sont sobres.

d'expédier le 25 au matin Chahin-Pacha avec sept bataillons, douze escadrons et une batterie sur Zéwin. Lui-même y arriva le 27 au matin.

Eh bien ! si cette fameuse position centrale, au lieu d'être à Zéwin, s'était trouvée placée plus en arrière, Moukhtar-Pacha aurait pleinement profité de la situation et n'aurait

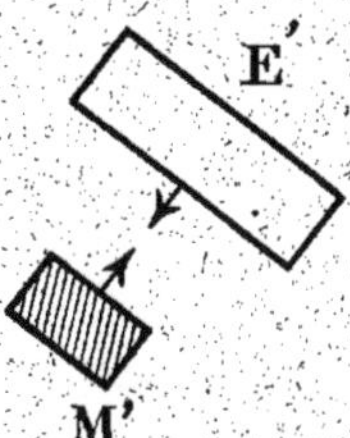

éprouvé aucune crainte pour Zéwin, ni d'hésitation pour l'achèvement de Tergoukassow.

Nous trouvons, dans une récente publication (1) une exposition parfaite des positions centrales.

« Que la position centrale soit prise par un coup offensif sur le centre du déploiement ennemi, ou qu'elle résulte de l'offensive de l'adversaire, le principe de sa manœuvre est le même : écraser une des fractions de l'ennemi en réalisant contre elle, une supériorité totale (souvent des forces matérielles et morales), pendant qu'il se borne à contenir les autres fractions. »

Si l'ennemi a divisé ses forces en deux fractions EE', son adversaire travaille à écraser la fraction E avec sa masse principale M, pendant qu'il fait contenir la fraction E' par sa masse secondaire M'.

---

(1) *Guerre napoléonienne* : le Colonel Camon. Chapelot, éditeur.

Deux conditions s'imposent, la première, c'est que la fraction E′ ne puisse rejoindre à temps la fraction E et reformer avec elle un effectif supérieur au nôtre.

La seconde, c'est que E′ ne puisse infliger un désastre à notre masse M′ qui, par disposition, lui est inférieure.

La première condition exige que les deux masses ennemies soient séparées par un intervalle assez considérable ou que les difficultés du terrain tiennent lieu de cet intervalle.

La seconde condition exige que la masse secondaire trouve dans le terrain un accroissement important de forces ; et le système de guerre à employer par cette masse secondaire, *c'est celui de la guerre de position*.

La situation de Moukhtar-Pacha était bien celle-là, et il se trouvait entièrement dans la première condition : l'éloignement considérable des deux masses ennemies et les difficultés du terrain.

Nous déclarons avec la plus entière satisfaction que le commandant en chef ottoman n'avait pas hésité à saisir la manœuvre à exécuter, et si cette idée de manœuvre n'a pu être exploitée, il en faut chercher la cause ailleurs.

Retournons à Halias.

Méhemmed-Arif-Bey, en parlant d'un retour offensif des réserves russes de Halias sur nos positions, dit :

« Le Muchir voyait bien de son poste les fantassins russes, qui, profitant des angles morts, arrivaient tout près de nos lignes, mais il était dans l'impossibilité de pouvoir prévenir les nôtres. »

Pendant le commandement que j'ai eu durant cinq ans à Alep (Syrie du Nord), j'avais fait des essais de correspondance au moyen de signaux et de signaleurs qui, tout en me donnant pleine satisfaction à ce moment-là, m'avaient valu des critiques amères de certains camarades qui voyaient en ces petits pavillons que mes cavaliers étaient arrivés à agiter avec beaucoup d'adresse, un vaste charlatanisme. Ils disaient : « bou charlatanliklar djan yérindé para étmez » (1).

Cependant le célèbre écrivain militaire Von der Goltz qui avait lu une étude que je venais de faire paraître à cette époque-là (2), au sujet des signaleurs de cavalerie, m'en félicita chaudement et me fit parvenir l'entière approbation du maréchal de Waldersée qui recommanda mon système aux chefs de la cavalerie allemande.

En Mandchourie, Japonais et Russes ont souvent correspondu au moyen de signaux, en détruisant ainsi la croyance qu'en guerre ces *raffineries modernistes* ne sont pas applicables.....

Si donc Moukhtar-Pacha avait pu correspondre avec ses ailes qui n'étaient pas solides au début du combat de Halias, il aurait pu leur donner du cœur, en leur annonçant l'arrivée des réserves, et en rectifiant leurs alignements qui étaient défectueux sur des crêtes qui n'étaient pas des crêtes militaires.

Mehemmed-Arif-Bey continue ainsi son récit sur l'affaire de Halias :

---

(1) Tout ce charlatanisme ne vaut pas un sou, quand ça chauffe.
(2) Les Signaleurs de cavalerie, dans la *Revue de Cavalerie*. Berger-Levrault, Paris.

« Vers le tard, le Maréchal apprit que finalement notre aile gauche avait quitté le champ de bataille et que les troupes la composant se retiraient vers Echek-Ilias, mais il pensa que les fuyards y seraient arrêtés par les réserves qu'on avait placées là, sous le commandement de Djavid-Pacha et que l'insuccès de cette aile ne pouvait pas obliger l'armée à une retraite. Il fut donc décidé que chaque fraction passerait la nuit dans l'emplacement occupé par elle à la tombée du jour. »

Nous touchons là, à la question psychologique de cette affaire de Halias !

Interrompons donc les historiens, et laissons parler l'art de la guerre.....

Pourquoi les réserves étaient-elles placées si loin du champ de bataille ?

A première vue, l'hypothèse qui s'offre à l'examen est celle d'une velléité de couper la route à Tergoukassow par Sédikian..... Idée stratégique de premier ordre. Mais était-ce possible tactiquement ?

Nous pensons que les éléments dont disposait le Muchir : la pénurie des renseignements sur l'ennemi, le mauvais état des chemins, le manque de bonnes cartes, et notamment l'humeur peu guerrière de Djavid-Pacha devaient être de sérieuses raisons pour combattre ce projet.

L'idée de cette manœuvre abandonnée, il ne reste plus qu'une seule chose à faire : placer, de suite, toutes les réserves derrière l'aile gauche (cote 240), pour s'en servir contre le flanc le plus vulnérable de l'adversaire qui était le flanc droit. Et cet adversaire ne possédait que trois bataillons frais pour s'opposer à une attaque de toutes nos réserves réunies.

Et alors, au lieu d'un succès partiel, qui a été en tout cas fort honorablement acquis par Moukhtar-Pacha, c'eût été une grande victoire qui aurait eu un effet considérable sur l'avenir des événements.

Laissons de nouveau la parole à Mehemmed-Arif-Bey :

« Sur les vingt et un tabours qui formaient l'armée d'Alachguerd, douze seulement prirent part au combat (1).

« Nous eûmes environ 1,300 hommes hors de combat dont environ 900 blessés qui étaient transportés sur des chevaux de bât. Bien entendu, les blessures graves ne pouvaient résister à ce manque de soins, et à ce système *primitif* de transport!.... Il y avait bien des médecins et des chirurgiens, mais les ambulances manquaient totalement, les instruments de chirurgie étaient médiocres et les médicaments insuffisants!.... »

Nous voici encore obligés d'interrompre l'auteur de *Bachimiza-guélenler.*

Mehemmed-Arif-Bey dit en parlant des transports de blessés : « Ce système primitif..... »

Eh bien! le mot « primitif » est insuffisant, absolument insuffisant pour qualifier ledit système! C'est par le mot criminel que je le remplacerai, trouvant ce mot encore

____

(1) Ce qui revient à dire que les réserves n'ont pu être efficacement employées.

au-dessous de celui qui pourrait expliquer ma pensée et mon indignation.

En Bulgarie, après des combats en pays accidenté — dans les Balkans entre autres — à Araba-Konak où je me trouvais, voici ce qui se passait : dans des affaires où nous eûmes souvent 500, 1,000 et plus de 2,500 blessés, le

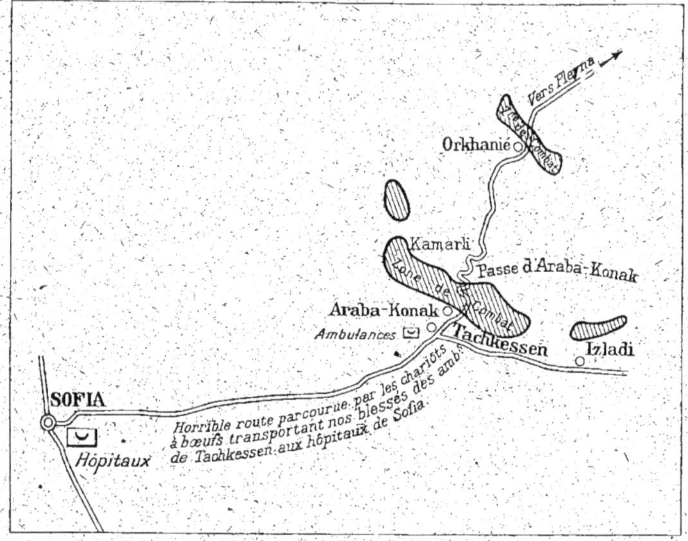

Croquis n° 8.

système des fiches de diagnostic et autres règles qui régissent les évacuations n'existant pas, les blessés étaient transportés dans un désordre absolu.

A Tachkessen (voir croquis n° 8), où se trouvaient des ambulances du Croissant-Rouge, on recevait les malheureux qui y arrivaient, soit à dos de cheval sur un bât en bois, — instrument de supplice, même pour un valide — soit dans des chariots à bœufs, sans ressorts.....

C'étaient des braves, c'étaient des héros qui ne poussaient pas un cri, qui ne proféraient pas un reproche.

C'étaient des bras enlevés, des entrailles dehors, des jambes brisées et des extrémités gelées par les 15 degrés au-dessous de zéro de la nuit qui venait de passer.....

Les ambulances, installées et surveillées par de généreux étrangers, fonctionnaient bien, mais elles étaient insuffisantes à contenir ces régiments de malheureux qui y arrivaient dans un état pitoyable, après les 15 kilomètres parcourus du champ de bataille à Tachkessen..... Et alors, il fallait les évacuer sur Sofia (70 kilomètres) par des routes à fondrières à faire crier des gens solides et sans blessures!

Et actuellement, il serait plus que désirable que l'on nous fabriquât de bonnes et nombreuses ambulances, des équipages de pont, des voitures solides pour nos convois, sans lesquelles on ne saurait faire un pas en avant!

Et Mehemmed-Arif-Bey continue :

« Je sais qu'on a reproché au général en chef de n'avoir pas attendu encore un jour afin d'avoir tout son effectif sous la main pour attaquer. A ceux-là, il faut répondre de la bouche même du Maréchal : « Si on avait attendu au lendemain, c'est l'adversaire qui aurait attaqué..... » Tandis que le succès avait été obtenu de cette façon, Loris Mélikow apprenant la nouvelle de l'échec subi par sa gauche, se mit immédiatement en route avec seize bataillons, soixante pièces de canon et six régiments de cavalerie, pour venir attaquer nos forces centrales à Zéwin-Horum. De son côté, ainsi qu'il a déjà été dit plus haut, le Muchir ayant vu, dans la nuit du 24, des feux de bivouac vers les monts Soghanly, et renonçant à une nouvelle attaque des forces de Tergou-kassow, quitta la division d'Alachguerd, et se rendit à Zéwin où il n'arriva que le 27 juin. Mais remontons un peu en arrière, et parlons de la division de Zéwin (1). Après le départ du commandant en chef pour Délibaba, le maréchal Courd-Ismaïl arriva au camp, et aussitôt il fit le tour de la position et se rendit compte de la situation..... Du moins, il me parut ainsi, car on lui faisait une si belle réputation dans le pays qu'il m'était difficile de ne pas m'attendre à une grande capacité de sa part. Mais voilà qu'une lettre arrivée du commandant de Kars, déjà bloqué, par un courrier qui avait su se glisser à travers la ligne d'investissement, me donna une bien triste idée de l'homme et de ses grandes capacités, ainsi qu'on va le voir. Dans sa lettre, entre autres lamentations, le fameux Hussein-Hami-Pacha, dont nous avons déjà parlé, demandait à cor et à cri des munitions. « Eh bien ! s'écria le maréchal Courd-Ismaïl, en s'adressant à moi, dans un tête-à-tête, savez-vous ce que je ferais, moi, si cela dépendait entièrement de moi..... je rassemblerais une certaine cavalerie et je donnerais à chaque cavalier une boîte de munitions et une livre turque (23 francs), et vous verriez si ces cavaliers trouveraient le moyen d'entrer à Kars!.... » Et là-dessus, la nuit venant, chacun se retira dans sa tente.

« Pendant que le camp dormait profondément, de la ligne des vedettes (2) arriva un paysan tout ahuri, tout haletant.

---

(1) En se rendant de Zéwin auprès de la division d'Alachguerd, Moukhtar Pacha avait laissé Mehemmed-Arif-Bey, à l'État-major de Zéwin.
(2) Qu'on ne se figure pas des avant-postes réguliers. On plaçait à quel-

Cet homme venait annoncer que l'armée russe arrivait (1).....
Je me rendis dans la tente des Pachas, l'on se mit à tourner
et à retourner les choses..., il fut décidé qu'on enverrait
un escadron de cavalerie, que nous possédions à ce moment-
là, et qu'enfin on demanderait au commandant en chef ses
ordres ; mais sur l'avis émis par l'un des présents, que cela
pourrait bien n'être pas vrai, on *se recoucha* et l'on se rendormit!.... Mais le jour vint, et avec lui arrivèrent d'autres
indigènes affolés annonçant l'approche de l'ennemi (2).....
On décida qu'un nouveau conciliabule aurait lieu..... Sur
ces entrefaites, on reçut la réponse du Muchir consulté,
disant qu'il fallait prendre telles mesures que l'art et les
circonstances dictaient. Là-dessus, un conseil fut de nouveau réuni et Courd-Ismaïl ordonna aux autres Pachas de
se concerter et de lui remettre un procès-verbal dûment
signé par tous les chefs d'unité, indiquant bien les mesures
qui auraient été arrêtées d'un commun accord..... Mais les
autres trouvèrent que c'était contraire aux us et coutumes
militaires. Cependant, comme le Maréchal insistait, les
Pachas finirent par lui remettre un procès-verbal signé
qui portait sur trois points que voici : 1° Si l'ennemi vient
sur nous, eh bien! confiants en Dieu, nous nous battrons!
Et l'on verra ce qu'il y a à faire dans la suite. 2° Si, au lieu
de nous attaquer directement, il cherche à nous séparer
de la division d'Alachguerd, en se portant contre celle-ci,
alors dans ce cas, nous l'attaquerons à notre tour, à revers.

---

ques mètres du camp une ligne de vedettes et rarement des petits-postes
et des grand'gardes.

  (1) Encore une fois, absence absolue de service de renseignements, et
c'est encore un paysan qui donne la nouvelle, la seule qui pouvait et qui
devait intéresser tout le monde.

  (2) On dirait de l'Offenbach! « Où est l'ennemi, où est l'ennemi? »

3° Si, par malheur, nous étions battus, on se retirerait vers Erzeroum, en passant par Nériman, afin d'éviter l'action de la nombreuse cavalerie russe dans les vallées. »

Il est certain que les Russes devaient tenter un mouvement sur le flanc droit et les derrières de la position de Zéwin. Mais de là, à penser qu'ils iraient attaquer la division d'Alachguerd, il y a très loin.

Combat de Zéwin (25 juin).

Voyons maintenant ce qui se passait à la colonne du général Heimann près de laquelle se trouvaient le grand-duc Michel et le général Loris Mélikow. C'est le 18 qu'on avait appris le résultat de l'affaire de Halias et la situation dangereuse qui en résultait pour le général Tergoukassow. On voulut bien le secourir, mais on comprit bien vite que tous efforts seraient inutiles.

Le 20, le général Dewel avait été laissé devant Kars avec une partie des forces, et le général Loris Mélikow était parti avec une colonne comprenant la division Heimann.

Le 22, cette colonne — absolument insuffisante pour la manœuvre projetée — arriva près de Tchirpekli. Là, deux routes s'offraient à elle pour traverser les monts Soghanly : l'une qui passe par Bardiz, l'autre par Milli-Duzu-Medjin-guerd. Le commandant russe s'engagea sur la seconde, en marquant l'intention de marcher sur Khorassan.

Au quartier général turc, on supposa que les Russes allaient se porter sur le flanc droit et les derrières de la position. C'est à cette constatation que le Muchir Courd-

Ismaïl-Pacha exigea des chefs militaires présents au quartier général de Zéwin, le « Mazbata » (procès-verbal signé à la suite du conseil de guerre) dont nous a déjà parlé l'auteur de *Bachimiza-guélenler*.

Sans aller plus loin, nous pouvons, d'ores et déjà, attirer l'attention de nos lecteurs sur cette manœuvre russe qui aurait eu les résultats les plus funestes pour nous, si elle avait été bien exécutée..... Une fois cette éventualité admise, il faut également convenir, que la position dite centrale de Zéwin, était en contradiction flagrante avec les principes de la stratégie; tactiquement, elle ne valait rien non plus, puisqu'on pouvait aisément la tourner et que nos forces n'étaient pas suffisantes pour empêcher l'enveloppement! Il fallait donc à tous les points de vue, la choisir plus en arrière, *autant pour servir à battre les deux colonnes russes* — ce qui arriva — qu'à les pouvoir anéantir en réunissant les forces dans l'une ou dans l'autre direction, *ce qui ne fut pas possible*.

C'est alors que l'offensive, timidement esquissée par la petite armée de Zéwin, et celle que Moukhtar-Pacha projetait contre Tergoukassow, eussent donné des résultats merveilleux....., inespérés.

Dans cette campagne d'Arménie, les effectifs étant peu considérables, l'intérêt tactique est minime; donc il serait puéril d'entrer dans tous les détails et les péripéties des combats; mais pour rafraîchir les mémoires et afin de donner surtout à Mehemmed-Arif-Bey l'occasion de nous provoquer à la critique, nous laissons, de temps en temps, parler les auteurs de l'époque.

« Le commandant en chef de l'armée russe avait appris que des préparatifs étaient faits dans le camp turc, et comme il disposait de peu de temps; que d'ailleurs, il voulait aider le général Tergoukassow, il se décida à attendre les événements. Dans ce but, *il fit encore appel aux troupes laissées devant Kars*, et, avec la division de grenadiers du Caucase renforcée de quatre bataillons, huit régiments de cavalerie et quatre batteries (trente-deux pièces), il arriva le 22 à Sarikamysch, traversa le Sóghandy-Dagh le 23, arriva à Milli-Duzu en envoyant des éclaireurs jusqu'à Medjinguerd.

« Le 23 juin, la colonne russe arriva près de Medjinguerd, se reposa le 24, et envoya une reconnaissance dans la direction de Zéwin, où les Turcs s'étaient retranchés.

« Le général Loris Mélikow pouvait encore, à ce moment-là, se porter sur Khorassan, et exécuter le mouvement dont il a été question plus haut; il pouvait également empêcher Moukhtar-Pacha de profiter du succès qu'il avait obtenu à Halias; mais apprenant que le général en chef turc se trouvait de sa personne à Alaschkerd, sur la route de Bayézid, il résolut de profiter de son absence pour attaquer Zéwin, qu'il supposait faiblement occupé et retranché. Il décida que l'attaque aurait lieu le 25 juin.

« Le 24 au soir, le général russe envoya une partie de sa cavalerie sur Khorassan afin d'attirer l'attention des Turcs de ce côté, pour ne pas laisser percer ses intentions; les escadrons turcs ne se croyant pas en nombre, se retirèrent sur Keupri-Keuï.

« Le même jour 24, le reste de la cavalerie russe vint prendre le contact de la cavalerie turque, tandis que le gros des troupes s'avançait à 8 kilomètres environ de Zéwin, sur la route de Medjinguerd. Quoi qu'il en soit, le général Loris

Mélikow donna l'ordre à son détachement (seize bataillons, cinq batteries et quarante-deux escadrons et sotnias) de se porter sur Zéwin, le lendemain 25, sans bagages.

« A 7 heures du matin, la colonne se mit en marche sur un chemin très mauvais. Le camp, avec les trains, était resté à Milli-Duzu, sous la garde d'un bataillon et d'une batterie.

« Enfin, le 25, à 10 heures du matin, les Turcs aperçurent de fortes colonnes marchant sur la route de Medjinguerd à Zéwin. Dès lors il devenait évident que les Russes marchaient sur la position principale. A 11 heures, le détachement du général Loris Mélikow s'arrêta en face de la position de Moukhtar-Pacha, sur la rive droite du Chan-Suyu dont la vallée est très profonde.

« Le commandant en chef russe prit, séance tenante, l'avis de ses sous-ordres : les uns (parmi lesquels le général Heimann) voulaient attaquer de suite; les autres (on ne sait pourquoi) voulaient remettre l'attaque au lendemain. C'est l'avis des premiers qui prévalut. »

Au lieu de tout cela, il fallait bien se renseigner sur la situation exacte des Turcs et leurs capacités défensives..., se retirer devant l'impossibilité de l'entreprise, et chercher une occasion meilleure !

« Vingt-cinq sotnias de cavalerie avec deux batteries furent chargées d'un mouvement sur le flanc droit des Turcs, mais ils ne purent rien faire. L'infanterie fut formée en trois colonnes : celle du centre, sous les ordres du général Komarow (sept bataillons, une batterie) et comprenant près de la moitié de l'effectif, devait franchir le Chan-Suyu et attaquer la position principale turque ; celle de droite (quatre bataillons, trois batteries), sous les ordres du général Azimov, devait appuyer cette opération ; celle de gauche (quatre bataillons et une batterie) devait attaquer la droite adverse.

« A une heure du soir, le mouvement commença ; deux batteries russes de droite, sur trois, prirent position et ouvrirent le feu, auquel répondit immédiatement l'artillerie turque ; les autres batteries furent conservées en réserve. Le résultat du feu fut à peu près insignifiant.

« La colonne russe de gauche, traversant le cours d'eau, suivit le chemin qui passe entre les hauteurs 165 et 80 ; elle réussit à refouler les avant-postes turcs, et à occuper la première de ces hauteurs. Encouragé par ce premier succès, le général Loris Mélikow engagea alors la colonne du centre qui avait traversé la rivière à Zéwin. Bientôt les dix bataillons (un était en réserve) des deux colonnes de gauche et du centre tombèrent sous un feu violent de mousqueterie et d'artillerie, et durent s'arrêter. Le général Heimann fit diligence pour installer ses batteries qui, en fait, ne purent pas préparer la marche de l'infanterie (voir croquis n° 9).

« Vers 2 heures, les bataillons russes, couverts en partie par le terrain, réussirent à progresser : quatre bataillons se dirigèrent sur la hauteur cotée 150 ; six autres sur les retranchements qui s'étendent de cette hauteur sur Top-Dagh ; la colonne de droite franchissait, à ce moment, le cours d'eau à Zéwin. Dès que cette infanterie eut passé les premières

ZÉWIN
Zéwïn R.
Horum-Duzu
Top Dagh
Plaine de Horum-Duzu
Arab Tépe
Chan-Suyu Riv.
Khorassan
170
160
150
140
130
120
110
100
90
80
2 Kiloms

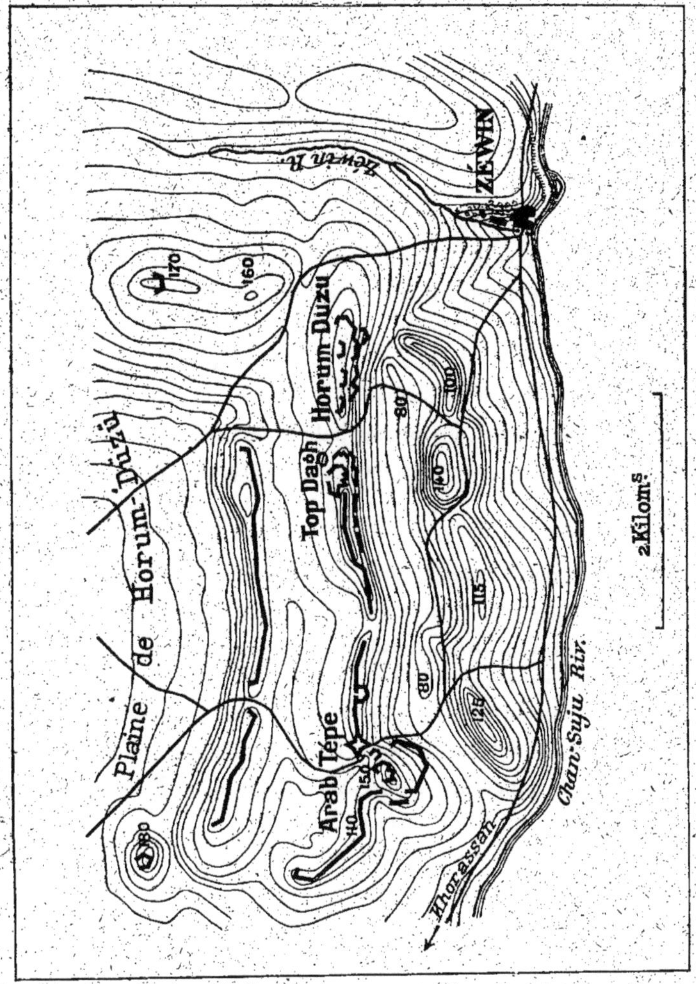

Croquis n° 9.

crêtes, elle fut exposée à un feu très meurtrier. « Dans
l'espoir de trouver un abri et du temps pour se reformer au
pied des positions à prendre d'assaut, dans les nombreux
bas-fonds, gorges, ravins et gouttières qui s'y trouvaient, les
bataillons russes se précipitèrent en bas des pentes escarpées. Pour cela, les soldats, utilisant leurs fusils comme on
fait des bâtons ferrés dans les Alpes, se laissèrent glisser, la
pointe de la baïonnette enfoncée dans le sol. Arrivés au bas,
au pied de la position turque, les assaillants se trouvèrent
exposés en plein feu d'enfilade des tranchées-abris avancées,
munies de traverses et qui avaient été disposées précisément
pour battre le fond de la vallée. Les pertes furent considérables et il ne fallait pas songer à s'arrêter dans les gorges.
Dans ces conditions, les braves bataillons russes se décidèrent à tenter l'assaut de ces hauteurs escarpées, qui vomis-
saient sur eux la mort et le carnage. » On perdit ainsi
beaucoup de temps; enfin, les assaillants arrivèrent à
200 mètres des tranchées et commencèrent seulement à se
servir de leurs fusils, puis s'élancèrent à la baïonnette et
s'emparèrent d'un premier retranchement.

« Mais il restait celui de la hauteur 150 et son prolonge-
ment vers Top-Dagh. L'assaut fut donné sans tirer, il
échoua trois fois de suite. Feizi-Pacha, qui commandait en
ce point 150, lança une contre-attaque de deux bataillons
qui arrêtèrent net les progrès de ce côté.

« Pendant ce temps, la colonne russe de droite s'était
dirigée sur Top-Dagh; elle fut renforcée de deux bataillons
laissés jusque-là en réserve et réussit cependant à pénétrer
dans le grand ouvrage établi sur cette hauteur. C'est alors
que les Turcs appelèrent, des retranchements situés entre
Top-Dagh et de Horum-Duzu, trois bataillons qui, à leur

tour, exécutèrent une vigoureuse contre-attaque dont l'effet ne se fit pas attendre.

« La colonne russe dut se retirer et bientôt la retraite dégénéra en déroute, et ne s'arrêta que quand les Russes furent parvenus à la hauteur cotée 140.

« Du côté de l'aile gauche russe, l'attaque fut encore renouvelée, mais elle traîna en longueur. Quatre bataillons s'échelonnant, la gauche en avant, essayèrent de déborder la hauteur et les retranchements d'Arab-Tepe, mais sans succès.

« Enfin, à 6 heures et demie du soir, le général Loris Mélikow, *reconnaissant l'inutilité de continuer l'attaque*, fit rappeler les troupes qu'il avait envoyées du côté de Khorassan, et se décida à battre en retraite. Pour couvrir son mouvement, il fit attaquer la gauche turque par trois bataillons, cinq escadrons et une demi-batterie (quatre pièces) ; mais les Turcs s'étant aperçus de ce mouvement, lancèrent, à leur tour, trois bataillons, quatre escadrons, une batterie. L'attaque russe fut timide ; elle fut reçue par un feu violent et bientôt elle dut s'arrêter. Les troupes qui y étaient employées se retirèrent à leur tour, pendant que le gros repassait le Chan-Souyu. Un bataillon turc vint traverser la rivière près de Zéwin et menacer la ligne de retraite lorsque la cavalerie russe qui, après s'être égarée, avait rétrogradé, arriva pour empêcher cette opération (1).

« A 7 heures, l'affaire était terminée : les Russes vinrent camper dans la position qu'ils avaient prise le matin même, sur la route de Medjinguerd.

---

(1) Cette opération était le clou de la journée : c'était la manœuvre. Il fallait la préparer et l'exécuter avec une plus forte unité et ne pas se laisser intimider par la cavalerie.....

« Dans cette journée, les pertes des Turcs furent de 138 tués et 502 blessés; au total 640 hommes sur 11,000 engagés; celles des Russes, de 6 officiers tués, 24 blessés et 850 soldats sur 17,000 hommes engagés.

« Dès que le général Loris Mélikow apprit que Tergou-kassow battait en retraite, il se décida à ramener au nord-est de Kars les troupes de la colonne Heimann. Le 7 juillet, cette colonne rejoignait les autres troupes du détachement d'opérations d'Alexandropol.

« De son côté, Moukhtar-Pacha se décida à marcher sur Kars avec 25,000 hommes. Ainsi que nous l'avions dit plus haut, en faisant venir à Zéwin le Muchir Courd-Ismaïl-Pacha, le commandant en chef avait recommandé de n'abandonner dans aucun cas la position de Zéwin et de la défendre jusqu'au dernier homme, lorsqu'elle serait attaquée. Cet ordre, dicté par la grande prévoyance de Moukhtar-Pacha, qui ne voulait pas exposer ses troupes, à peine organisées, aux chances d'un combat en rase campagne avec un commandement insuffisant, eut plus tard pour conséquence, lorsqu'il était indispensable de quitter la position de Zéwin pour poursuivre l'adversaire battu, que les généraux turcs se retranchèrent derrière leurs instructions pour rester immobiles, ne se sentant pas capables d'agir par eux-mêmes (1) ».

Et dans les conseils de guerre, l'on discuta s'il ne fallait pas rectifier la position vers Keuprikeuï, malgré les ordres

---

(1) Récit et opinion des auteurs ayant écrit sur cette campagne.

du commandant en chef. Donc Keuprikeuï se présentait naturellement comme la meilleure position centrale : c'est la confirmation de nos idées à ce sujet.

Maintenant, laissons parler un peu Mehemmed-Arif-Bey, sur ce qu'il a vu à Zéwin.

« J'ai déjà dit que dans la nuit du 24 au 25 juin, nous apprîmes, par un paysan, que l'ennemi, quittant les plateaux du Soghanly dits Milli-Duzu, s'avançait vers le camp de Horum. Cette nouvelle à laquelle on avait attaché une croyance relative fut confirmée le lendemain par l'arrivée de quelques autres paysans, suivie bientôt par celle de l'ennemi en face de nous.

« Quand le combat commença, je me trouvai du côté de la ligne la plus avancée avec un des secrétaires du Muchir Ismaïl-Pacha. Là, nous rencontrâmes le capitaine qui avait été envoyé la nuit pour voir si réellement les Russes venaient vers nous. En nous voyant, il nous dit en plaisantant : « Eh. bien ! les voilà... nous vous les avons amenés les Russes..... nous vous les laissons, faites-en ce que vous voudrez ! »

« En quittant le capitaine Hadji-Abdullah-Agha, mon camarade et moi arrivâmes jusqu'aux tranchées de la 1ʳᵉ ligne : des nuages de fumée, en face de nous et, par-dessus nos têtes, un bruit strident et agaçant, celui des obus qui fendaient l'air..... Nos canons aussi se mirent à risposter. Les projectiles de l'adversaire commençaient à labourer le sol autour de nous : « A quoi bon rester là, dîmes-nous avec mon camarade..... Nous n'avons rien à faire ici..... » et nous filâmes. Mais comment exprimer ce que nous avons souffert en route..... De ma vie, je n'avais entendu passer un obus et vu éclater les boulets faisant de grands

trous dans la terre, comme des tombes d'enfants..... Et les
1,000 ou 1,200 mètres que nous avions à parcourir formaient une zone où toute la fureur des obus qui n'attei-
gnaient pas les tranchées venait s'abattre. Est-ce que l'ennemi nous prendrait, par hasard, pour un général? Décli-
nons cet honneur, et mettons pied à terre..... Et nous mar-
châmes à pied..... mais rien ne changea. Remontons à
cheval. Non! Décidément çà ne veut pas démordre! Et à
chaque sifflement, nous nous couchions machinalement par
terre, à plat ventre; mais on nous apprit plus tard que
cette gymnastique était inutile et que l'obus qui a sifflé a
déjà passé et qu'il ne tue plus..... Alors puisque c'est
comme cela, pourquoi nous rendre ridicules aux yeux de
tous ces militaires qui restaient debout, eux?

« Enfin nous voici à la seconde ligne. De là, nous pouvions, avec bien moins de danger, assister plus ou moins
au spectacle admirable et terrifiant du combat.

« De la 1re ligne, des estafettes et des officiers d'ordonnance arrivaient pour réclamer, qui du renfort, qui des
munitions.

« C'est effrayant, comme en de pareils moments on a
envie de boire! Nos Sakas (porteurs d'eau) ne pouvaient
arriver à étancher notre soif! Et quelle eau?....

« Mais je m'aperçus que, du point où je m'étais installé,
je ne voyais pas suffisamment bien l'ensemble du champ
de bataille, et je me mis à marcher vers un endroit d'où
l'on devait mieux voir..... Et pendant que je marchais très
tranquillement, il me sembla que de grosses mouches ou
des guêpes me frisaient la tête; et, bien machinalement, je
faisais, avec les mains, un mouvement pour m'en préserver.
Un peu plus loin, je me trouvais en présence d'un lieute-

nant qui était crânement appuyé à son sabre : « Que cherchez-vous ici? me dit le jeune brave; vous n'entendez donc pas siffler les balles? » Et effectivement, mes guêpes..... ce bourdonnement, ce n'était pas autre chose.

« Quand j'entendis dire cela, mes jambes fléchirent, et machinalement, je m'étalai par terre..... Au bout de quelques minutes, me remettant à nouveau sur mes pieds, et profitant d'un défilement, j'arrivai près du Muchir Courd-Ismaïl-Pacha. Il était assis sur un petit tabouret et lisait avec ferveur un livre de prières..... Petit à petit les balles qui arrivaient en cet endroit, commencèrent à atteindre l'entourage du Pacha qui, lui, fut épargné. Mais quelques instants plus tard, on vint nous annoncer que les balles qui avaient passé par-dessus nos têtes, avaient été frapper au milieu du campement le cuisinier du Muchir (1). Ce qui me paraissait le plus extraordinaire, c'est qu'autour de moi, tous ces officiers parlaient; d'autres comme Hadji-Rachid-Pacha riaient et plaisantaient : ils voyaient tout naturellement les obus enlever des têtes, des bras et des jambes, et ceux qui tombaient percés d'une balle! A un moment donné, nous vîmes l'officier de cavalerie déjà nommé, Hadji-Abdullah-Agha, contre-attaquer un parti ennemi qui menaçait notre gauche, sans attendre d'ordres à ce sujet. Ce brave capitaine, avec un seul escadron, fit tourner talon à ces troupes et même les poursuivit avec succès. Il paraît qu'une pareille charge de cavalerie contre de l'infanterie n'est pas conforme aux règles militaires..... Mais quand nécessité oblige?....

---

(1) Les prières du maître n'avaient pas sauvé le chef..... Je voudrais bien savoir ce que lisait Napoléon pour gagner les grandes batailles!

« Et le soir vint. De-ci, de-là, on entendait quelques coups isolés. On enterrait les morts, on soignait les blessés; d'autres qui peut-être auront le même sort demain, faisaient tranquillement la soupe!

« Maintenant, comment savoir ce qui était arrivé? Avons-nous battu les Russes ou bien avons-nous été battus? Mais puisque nous conservons nos positions, c'est que c'est nous qui devons avoir eu le dessus! Cependant, il pourrait se faire aussi que l'ennemi fatigué et surpris par la tombée du jour se fût arrêté pour recommencer avec plus de vigueur demain. Il était très difficile de démêler tous ces points. La nuit, quelques paysans vinrent encore du côté de l'ennemi et nous dirent que celui-ci faisaient de grands préparatifs pour attaquer le lendemain notre flanc gauche, justement notre flanc le plus vulnérable (1). Mais quelques instants plus tard, nous fûmes fixés à ce sujet et voici comment. Nous avions à ce moment-là, au camp, un baron von Schluga, correspondant de la *Neue freie Press* de Vienne. Ce jour-naliste, parti en exploration pour son compte tout à fait personnel venait rendre compte qu'ayant suivi le combat d'un observatoire fort bien placé, il avait vu les Russes complètement battus, et se retirant à la hâte pour lever leur camp et opérer leur retraite..... Et voilà comment nous apprîmes que nous étions vainqueurs..... »

Mehemmed-Arif-Bey arrête là son récit du combat de Zéwin et dit : « Maintenant une parenthèse et une rectifica-

---

(1) Il faut remarquer douloureusement que ce sont, tout le temps, des paysans, des fuyards, ou bien des personnes étrangères à l'État-major qui viennent donner les nouvelles les plus précieuses et que le service d'État-major et celui des Renseignements font complètement défaut. Le quartier général est sourd et aveugle!....

tion » et voici comment à notre grand étonnement et pour
un bon moment, il change de logique et de langage et se
contredit lui-même en faisant intervenir inopinément
l'auteur de la guerre d'Orient qui aurait dit, en parlant
du combat de Zéwin, que « c'est à l'intervention du général
Feïzi-Pacha (1), notre chef d'État-major, qu'on doit le succès
de cette journée..... Ce général aurait dirigé entièrement le
combat, et aurait même sauvé notre aile droite d'un vrai
désastre, en y accourant avec des troupes fraîches. Oh! ces
Occidentaux, faut-il qu'ils soient vraiment d'une partialité
révoltante! Les gloires turques d'antan vous ont-elles donc
aveuglés au point de ne pas admettre que des Turcs puissent,
sans collaboration, gagner une bataille, et qu'il faut que ce
soit un ex-chrétien, un renégat, qui nous donne la victoire!....
N'est-ce pas pousser l'injustice à ses dernières limites? Vous
êtes, vous autres Européens, encore bien plus fanatiques
que ces Turcs que vous voulez faire passer pour des fanatiques.*.... Je ne puis pas dire sur la Terre, mais je vous
affirme que sur la terre d'Orient, nous sommes les premiers des peuples existants! Vous ne connaissez pas les
Turcs. Apprenez leur langue, pénétrez parmi eux et vous
verrez que j'ai raison!.... En tout cas, votre information
sur la victoire du renégat Feïzi-Pacha est fausse.....
Ah! vous ne voulez pas admettre que le Turc puisse faire
quelque chose de bien, et il faut que ce soit un Pacha
occidental! Cette croyance ne peut être attribuée qu'à votre
propre infatuation et à votre engouement! Depuis le commencement de cet ouvrage, je ne me suis pas éloigné

____

(1) Ainsi que nous l'avons dit au commencement de cet ouvrage, Feïzi-
Pacha était d'origine chrétienne.

un instant de la plus grande impartialité. D'ailleurs, l'âge
très avancé de Feizi-Pacha et ses infirmités l'empêchaient
de prendre une part active aux affaires et souvent à cause
de cela, le commandant en chef et lui n'étaient point
d'accord. Non, messieurs, ce n'est point cet ex-Occidental
qui nous a valu la victoire..... Bien ou mal, ce qui a été fait
est l'œuvre des Turcs, des Turcs seuls!..... On a été jusqu'à
dire que nous avions été commandés par le général
Campbell (attaché militaire anglais) ou encore par le triste
personnage nommé Bazaine! C'est de la fantaisie pure..... »

Décidément, le chauvinisme est une bien vilaine chose!
Et Mehemmed-Arif-Bey se révèle chauvin! Et il l'était au
point de se départir de toute la logique, de toute l'impartialité auxquelles il nous a habitués depuis les premières
pages dont nous nous sommes fait le traducteur fidèle.

Depuis le fameux gouverneur économiste de la ville
d'Erzeroum, jusqu'à Djavid-Pacha qui vient de faire perdre
au commandant en chef tout le fruit qu'il voulait retirer de
ces deux succès, en lui disant que l'aile droite de Zéwin
était tournée, parce que deux régiments de dragons russes
avaient marqué un mouvement qui, du reste, fit fiasco,
eh bien! tous ces Pachas, que Mehemmed-Arif-Bey lui-
même nous a fait connaître en les accablant des pires
épithètes — qu'ils méritaient d'ailleurs — étaient-ils des
Occidentaux? Ce colonel qui quitte, sans ordre, Pének, ce
Pacha qui ne veut pas cueillir le détachement russe à
Olti, cet autre qui dans Kars, profitant que des tribunaux
réguliers ne fonctionnent pas, fait pendre des innocents;

et lance dans les ravins des malheureux du haut d'un
rocher; et cette cavalerie à laquelle on donne deux canons
de montagne et qui se fait mettre en bouteille ; et ce Pacha
qui offre Ardahan aux Russes ; et ces cavaliers qu'on
dispose *en cordon* et qui sont cueillis par l'adversaire.....
et toutes les fautes enfin dont parle ce brave Mehemmed-
Arif-Bey, émanent-elles des Occidentaux, des Européens?....
Oh! nous savons bien que les tacticiens qui pensent comme
Mehemmed-Arif-Bey, attribuent à des ex-brigands comme
Mihir-Aly des qualités bien supérieures aux généraux
modern-style!

Quant à la légende de Bazaine, qui est-ce qui a prétendu
que Bazaine était chez nous?

Ce sont messieurs les Russes et non pas les Européens; et
c'est à moi, quand j'ai été en parlementaire chez eux, qu'on
l'a dit.....

« Feizi était resté toujours isolé » — dit encore
Mehemmed-Arif-Bey : c'est parce qu'il pensait probablement
mieux que les autres ; seulement, à nos yeux, il avait comme
d'ailleurs le Serdar Abdul-Kérim-Pacha en Bulgarie, deux
défauts : l'âge, les infirmités physiques et morales, inhérentes à l'âge, et le tort d'appartenir à la vieille école
archaïque. Sa façon de voir, comme l'autre, ne dépassait
pas la tactique linéaire, la guerre de position, la défensive
passive et la foi exagérée dans la puissance des places fortes
et de la fortification. La guerre de mouvement, la guerre
offensive, agressive, la guerre napoléonienne ne figurait pas
dans son programme. Et cela se comprend : ces généraux
et tous ceux qui étaient de la même époque se trouvaient
dans une période où cette guerre napoléonienne n'avait pas
encore été exploitée au profit du militarisme universel! Ce

que faisaient tous ces Pachas, y compris le général Feizi, c'était un jeu de colin-maillard!

Autrement, nous sommes d'accord avec Mehemmed-Arif, et nous déclarons que souvent, très souvent, les Occidentaux ont été d'une injustice flagrante à notre égard! Mais de là à nier la vérité, à ne pas voir d'où viennent les rayons du soleil..... à vouloir tomber de nouveau dans les ténèbres, non! brave Arif! Non!

Certes, en Europe, on nous juge souvent mal, très mal! Mais c'est bien de notre faute, convenons-en!

Nos lames damasquinées ne tranchent plus les questions européennes..... tandis que le fer allongé sur le sol et qui part de l'autre bout de l'Europe a sa pointe aiguë à Constantinople sous les murs, hélas! délaissés et moisis, du sublime sérail de Top-Capoa où nous avons planté des choux et des carottes et une gare noire de fumée!

Si on nous juge mal, à qui la faute? Nous ne nous donnons jamais la peine de sauvegarder les apparences!.... Si, dans le fond, nous avons souvent raison, dans la forme, nous avons toujours tort..... C'est de cette manière que les correspondants de journaux illustrés et autres envoient à leurs organes des articles et des dessins représentant des Turcs portant des têtes sur des piques — œuvre méprisable de ces volontaires indisciplinés que nous, chefs de l'armée, désapprouvons, que nous déplorons de tout notre cœur et qui nous gênent pendant les opérations —; et ces articles et ces gravures ou photographies truquées restent dans les imprimeries comme des clichés-types pour l'avenir, et si un jour quelque banquier véreux ou bien un usurier de marque réclame des Turcs un argent acquis à des taux criminels..... aussitôt voilà des boursiers malins, avides guetteurs de démonstrations navales, qui publient des clichés où nous apparaissons faisant traîner des femmes par des chevaux à la Mazeppa. Là-dessus, tout le monde part en guerre contre le Turc.....

C'est indéniable, l'opinion publique, en Europe, se forme sur les tables des cabarets.....

A une propagande pareille, à une réclame aussi compromettante de nos détracteurs, systématiques, nous opposons des enfantillages! A des journaux que personne ne lit jamais, de réconfortantes subventions sont accordées, tandis que ceux qui sont lus et considérés partout, mais mal rétribués par nous, ne manquent jamais une occasion pour essayer de nous traîner dans la boue! Cependant un patriotisme mal placé, un chauvinisme nuisible et aveuglant nous empêcheraient de rester aux portes de l'Europe civilisée et dans l'antichambre du modernisme, avec des idées asiatiques..... Que dirait Mehemmed-Arif s'il apprenait ce qu'ont fait les Japonais en Mandchourie? Que dirait-il s'il pouvait voir où en sont les Bulgares (nos Japonais des Balkans) et ce que me paraissent vouloir devenir les Chinois et les Persans eux-mêmes?

Cependant Mehemmed-Arif-Bey aurait pu se consoler comme je me console moi-même en voyant dans la presse européenne toutes les atrocités qui se commettent au sein des pays qui se disent les plus civilisés.

Dans le même journal de Paris qui parle d'un riche imbécile européen qui se laisse bêtement enlever par des bandits aux environs de Smyrne, nous lisons des histoires

d'action directe et la trouvaille d'une nouvelle affaire
d'immonde satyre qui exerce sa sauvage passion sur de
toutes petites fillettes....; un journaliste accusé de fabriquer
de fausses pièces d'or, des compagnons qui dynamitent, et
puis enfin des gens qui crient, quand passe un régiment
avec son drapeau : « A bas l'armée ! »

Des brigands se trouvent partout, dans les montagnes de
Smyrne, comme dans celles de la Corse, de la Calabre et de
la Sicile ! Mais grâce à Dieu, jusqu'à présent, nous n'avons
pas à enregistrer des faits se rapprochant de ceux que
l'Europe avoue elle-même et qu'elle est impuissante à
empêcher. Nos « libertaires » et nos saboteurs ne sont pas
encore nés.

Mehemmed-Arif est d'accord avec nous, pour constater
que dans ce théâtre de guerre, en Anatolie — tout comme
dans l'autre, du reste — les uns avaient une éducation
bleue ; les autres, verte, d'autres, jaune et la plupart.....
aucune, de sorte que les vues et les objectifs suivaient
nécessairement la gamme des couleurs..... Et dans ces
conditions prismatiques, il n'y avait qu'un arc-en-ciel qui
pouvait diagnostiquer de la pluie, ou du beau temps..... et
cet arc-en-ciel, c'était le Muchir Ahmed-Moukhtar-Pacha,
sauf toutefois que cette croyance populaire concernant
l'arc-en-ciel ne soit point fondée !....

Dans un milieu militaire, il faut avoir les mêmes idées
et les mêmes principes : c'est la sainte unité de méthode.....
l'unité de doctrine. L'absence de cette unité peut se
comparer à une armée possédant plusieurs espèces de fusils

sur un même théâtre de guerre, *avec une cartouche d'un calibre unique* et qui n'entrerait dans aucun des fusils dont ce théâtre serait armé!..... Qu'on se figure ce que ce serait! Eh bien! telle était pourtant la situation! En temps de paix, nos généraux n'étaient pas des chefs militaires; c'étaient des administrateurs, des comptables, des juges, des écrivains! On ne peut se figurer le nombre de papiers qu'un général doit lire, examiner, signer dans sa journée! Après cela, inutile de savoir si ce chef militaire est au courant des choses militaires! Il n'en a plus ni le temps, ni le goût!..... Et cela est d'autant plus fâcheux que les neuf dixièmes de ces paperasses ne concernent ni l'État, ni l'armée. Ce sont d'incessantes pétitions, fruits du désordre administratif et auxquelles les chefs militaires s'intéressent par..... bonté d'âme ou bien par une tendance à la bureaucratie, tendance qui les éloigne fatalement de l'éducation de la troupe et de l'expérience qu'ils doivent eux-mêmes acquérir à son contact perpétuel!

Les généraux et les officiers qui se trouvaient à l'armée d'Asie Mineure, n'étaient pas tous — comme à l'armée de Roumélie d'ailleurs — des hommes de guerre, et cela se conçoit aisément : un grand nombre des Pachas et des Beys formant notre corps d'officiers était arrivé à des grades supérieurs par des moyens et pour des motifs entièrement étrangers à ceux qui président d'ordinaire à l'avancement normal dans une armée.

Il était d'habitude — par une tendance dangereuse — d'octroyer des grades militaires à des fils de Pachas, grades proportionnés à l'importance attachée à leurs pères.

D'autres, devenus gendres ou alliés de hauts personnages non moins influents, étaient également comblés d'avancement rapide et de nombreuses décorations; ces dernières étaient distribuées au poids et sans qu'il fût question de mérite réel ou de services rendus à l'armée. Les croix et les médailles complètent l'uniforme : un tel en possède, tel autre doit en avoir également. Nous connaissons une foule de gens n'ayant jamais fait campagne, ni sauvé la vie à un chat, étalant néanmoins sur leur poitrine des médailles de guerre et de sauvetage.

Les plus hautes distinctions sont accordées à certains élus *avant* qu'ils en soient dignes, et le jour où il faut récompenser ceux qui le méritent réellement, on ne peut leur donner, naturellement, que les mêmes distinctions qui ont été déjà octroyées à des non-méritants. Nous n'avons pas à nous prononcer contre le favoritisme tant qu'il ne touche pas aux intérêts sacrés de l'armée..... Mais que peut-on attendre d'officiers arrivant au milieu d'une armée, n'ayant dans leurs bagages ni mérite, ni expérience, ni ancienneté?

Quelle figure peuvent-ils bien faire devant l'ennemi, ces aides de camp qui n'ont jamais commandé à la troupe et auxquels, uniquement à cause du grade, on confiera un jour les destinées et l'honneur de l'Empire?

Quelles responsabilités n'auront-ils pas assumées devant le pays, ces Pachas et ces Beys qui, ayant passé la plus grande partie de leur carrière au sein de lucratifs conseils, deviennent des Suleyman et des Weysel?

Il serait plus logique, si l'on tenait à faire plaisir aux fils de Pachas..... à leurs pères et à leurs alliés, d'instituer des récompenses non militaires qui rempliraient le même but, tels qu'uniformes élégants et chatoyants, et qui flatteraient même davantage l'amour-propre des parents et des épouses qui ne rêvent certes pas une gloire militaire pour les leurs!

Cette nouvelle création pouvait se faire sans être préjudiciable aux intérêts sacrés de l'armée et aurait ainsi séparé d'une manière plus frappante la classe des favorisés de salon, de celle moins confortable mais bien plus enviable d'officiers de champ de bataille!

A côté de ces défauts d'organisation, s'en placent d'autres qui atrophient considérablement aussi les moyens d'action de notre armée.

Sur les deux théâtres de guerre, nous manquions de moyens de transport et nous ne cantonnions pas, de sorte que la plus grande partie de nos chevaux de bât était aliénée par l'obligation de traîner nos grandes tentes coniques, — système qui n'existe plus que chez les Chinois, ainsi que nous le montre une étude parue en France dans la *Revue militaire des armées étrangères*, numéro de mai 1907 — à propos des dernières grandes manœuvres en Chine (1).

Chez nous, non seulement le train était fortement alourdi, mais encore la présence d'un camp turc était toujours reconnue à de grandes distances, sans compter la nécessité de nous couvrir de très loin par des avant-postes, ce que nous ne pouvions pas obtenir efficacement de nos troupes peu rompues au service en campagne.

Les tentes de nos officiers supérieurs, d'un luxe effrayant, confectionnées en toile verte très épaisse et très spéciale, étaient de vraies maisons; de sorte que le transport des

---

(1) Ce qui revient à dire que les Chinois eux-mêmes ont commencé à faire de grandes manœuvres.....

bagages des Pachas (excepté ceux de Moukhtar-Pacha) demandait de nombreux chariots à bœufs ; aussi nos colonnes de convois formaient-elles sur les routes d'interminables rubans qui encombraient et paralysaient tout.

Des moyens pratiques et sûrs d'éviter tout ceci existaient certes, mais cela paraissait d'une exécution compliquée !....

Il faut bien convenir que tout ce qui est changement est systématiquement repoussé par nous, parce que la chose nouvelle pourrait nous enlever le bien-être auquel nous sommes accoutumés.

Le progrès est l'ennemi acharné des classes qui jouissent de privilèges affriolants et n'intéresse que les grandes masses des nations, et celles-là sont des quantités négligeables, et négligées d'ailleurs.....

Le système de coucher sous la tente présente encore cette particularité, qu'une fois installées, ces prises cônfortables de stationnement finissent par devenir des séjours prolongés et, dans les quartiers généraux, on en arrive à penser que le camp est une chose à garder et à défendre !

C'est dans un pareil camp qu'insoucieux rêvassait le maréchal Weysel-Pacha aux environs de Chipka, quand les colonnes des généraux Mirsky, Skobeleff et Radetski, traversant tranquillement les Balkans, lui firent mettre bas les armes sans même combattre.....

Ce camp des 40,000 hommes que commandait Weysel était installé beaucoup trop près de la passe qu'on faisait garder par le maréchal, si inutilement d'ailleurs. On remarquera sur le croquis ci-après que le facteur espace étant complètement négligé, l'on se trouvait à la merci de l'adversaire.

Ces maréchaux ou généraux qui ne connaissaient pas le

La preuve que Suleyman-Pacha aurait pu tout aussi bien tourner la position russe de Svéty Nicolas.

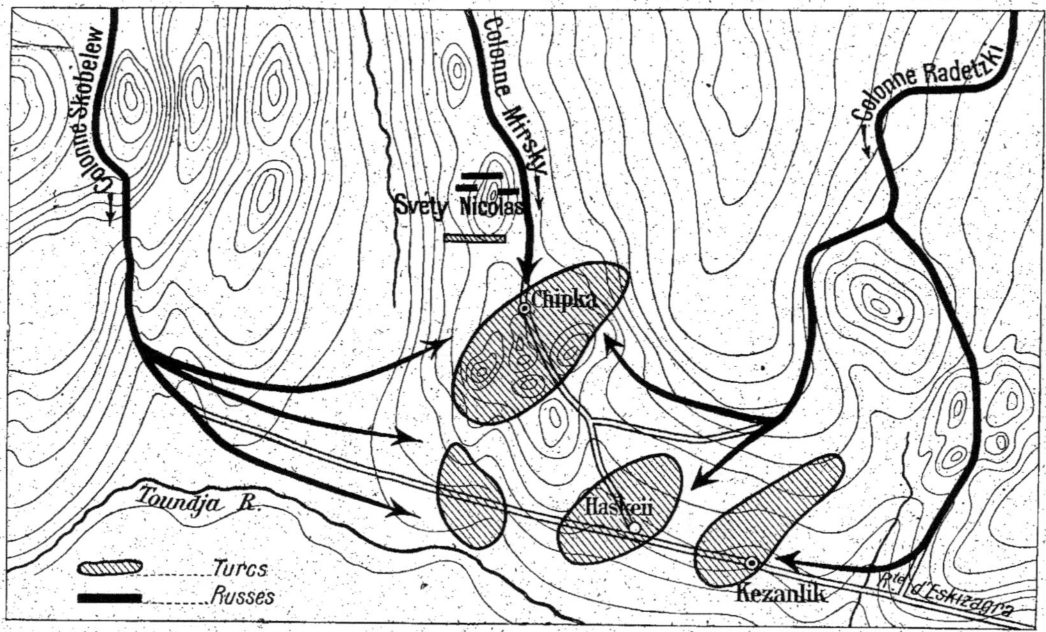

La manœuvre russe pour capturer Weysel-Pacha et son armée.

Croquis n° 10.

système des avant-gardes et des avant-postes modernes, ressemblaient à ces grands économes, à ces avares qui, manquant de confiance dans les grands établissements de crédit, gardent chez eux leur or qu'ils ramassent pièce par pièce et dont ils ne jouissent jamais, pour le voir, en une minute, passer dans les mains d'adroits cambrioleurs.

Les troupes que commandait Moukhtar-Pacha présentaient également cette particularité fâcheuse, qu'elles n'étaient pas assouplies par des exercices et un entraînement méthodique et constant, de sorte que pendant cette guerre de 1877-1878, sur les deux théâtres d'opération, des crises tactiques, irrémédiables, surgissaient à chaque instant. Ainsi, par exemple, une troupe une fois lancée dans une certaine direction ne pouvait plus faire le moindre changement de front dans une autre direction, surtout quand elle se trouvait avoir pris l'ordre dispersé pour combattre ; il fallait continuer dans la direction primitive ou bien s'arrêter ou se retirer.

La discipline du feu manquant, et l'utilisation de la hausse se faisant très imparfaitement, la consommation de cartouches était effrayante. Pour atteindre un minimum d'effet, il fallait dépenser un maximum de projectiles..... Que serait-ce avec les armes à tir rapide !....

Sur la ligne de bataille, l'alignement faisait souvent défaut à cause des équipages de pont qui manquaient totalement, et la plupart du temps la manœuvre cessait, faute de pouvoir franchir même des ruisseaux, et l'*unité d'action* devenait nulle.

Chaque arme se croyait indépendante, à tel point que nous avons souvent vu des soldats d'une de ces armes témoigner bien moins de respect à l'officier d'une autre arme; cela provenait de ce que ces différents éléments constitutifs de l'armée vivaient loin les uns des autres et ne manœuvraient jamais ensemble. La liaison tactique n'existant pas, les liens organiques manquaient de communauté et de soudure !

Ce qui exerce le coup d'œil et l'esprit des officiers, ce sont les thèmes tactiques, les jeux de guerre (Kriegspiel) et la petite guerre. Or, les nôtres n'y étaient pas exercés, de manière que, en campagne et dans les diverses situations tactiques, ils étaient gênés et ne pouvaient pas avoir leurs hommes dans la main.

Le service d'État-major était fort mal organisé. Les ordres, mal rédigés, portaient sur des détails inutiles, et la plupart du temps, on les donnait verbalement, de sorte que personne n'était jamais responsable de rien.

Les officiers d'État-major et les officiers d'ordonnance, médiocres cavaliers et mal montés, transmettaient des ordres très pressés avec une lenteur qui changeait considérablement la marche des choses et laissait échapper les meilleures occasions.

Aujourd'hui, les ordres des chefs se transmettront bien plus rapidement, grâce aux cyclistes et autres nouveaux moyens, voire les automobiles et grâce aussi à un stock d'excellents officiers.

L'initiative manquait à tous les échelons de l'armée, et pour plusieurs raisons :

1° Les jeunes officiers diplômés étaient timides. Ils n'osaient pas appliquer les méthodes apprises, mais non longuement pratiquées; par conséquent, ils n'avaient pas confiance entière en ce qu'ils pouvaient tenter.

2° Les officiers sortant du rang étant de beaucoup les plus nombreux, cherchaient chicane ou bien discréditaient les diplômés, et eux-mêmes étant très ignorants ne constituaient pas un corps d'officiers à initiative, car c'est le savoir qui la donne.

3° Les autorités civiles et même certains chefs militaires traitaient les officiers avec un certain dédain en les appelant : Agha..... titre qui ne se donne plus depuis très longtemps qu'aux illettrés, aux domestiques et aux eunuques!

Tout cela devait peser très sensiblement, surtout sur l'initiative du commandant en chef!

La condition morale et sociale de l'officier moderne est tout autre en Occident.

La valeur de l'armée allemande, par exemple, résulte surtout de l'organisation du commandement et de la constitution du corps d'officiers.

L'« honneur », qui est la force essentielle d'un corps d'officiers, sera d'autant plus solidement assuré qu'on respectera l'amour-propre des officiers.

Dans un jeune officier, il ne faut pas voir un jeune homme, mais celui qui pourrait être appelé, un jour, à défendre l'honneur et la vie d'une nation.

Les corps d'officiers allemands — écrit le capitaine André Ganet — ont à exercer des actions collectives. Ils ont prise sur leurs membres : ils les choisissent, les surveillent, les admonestent et, au besoin, les éliminent. L'individu se trouve donc placé sous l'action persistante et efficace du milieu spécial dans lequel il vit. Il est animé de l'esprit du corps, aiguillonné par l'opinion corporative qui se manifeste au nom de la conscience professionnelle collective ; il fait son devoir, il s'instruit pour ne pas se sentir déchoir dans l'opinion de ses camarades ; et cette influence persistante du groupe sur chacun de ses membres est autrement efficace et éducatrice que la direction autoritaire d'un chef.

De nos jours, l'emploi d'armées à gros effectifs, opérant loin de la vue du généralissime dans un but stratégique commun, ne permet plus à un seul homme de suffire à la conduite des masses ; c'est moins le général en chef qui remporte la victoire qu'une organisation du commandement savamment préparée d'avance. Les Allemands ont pensé trouver la solution de ce problème :

Dans l'initiative laissée à tous les chefs d'une unité ;

Dans l'unité de doctrine, qui permet à tous les officiers de parler la même langue et de se conduire, en toutes circonstances, comme eussent agi leurs supérieurs ;

Dans l'organisation d'un grand État-major, créateur et conservateur d'une doctrine ;

Dans le recrutement du haut commandement parmi le personnel des officiers d'État-major.

L'initiative — pour les Allemands — est un puissant élément de succès lorsqu'elle s'exerce selon des idées communes, uniformément enseignées et admises. Les Allemands pensent que les effets n'en sont point à redouter dans une armée où règne l'unité de doctrine, entretenue par un personnel d'officiers très restreint, d'une composition très homogène, de la plus haute valeur et constamment soumis

à la direction effective du chef du grand État-major. Grâce
à cette unité de doctrine propagée du sommet au dernier
échelon de la hiérarchie militaire, les généraux allemands
estiment que les situations les plus imprévues de la guerre,
seront partout envisagées de la même manière ; que les
fautes individuelles se trouveront réparées, comme par un
phénomène d'équilibre général ; que l'initiative, enfin, loin
de constituer un danger pour l'unité des opérations, décu-
plera l'action du chef, sans jamais empiéter sur ses droits.
Le grand État-major est le foyer de cette unité de doctrine
et la cheville ouvrière du service d'État-major. Mais retournons à nos moutons.

Mehemmed-Arif veut absolument que le combat de Zéwin
soit l'œuvre de Hadji-Rachid-Pacha ; nous n'insisterons pas
sur ce point. Mais de l'aveu même de Mehemmed-Arif,
personne, au camp de Zéwin, ne savait qu'on était vainqueur, puisque c'est le correspondant du journal viennois
qui le leur apprend : il n'y a donc dans ce succès anonyme
qu'un mérite *collectif de résistance*..... Que ce soit Hadji-
Rachid-Pacha, ou le vieux Feizi qui ait conduit à l'aile droite
le bataillon d'Alep, c'est un mouvement tout naturel que
l'on peut attribuer à un colonel X..... quelconque, si ce
n'est au commandant Y....!

Et pour diminuer encore plus la légende « d'un Tacticien » (1) Mehemmed-Arif-Bey attribue l'audace des

____

(1) Ouvrage paru sous cette signature après la guerre 1877-1878.

Russes à attaquer Zéwin, à l'absence de Moukhtar-Pacha, connue du commandement russe.

C'est un raisonnement un peu enfantin d'un incompétent. D'ailleurs, nous n'avons jamais prétendu que l'auteur de *Bachimiza-Guélenler* fût un tacticien ou un stratégiste !....

Après une série de raisonnements de ce genre, Mehemmed-Arif ajoute bien naïvement : « Moukhtar-Pacha, pour achever sa victoire à l'armée d'Alachguerd, attendait de nos bonnes nouvelles, et le Muchir Courd-Pacha lui écrivit que les Russes étaient venus, qu'on avait pris telles mesures contre leurs attaques..... *Mais c'était tout* ce que nous avions pu lui dire, car franchement nous ne savions pas ce qui était résulté de cette journée de combat !.... Avions-nous gagné ou perdu ? Nous n'en savions rien : c'est après l'envoi de la lettre que nous l'apprîmes — on sait de quelle façon (1).....

« Le dernier aide de camp venu m'apportant l'ordre du Muchir de le rejoindre, j'allai au camp de Délibaba ; mais j'avais sans doute croisé en route, dans la nuit, le commandant en chef, puisqu'il n'était plus là. J'y retrouvai un ancien ami, le colonel Akif-Bey et le général Ahmep-Fazil-Pacha que le Muchir avait laissé à sa place. Fort heureux de rencontrer cet ami après deux ans d'absence, nous restâmes longuement à causer, et comme le colonel s'endormit avant moi, je me mis à remémorer les événements et je me disais, tout en contemplant les étoiles d'une nuit pure et sans nuage, voyons : comment se fait-il que le

---

(1) Tout ceci serait vraiment bien comique, si ce n'était profondément désolant !

Maréchal se soit cru obligé de partir pour se mettre à la tête de la poursuite de l'adversaire? Les Pachas qui sont là-bas ne suffisent-ils donc pas à cette besogne (1)? Mais il faut dire aussi que là-bas, c'est le centre des affaires, tandis qu'ici, ce n'est qu'une aile et je conclus qu'il était naturel que le chef fût là-bas..... Pourtant, il y a encore autre chose : la poursuite a pour but de mettre l'adversaire dans l'impossibilité de se refaire et de recommencer la lutte, d'obtenir que toute l'armée ennemie, ou une partie, soit faite prisonnière avec armes et bagages..... Une fois cette occasion perdue, l'ennemi ne se laissera plus poursuivre. »

Le brave Mehemmed-Arif a trouvé le moyen de nous faire un bon petit cours d'art militaire. Mais ceux qui lui ont appris cette particularité de la guerre ont oublié, sans doute, de lui dire que dans le cas où il ne serait pas possible — pour une raison ou pour une autre — de poursuivre tactiquement, c'est-à-dire immédiatement après la victoire, l'ennemi battu — chose qui est arrivée aux plus forts — on peut obtenir de très gros résultats par la poursuite indirecte ou stratégique en poussant l'armée victorieuse en avant. Et dans le cas qui nous occupe, cette seconde manière était sûrement la plus recommandée pour une armée comme celle de Zéwin qui n'était ni forte ni mobile : elle ne possédait que fort peu de cavalerie ; elle devait facilement perdre le contact.

Et Mehemmed-Arif-Bey ajoute :
« Dans ces conditions, tout ce qu'on pouvait attendre de

---

(1) Il faut croire que non, puisqu'ils ne savaient même pas que l'ennemi était battu.

nous, c'était un mouvement en avant, susceptible de nous mener jusqu'à Kars et de délivrer cette place.

« Au bout de ce raisonnement, le sommeil me surprit et le lendemain avant le jour, en me réveillant, je pris une tasse de café, en claquant des dents, car sur ces hautes montagnes, il faisait un froid de canard ; et je me mis en route pour Zéwin où j'arrivais dans la journée.

« Le Maréchal était en train de faire partir le Muchir Courd-Ismaïl-Pacha auquel il avait donné le commandement des divisions réunies d'Alachguerd et de Van : celui-ci devait rejoindre Ahmed-Fazil-Pacha qui, de son côté, avait reçu l'ordre de poursuivre l'ennemi avec la division d'Alachguerd.

« Une partie de cette mission avait été donnée — le 25 juin (alors qu'il était à Halias en train de diriger le combat) — par le commandant en chef Moukhtar-Pacha, au moyen du télégraphe, à un certain général Faïk-Pacha qui était au sud de Van : ce dernier devait marcher sur Bayézid. Or, sans entrer dans les pourquoi, nous dirons que Faïk-Pacha *ne fit pas cette marche qui devait couper la retraite à Ter-goukassow* et le Muchir Courd-Ismaïl-Pacha resta auprès de la division d'Alachguerd et ne bougea pas !.... »

Franchement, après sa tirade contre le vieux Feizi et les Occidentaux, Mehemmed-Arif aurait pu nous épargner ce fâcheux détail qui — heureusement — est aussi rare dans nos annales que dans celles des Occidentaux, car des actes pareils sont au-dessous même de celui de Bazaine qui était au contact de la plus formidable armée des temps modernes et qui, toute la journée du 16 août, s'était battu avec un adversaire tel que le prince Frédéric-Charles. Mais

Faïk-Pacha et Courd-Ismaïl n'ayant pas une armée puissante devant eux, n'avaient qu'à exécuter des marches.

Laissons de nouveau la parole à Mehemmed-Arif-Bey : « Après le départ du Muchir Courd-Ismaïl, on avait reçu une lettre du commandant de Kars, implorant un secours. Cette lettre décida le Maréchal à entreprendre la poursuite de Heimann. En face de nous, l'adversaire n'avait que son arrière-garde. »

Mais c'est avec stupéfaction que nous lisons dans le livre de Mehemmed-Arif-Bey, ce qui va suivre :

« Comme la plus grande partie de notre cavalerie se trouvait à la division d'Alachguerd et qu'il eût fallu au moins deux jours pour en avoir une partie sous la main, on eut recours aux cavaliers du très éminent, très noble, très savant, très pieux et très révérend Cheih, Hadji-Fehmi-Effendi, d'Erzindjan...., appartenant à la noble et sainte secte des Nakchibendi ! Le Cheih qui était venu simplement pour accomplir le saint devoir de combattre l'ennemi, avait avec lui sa petite cavalerie composée de quelques-uns de ses adeptes (murids : moines).... Dans ce mouvement, à la poursuite de l'ennemi, Son Éminence remplissait — avec quelques autres cavaliers irréguliers — le rôle d'avant-garde. Il renseignait, heure par heure, le commandant en chef, de ce qui se passait au loin..... et Sa Sainteté avait su rendre des services si précieux *que je ne saurais trop recommander la présence de telles personnalités à nos armées.....* »

Si ce livre de Mehemmed-Arif n'avait été écrit presque

sous la dictée du général en chef et si nous n'attachions un grand crédit à tout ce qu'il nous raconte, nous aurions hésité à accréditer ce détail..... Mais cette histoire est aussi véridique, hélas! que l'auteur met de dévotion à vouloir la laisser à la postérité.

Donc l'armée de Moukhtar-Pacha eut pour avant-garde des moines volontaires...., des Fakirs!....

Et d'abord, des cavaliers quelque pieux et saints qu'ils soient et quelque saintement conduits qu'ils puissent être, ne constituent pas ce que l'on appelle une avant-garde. Une avant-garde est autrement constituée : sa mission et sa force varient suivant les cas; mais en toutes circonstances, une troupe quelle qu'elle soit, doit avoir son avant-garde, normalement constituée sans quoi, elle risque d'être anéantie!

« C'est, dit Clausewitz, moins par leur action effective que par le fait même de leur présence, moins en combattant qu'en menaçant sans cesse de combattre, que les avant-gardes remplissent leurs missions. Elles n'enrayent pas l'action de l'ennemi, mais comme une pendule, elles en modèrent et en règlent les mouvements et permettent ainsi d'en reconnaître le mécanisme et la portée. »

Ces braves murids du saint Cheih Hadji-Fehmy-Effendi faisaient probablement fonction d'éclaireurs..... De là, nous devons forcément conclure, que l'armée de Moukhtar-Pacha ne possédait pas une avant-garde.....

Mehemmed-Arif-Bey consacre plus de trois grandes pages à nous décrire la sagesse, la toute-puissance et l'érudition du Cheih : nos lecteurs nous pardonneront si nous ne suivons pas l'auteur à travers ses pieuses dissertations qui n'ont rien de commun avec l'art de la guerre.

« On avait reçu — continue Mehemmed-Arif — une dépêche du Ministre de la guerre Rédif-Pacha, de Constantinople, dans laquelle il était dit que la retraite simultanée de l'ennemi du côté d'Alachguerd et de Horum pouvait n'être qu'une ruse de guerre, pour nous faire tomber dans un piège..... et qu'il fallait conduire les opérations avec la plus grande circonspection.

« Cette dépêche, venant au moment où des bruits couraient de bouche en bouche d'après lesquels l'ennemi serait dans notre dos (1), obligea l'État-major à se réunir pour élucider la question.

« Il s'agissait de savoir s'il fallait attendre (dans la crainte d'être tourné) une nouvelle offensive sur les bonnes positions de Soghanly, ou bien s'il ne serait pas plus utile de marcher avec toutes les forces réunies sur Kars, de délivrer ce camp retranché et de voir ensuite ce qu'il y aurait à faire. La grande majorité des voix fut acquise à cette seconde combinaison : seul, pour des considérations très prudentes et très sages d'ailleurs, le chef d'État-major Fevzi fut d'un avis contraire (2)..... »

Dans tous les cas, *la poursuite devait être absolument platonique*, puisqu'elle ne pouvait espérer *l'anéantissement complet de l'adversaire.* Or, à la guerre, toute entreprise doit viser cet anéantissement.

---

(1) Mais alors à quoi servaient les précieux renseignements fournis par le fameux derviche Hadji-Fehmy ?

(2) Comment un Occidental, un renégat qui ne valait pas une piastre, un peu plus haut, peut-il émettre une opinion que l'auteur place au-dessus de toutes celles des Pachas réunis en ce conseil intempestif ?

DEUXIÈME PÉRIODE

RETRAITE DES RUSSES

OPÉRATIONS ENTRE KARS ET LA FRONTIÈRE
JUSQU'AU DÉSASTRE DE NOTRE ARMÉE A LA BATAILLE
D'ALADJA-DAGH (15 octobre 1877).

CHAPITRE IV

La poursuite.

Nous avons vu comment, ne sachant pas pénétrer la
pensée initiale du commandant en chef, les Pachas réunis
à Zéwin ne surent pas profiter d'une victoire, dont d'ailleurs
ils ne s'étaient pas rendu compte.

C'est le 30 juin seulement que l'armée se mit en marche.
C'était trop tard, même pour la poursuite stratégique !
D'ailleurs les Russes n'avaient pas à craindre une attitude
agressive de notre part : ils étaient partis. On était content.
Ils seraient revenus, on se serait de nouveau bravement
battu..... Maintenant ce qu'on voulait, c'était dégager
Kars..... C'est étrange : on ne vise pas la chose capitale, la

chose essentielle : les forces principales ennemies....; et on ne songe qu'à Kars..... qui devait être tout naturellement débloqué par le fait de la victoire de Moukhtar-Pacha.

D'autre part, à quoi la fameuse position centrale de Zéwin a-t-elle servi?

Notre espoir de voir le Muchir imiter la manœuvre de Napoléon contre les Autrichiens, en 1796, a été déçu : il a attaqué chaque corps, *non avec son armée réunie dans le temps et dans l'espace, mais avec ses forces* divisées et simultanément?.... Non seulement cela, mais il s'est laissé attaquer sans pouvoir exploiter stratégiquement les résultats qu'aurait donnés la victorieuse résistance et le noble élan de nos admirables soldats.....

Si cette position centrale eût été Keuprikeuï — par exemple — on aurait battu l'imprudent Tergoukassow à Sédikian ou à Halias, et c'est avec une armée constituée de ces forces *devenues libres, ajoutées à celles de Zéwin*, que l'on se serait retourné contre la division Heimann qui, attaquant, aurait eu une plus grande distance à parcourir, et, attaquée, eût été prise entre l'offensive forte de Moukhtar-Pacha et les canons de Kars..... Pour cette poursuite isolée et anémique, Moukhtar-Pacha disposait environ de *16,000 hommes* et de *25 canons*, tandis qu'il aurait eu, pour attaquer Heimann, près de *45,000 hommes* et *40 pièces d'artillerie*, après avoir détruit Tergoukassow. Quelle différence!

Voilà quelle devait être cette manœuvre! Et alors, c'était la marche triomphale vers Alexandropol et plus loin encore, jusqu'à ce qu'enfin un bon résultat stratégique couronnât les efforts tactiques. Tandis qu'avec la petite armée

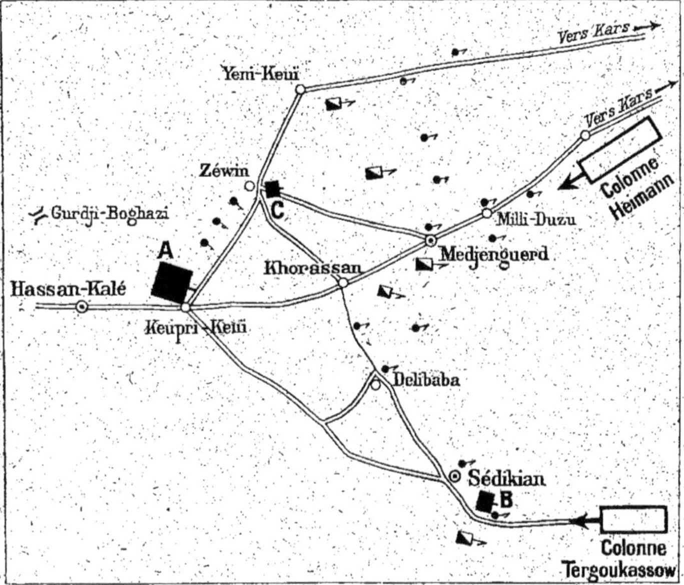

Croquis n° 11.

LÉGENDE :

A. Masse principale qui aurait dû être placée en attente stratégique.
B. Masse secondaire en attente tactique.
C. Masse de flanc qui aurait pu servir pour une manœuvre tournante en
liaison avec la masse principale A (1).

---

(1) *Nota* : dans une position d'attente stratégique choisie plus en arrière,
le succès tactique eût été tout aussi considérable, tandis que stratégiquement on eût obtenu le maximum, surtout si une masse de flanc C —
même petite — placée au nœud de route vers Zéwin, ou alentours, avait
pu être préparée pour une manœuvre tournante en liaison avec la masse
principale A composée des troupes laissées à Zéwin, augmentées de toutes
celles éparpillées de tous côtés et de celles mêmes de la colonne de droite
destinée à contenir et non à attaquer. Alors Heimann battu, Tergoukassow n'aurait pu échapper à la manœuvre de la masse A exécutée dans
le temps et dans l'espace.

de Zéwin, comment une poursuite', ou même un retour offensif auraient-ils pu donner des résultats appréciables ?

Nous nous rendons parfaitement compte des difficultés existantes : jalousies, Derviches, mauvaise volonté, ingérence, fétichistes, éparpillement, ignorance, tiraillements, chicanes et tant d'autres bâtons dans les roues, et des éléments contraires, et des choses contrariantes, qui devaient considérablement gêner Moukhtar-Pacha dans ses mouvements. Pourtant il fallait essayer quand même !.... Mais personne n'était animé de cette énergie qu'il ne faut pas confondre avec « *l'effort* », *cette énergie qui vient avec la connaissance parfaite d'un métier et qui devient de la passion*.... : l'amour du métier !

On peut devenir un assez bon militaire en travaillant et en s'entraînant ; mais pour être un bon chef, il faut naître soldat. L'esprit militaire doit couler avec le sang dans les veines !....

Comme l'a si bien dit Brillat-Savarin : on devient cuisinier, mais on naît rôtisseur. On peut devenir musicien, mais on naît artiste !

Un musicien quelconque jouera n'importe quoi : un artiste, un dilettante ne sera heureux qu'avec les Bach, les Beethoven, les Mozart, les Mendelssohn, les Schumann, les Chopin, les Wagner.

☽ ☾

Un grand obstacle, plus fort encore que toutes les armées ennemies, s'était tout à coup dressé devant le malheureux Moukhtar-Pacha : l'immixtion du Conseil de guerre (une nouvelle espèce de Conseil aulique) institué à Constanti-

nople et composé de Pachas vaniteux, ignares et préten-
tieux, dont nous avons parlé au commencement de cet
ouvrage.

Au milieu de ses affaires qui, en somme, avaient été con-
duites aussi bien que l'état des choses pouvait le permettre,
on cassait bras et jambes à Moukhtar-Pacha.

Mais comment Constantinople savait-il donc ce que le
Commandant en chef ne disait pas entièrement?

La raison en est attristante : par des dépêches, des lettres,
des correspondances même chiffrées, que n'importe qui
pouvait adresser à Stamboul !

Ce fut, hélas! le commencement de ce système néfaste
qui assurait liberté vaste et récompense illimitée à qui-
conque, dans un but ou dans un autre, enquêterait, ou contre-
enquêterait sur les faits et gestes d'autrui. C'était *la mort
de toute discipline, de toutes responsabilité et de toute
initiative !*

Voici maintenant la traduction des dépêches antérieure-
ment reçues et qui devaient impressionner si péniblement
le Commandant en chef.

Télégramme chiffré du Seraskier (1) à Moukhtar-Pacha (2) :

« Nous vous avons demandé à plusieurs reprises de vous
abstenir de vous éparpiller (3) ; et tandis que vous nous
opposiez que tout mouvement était entravé par l'insuffisance
des moyens, vous avez entrepris une offensive, avec la
division de Délibaba..... Par suite de la pénurie des moyens
de transport, cette division était revenue en arrière. Après

---

(1) Ministre de la guerre.
(2) Pour éviter les longueurs, ne seront traduits que les points essentiels.
(3) Cette recommandation était juste.

cela, vous vous êtes rendu en personne à Délibaba et vous avez même obtenu un succès. Vous ne sauriez aller plus avant; nous ne savons pas s'il vous serait possible de vous retirer maintenant et quel a été l'avantage obtenu ou à obtenir par tous ces mouvements. D'autre part, ces allées et venues et ces nombreux changements de positions sont susceptibles de fatiguer la troupe et les chevaux de bât et empêcher les exercices (?) à faire exécuter aux hommes (1). En pensant au mauvais effet que tout ceci pourrait éventuellement produire et dans la conviction qu'on ne saurait rien attendre de bon, de mouvements hâtivement entrepris, il n'est pas possible de n'en pas être profondément inquiet..... Je vous prie particulièrement de vous abstenir de vous éparpiller et de fatiguer inutilement la troupe (2). Veuillez me dire en même temps ce que fait l'ennemi en ce moment et ce qu'il pourrait entreprendre; ce que, de votre côté, vous pourriez faire; et si par hasard l'ennemi entrait entre les deux divisions, ce qu'il en résulterait (3); et quel moyen il serait nécessaire d'employer afin d'empêcher cette éventualité. Dites aussi, je vous prie, pour quelle raison vous ne voulez pas rester concentré. J'attends impatiemment votre réponse à l'appareil.

« Signé : Rédif (4). »

---

(1) Aux jeunes troupes : aux conscrits.

(2) Ce qui veut dire : Restez en place! Soyez immobile! Ne manœuvrez qu'avec nos yeux : d'ici, de Stamboul, nous voyons mieux que vous!

(3) Mais comment l'adversaire pourrait-il entreprendre cette manœuvre?

(4) Exilé à l'île de Rhodes, il y vit encore.

Avant de donner aux lecteurs la traduction de la réponse
de Moukhtar-Pacha, examinons un peu ce télégramme du
Ministre de la guerre. Ce qui saute le plus aux yeux dans
cet ordre ministériel, c'est « dame méfiance » qui flirte avec
« monsieur le doute ».

Le ministre Rédif s'était laissé dire qu'une armée doit
être et rester concentrée. Il le dit et le redit sans savoir
pourquoi. Qu'aurait-il voulu qu'on fît de cette armée qui ne
doit pas bouger et qui ne doit pas se fatiguer?.... C'est
comme le général Boum dans la *Grande Duchesse de
Gérolstein*, qui répétait toujours : « l'art de la guerre se
résume en deux mots : couper, envelopper ! »

A présent, voici quelques fragments de la longue réponse
de Moukhtar-Pacha, au ministre Rédif : « C'est sur les montagnes de Halias que j'ai reçu votre télégramme chiffré.
Votre Excellence ne cesse de me recommander de ne pas
disperser mes forces (1). Il n'est presque pas utile de faire
observer que les avis théoriques ne s'accordent pas souvent
avec la pratique des choses, et surtout avec la situation
dans laquelle on se trouve. Les mouvements exécutés sont
conformes à cette situation. Quant à la lenteur de la

____

(1) Cette recommandation avait une valeur.

concentration, elle est entièrement due à la lenteur encore plus grande que vous mettez à nous approvisionner (1).

« Signé : Ahmed-Moukhtar. »

Cependant les multiples raisons que le Maréchal donne de ses allées et venues qu'on lui reproche (malgré les succès obtenus) ne sont que des prétextes pour voiler l'incohérence et le décousu des opérations que nous avons essayé d'analyser en temps et lieu..... Ces mouvements étaient sans doute peu conformes à l'art de la guerre moderne, mais Rédif-Pacha se basait sur des idées personnelles, en faisant ces reproches !....

Le lendemain, Moukhtar reçut la courte dépêche chiffrée que voici :

« La Chancellerie impériale à Son Excellence Ahmed-Moukhtar-Pacha :

« La séparation en deux unités de la division que vous commandez étant de nature à troubler les esprits, d'ordre impérial, je viens demander à Votre Excellence les motifs qu'elle peut y opposer et sa manière de voir à ce sujet.

« Signé : Said. »

Avec les Saïd, les Rédif et autres Pachas de la même école, un Moukhtar ne pouvait s'attendre qu'à des reproches ; et de ces reproches — immérités — à une disgrâce, il n'y avait que l'épaisseur d'une chicane !....

Ce nom de Saïd me donne des frissons ! Il couvre une personnalité dont le passage sur notre cher pays turc lais-

____

(1) Ce regret avait aussi sa valeur.

sera un sillon profond ; mais l'étendue n'en sera connue
que quand l'opinion publique saura toute la vérité : cette
vérité est monstrueuse !

Le signataire de cette dépêche, ce Saïd, est le factotum
principal du drame tragique que fut la guerre de 1877-1878.
Il remplissait alors les fonctions de Bachkiatib (Premier
secrétaire de la chancellerie impériale) et possédait une
influence funeste à nulle autre pareille. Ignorant absolu des
choses de la guerre, il avait pesé d'une manière despo-
tique sur toutes les opérations !

Je verrais s'accumuler sur ma tête toutes les foudres du
Ciel, que je n'hésiterais pas à flétrir de tout mon cœur de
soldat dévoué à la Dynastie Impériale et au pays, ces Saïd
et Cⁱᵉ *qui nous ont empêché de vaincre* !.... Et si les caprices
du hasard les laissent encore impunis et s'ils viennent sans
pudeur affronter nos regards, à défaut de leurs personnes,
nos enfants traîneront leurs mémoires dans la boue !

Dans notre ouvrage : *Les Occasions perdues*, paru
en 1900, nous avons établi en longueur et en largeur,
comment ce Saïd-Pacha, en soutenant Suléyman, nous a
fait perdre les meilleures occasions d'anéantir l'armée russe,
surtout au moment de sa marche après la chute de Plewna,
marche qui, comme nous le disions dans le livre précité,
était une « déroute en avant » !

Le lecteur aura sans doute remarqué déjà la manière
étrange dont la dépêche de Saïd à Moukhtar-Pacha est
rédigée.....

Il reproche au Muchir de scinder sa division en deux. Or, Moukhtar-Pacha avait, sous son commandement, plus d'une division; à ce moment-là, il n'avait rien divisé encore, car les troupes de Kars et d'Alachguerd étaient déjà divisées lorsqu'il en prit le commandement.

Plus tard, on aurait pu lui reprocher de ne les avoir pas concentrées : cependant s'il avait fait cela, suivant une manœuvre savante, que ne lui aurait-on pas jeté à la tête, surtout si avec ses médiocres moyens, il n'avait pas réussi, ce qui peut arriver à tout le monde, même à un Bonaparte ou à un Moltke?

Moukhtar-Pacha, dans sa réponse à Saïd, parle dans ce sens et dit très sagement : « Le vrai mérite consiste à porter efficacement le petit nombre que l'on possède sur les points faibles de l'adversaire..... »

Mehemmed-Arif-Bey lui-même, qui n'est pas militaire, dit — en reprenant son bon sens un moment égaré :

« Avant de recommencer le récit des événements, je tiens à déclarer que si j'avais été à la place du Commandant en chef, j'aurais été tellement découragé par le télégramme du Ministre de la guerre, que je me serais retranché sur le Soghanly et serais resté là à attendre le choc de l'adversaire; ou bien encore, j'aurais fait rétrograder la division d'Alachguerd, et la prenant aussi avec moi, je me serais enfermé dans Erzeroum et j'aurais dit : Advienne que pourra. »

Il y a là un point capital à méditer, c'est que le télégramme ministériel ne visait qu'une chose : décourager

Moukhtar-Pacha, condamner sa tactique et sa stratégie, en attendant que des revers viennent ternir sa gloire naissante, revers dont d'ailleurs les raisons peuvent en grande partie être imputées à ceux qui voulaient diriger les opérations à distance.

Mehemmed-Arif-Bey va reprendre la parole avec un à-propos très remarquable :

« Il ressort clairement de tout ceci, dit-il, que la responsabilité et l'initiative d'un général en chef, traité de la sorte, doivent peser autant après qu'avant une affaire..... »

Et il ajoute, un peu plus loin, une vérité qui n'est pas neuve, mais qu'on doit toujours rappeler, c'est que « quand le choix d'un chef reconnu bon est fait, et que ce chef est en pleine action, il faut le laisser agir et, pour le reste, s'en remettre à Dieu ! Oui, après un choix arrêté, celui qui guide l'élu, et lui impose sa volonté d'une manière absolue, c'est : « l'inconnu ! »

L'inconnu ! Mais c'est tout à fait vrai ! Bravo Mehemmed-Arif ! On dirait que c'est Clausewitz qui parle ! Tous les chefs d'armée ont marché dans l'inconnu ! Le maréchal de Mac-Mahon apprend — dit le colonel Foch — l'approche des Prussiens par le sous-préfet de Wissembourg. Jusqu'à ce moment il ignore leur nombre, leurs points de réunion, leur degré de préparation. Mais la IIIᵉ armée allemande qui entre en Alsace n'en sait pas davantage ! Le 16 août 1870, le 17, le 18 jusqu'à midi, on sera dans la même ignorance au quartier général allemand. Armées mal commandées, dira-t-on. Mais n'en est-il pas de même constamment dans

l'armée de Napoléon? Rappelons les journées qui précèdent
Iéna, la veille de la bataille, en particulier. Les armées les
mieux commandées ont marché dans l'inconnu; c'était
inévitable. Mais elles ont résisté à cette situation dangereuse; elles en sont sorties victorieusement en faisant appel
à la sûreté qui leur a permis de vivre sans inconvénient
dans cette atmosphère pleine de périls.

Sauf en ce qui concerne un Kouropatkine, dans la plupart
des cas on doit fermer les yeux sur certaines fautes d'un
généralissime agissant dans l'inconnu, *à la condition
toutefois que ces fautes ne soient pas du fait de son
ignorance, mais la résultante de faits indépendants de ses
actes et de sa volonté.*

Il est donc absolument nécessaire de séparer *la faute due
à l'incapacité, de la faute accidentelle.* La première ne se
produira pas dans un milieu où l'éducation et l'entraînement sont également répartis et communément acquis.
Donc, de la communauté des idées naîtra l'unité des
efforts et des actes, par conséquent il ne peut y avoir que
faute momentanée, immédiatement reconnue d'ailleurs et
facilement réparable par le coupable, ou bien, le cas
échéant, empêchée par les coadjuvants.

C'était le cas des guerriers du Consulat et de l'Empire et
c'était celui des Allemands en 1870. Mais ce n'était celui, ni
des Turcs en 1877, ni des Russes en Mandchourie....

Ma plume se refuse absolument à rapporter ici les
horreurs et les atrocités commises par les Kurdes indisciplinés, avant, pendant et après les événements du mois

de juin. Que mes compatriotes qui désireraient s'en rendre compte veuillent bien lire les pages 175, 176 et 177 du livre de Mehemmed-Arif-Bey.....

J'estime que nous devons chercher à oublier ces souvenirs, avec autant d'ardeur patriotique que nous devons nous efforcer à faire revivre dans nos cœurs de soldats le sentiment des fautes commises, afin de n'avoir plus à nous les reprocher.

Parlons-en sans cesse, parlons-en sans honte et avec abnégation; étudions-les. Quand on a un passé militaire comme le nôtre, on peut avouer ses fautes et tendre son âme vers des jours meilleurs.....

Mais comment ne pas frémir encore à ce que va nous apprendre le livre de Mehemmed-Arif-Bey dans les lignes suivantes :

« Les nombreux événements que nous avions à relater ne nous avaient pas permis de consigner plus haut le fait que voici : au moment où la division d'Alachguerd fut attaquée pour la première fois par les Russes, Moukhtar-Pacha avait donné l'ordre télégraphique au général Faïk-Pacha qui se trouvait à Barghiri, de se diriger, avec tout ce qu'il pourrait rassembler de troupe, vers Bayézid, afin de menacer les derrières de Tergoukassow qui marchait sur cette division d'Alachguerd, et d'occuper également Bayézid. Faïk-Pacha répondait à cet ordre que les troupes dont il disposait étaient insuffisantes. Il se plaignait aussi des Kurdes. Bref, sur l'ordre formel qu'il recevait de marcher avec ce qu'il avait, il finit enfin par se mettre en route avec trois bataillons, et environ trois mille volontaires — pillards à pied et à cheval. A ce sujet, voilà ce que dit Arif-Bey :

« Les Russes qui avaient occupé Bayézid au début des

hostilités, avaient laissé en ville deux bataillons qui
logeaient à la caserne. L'arrivée soudaine du détachement
de Faïk-Pacha les ayant surpris, ils restèrent bloqués dans
la caserne et durant près d'un mois, ils supportèrent des
privations atroces. Ces braves mangèrent même la chair
de leurs camarades morts pendant ce siège plutôt que de
se rendre. Mais leur immense courage et leur admirable
persévérance eurent un dénouement digne de leur conduite :
Sept jours après que sa division pût (grâce à Courd-Ismaïl-
Pacha) atteindre le territoire russe, et au moment où les
assiégés épuisés allaient se rendre, Tergoukassow revint sur
ses pas sans tenir compte de la présence de Courd-Ismaïl,
qui n'était pas à partie efficace, se battit pour sauver ses
compatriotes, défit les troupes turques, et leur enlevant
leurs trois pièces de canon, délivra et emmena avec lui les
braves qui avaient si bien supporté ce siège peut-être
unique dans son genre.

« Quant au maréchal Courd-Ismaïl, il avait télégraphié
cet événement au Général en chef de manière à faire croire
à un grand succès pour nous..... Voici comment il avait
l'audace de raconter l'affaire. Après un combat d'artillerie
qui dura trois heures, nous réussîmes à faire quitter Bayézid
à l'ennemi qui laissa entre nos mains de nombreux effets
et plus de vingt voitures d'ambulances; et se retira au delà
de la frontière, dans un désordre complet..... Ses pertes
sont d'environ cent soldats, tandis que, grâce à Dieu, les
nôtres sont minimes! La disparition des soldats d'une compagnie d'infanterie impériale doit être attribuée sans doute
à leur dispersion ou peut-être..... à leur défection; mais
en tout cas, grâce à Dieu, et grâce..... etc..... etc..... la
victoire a été pour nous!....

Est-il permis d'oser tellement!.... Cette compagnie dis-
parue était faite entièrement prisonnière et Courd reste
muet sur la question des trois canons perdus.....

On comprendra aisément que toutes ces tristes choses, et
d'autres plus douloureuses encore sur lesquelles nous
passons une éponge, auraient été épargnées à l'armée
impériale si Ismaïl-Pacha-Courd et Faïk qui fut dégradé
dans la suite — avaient suivi les ordres du Général en chef —
ordres sur lesquels il y aurait certes à redire au point de
vue des principes de la grande guerre, mais dont l'exécution
était nécessaire en cette circonstance.

Maintenant retournons auprès du Muchir et suivons-le
dans sa marche vers Kars qui n'offre plus d'ailleurs aucune
difficulté puisque les Russes se sont retirés, après leur
défaite à Zéwin.

L'armée principale commandée par Mouklitar-Pacha en
personne et dont l'avant-garde était constituée par les moines
du Cheih Hadji-Fehmi, avait toutes les peines du monde à
poursuivre un ennemi qu'on redoutait plus qu'il ne le
méritait du reste.

Mais ce qui fait surtout qu'une armée ne peut s'avancer
franchement, hardiment, c'est la faiblesse que donne à ses
jambes l'initiative qu'on enlève à son chef.

Des moines pour cavalerie d'avant-garde, des reproches
immérités avant la faute, des sous-ordres qui désobéissent
et correspondent directement avec la Capitale, le train
d'équipage manquant, les vivres qui deviennent rares et
enfin la croyance — si naturelle — en la force tellement
réputée de l'adversaire, la pauvreté des renseignements sur
cette force, étaient autant de rafales qui devaient secouer

l'imagination de Moukhtar-Pacha, et ne lui faire donner que le minimum de ce qu'il aurait pu mettre à la disposition de sa Patrie. Cependant, décidé à conduire ce navire jusqu'au bout, le généralissime ne devait penser qu'à atteindre le port terminus, sans se soucier outre mesure des courants et des contre-courants !

Loris Mélikow était sans doute très étonné de voir qu'on lui faisait la retraite si belle et si bonne, mais il ne pouvait pas se douter que notre commandement avait à combattre deux ennemis à la fois : celui de dehors et celui de dedans....., le second bien plus redoutable que le premier, car il se nommait : le Désordre !

En tout ceci, ce qu'il y a de consolant, pour les vaincus de cette campagne, c'est de voir le vainqueur commettre des fautes sensiblement supérieures aux siennes......

En effet, que devons-nous penser de cette offensive qui meurt avant d'avoir seulement vécu ? Rien ne touche ; et, comme on dit en escrime, ce sont des coups qui plaquent !.... Tactique faible et absence totale d'idées stratégiques !

Les corps de Loris Mélikow et de Tergoukassow réunis eussent sûrement culbuté Moukhtar-Pacha qui eût été embouteillé dans Erzeroum, parce que, lui aussi, était divisé en deux tronçons : c'était dans cette réunion qu'était cachée l'idée stratégique..... Elle n'a été dénichée que vers la fin de la campagne, grâce aux écriteaux que nous avons placés pour montrer sa cachette ! Et ce n'est pas seulement cela : la lutte, en Asie Mineure eût cessé du coup, et cela nous eût coûté toutes les prétentions d'un adversaire gâté et enhardi par une victoire obtenue au cœur du pays, et

non sur la frontière. Et c'est — dans le sens inverse — ce
que Moukhtar-Pacha aurait pu faire aux Russes.....

Le corps principal du centre russe se retira au delà de
Kars, vers Zaïm et Mezraa; mais à cause de l'insalubrité du
pays, Loris Mélikow rétrograda jusque vers Djoumali avec
avant-postes à Khalil-Oglou et Soubatan. Quant à Moukhtar-
Pacha, il s'établit sur la ligne de Kars à Ani (rive droite de
l'Arpa-Tchaï) avec avant-postes à Vézin-Keuï et Hadji-Vely.
La poursuite avait cessé et les résultats de tant d'efforts
étaient, en somme, bien maigres!

Le détachement de Tergoukassow, informé du résultat du
combat de Horum, s'était retiré lentement vers la frontière,
par Sourp-Ohannès où il arrivait le 2 juillet. C'est de là
qu'il revint sur ses pas pour délivrer les héros enfermés
dans Bayézid.

Quant à Moukhtar-Pacha, les succès qu'il avait obtenus en
ce commencement de campagne devaient malheureusement
le mener, non à la gloire, mais hélas! à une perte certaine :
à la défaite la plus noire!.... Cela est ainsi chaque fois que
l'on ne sait pas exploiter stratégiquement un succès obtenu...
Halias et Zéwin *avaient été deux échecs* pour les Russes,
mais non deux défaites puisque ces derniers n'avaient
perdu ni leurs canons, ni une notable partie de leurs
effectifs et qu'ils s'étaient retirés tranquillement de manière
à se reconstituer, et mieux encore — grâce à leurs dépôts
puissants, en hommes et en matériel — à se présenter de
nouveau avec un nouveau râtelier plus mordant que le
premier!

Dans ces conditions, plus on s'éloignait d'Erzeroum, base stratégique sans une combinaison stratégique, et plus on s'exposait tactiquement.

Indépendamment de cela, le corps à corps auquel on devait être condamné vers la frontière devait enlever toute possibilité de manœuvre, puisque l'ennemi battu n'avait rien perdu de sa puissance.

Cela devait être ainsi, car la pensée de la manœuvre ne hanta jamais l'esprit de notre quartier général pour la bonne raison qu'on avait une foi irréfléchie en la défensive et dans les positions. La bataille purement défensive, même bien menée, comme le dit si bien le colonel Foch, ne fait pas un vainqueur et un vaincu; c'est simplement une partie à recommencer..... Toute bataille défensive devra donc se terminer par une action offensive..... En dehors de cela, la manœuvre exige la rapidité; or, les Turcs n'avaient pas de jambes..... Donc, devant toutes ces difficultés, le meilleur parti à prendre était encore celui de se concentrer et d'attirer l'adversaire plutôt que de courir après lui. Nous le disons comme pis aller....

Une vigoureuse contre-offensive avec toutes les forces réunies pouvait donner quelques chances de succès : il fallait au moins penser *à cela*. Et cela eût donné aussi d'excellents résultats puisque l'adversaire agissait avec si peu d'audace et de méthode!

Choisissant son point faible avec toutes nos forces réunies, on l'aurait assurément battu et la poursuite aurait pu se faire alors tranquillement, mais toutefois et toujours avec l'idée bien arrêtée d'anéantir cette armée battue et de ne pas s'arrêter avant. Comment aurait-on fait alors, dira-t-on, pour poursuivre, puisque les moyens manquaient?....

Une armée victorieuse trouve toujours le moyen de marcher en avant!

L'armée de Selim Ier, en l'an 1515, quinze fois plus nombreuse que celle que commandait Moukhtar-Pacha, traversa les mêmes pays pour aller vaincre le Chah de Perse. Pourtant les plaines étaient dévastées, les vivres et les villages brûlés. Les Persans avaient créé un vrai désert immense entre l'armée Impériale et la leur. Des milliers de chameaux crevaient sur ce parcours de quarante jours comme des mouches....., Et malgré tout on parvint au contact de l'armée d'Ismaïl Chah.

Le Sultan fit alors faire halte pour étudier de l'œil le champ de bataille de « Tchaldiran » et pour tenir conseil à cheval avec ses généraux les plus exercés. Tous, à l'exception du Defterdar-Piri-Pacha, s'accordèrent à conseiller au Padichah de donner un jour de repos pour prendre haleine. « La force morale », dit le Defterdar, « est la première force des armées; si nous hésitons à descendre immédiatement dans la plaine, et à attaquer l'ennemi aussitôt que nous l'apercevons devant nous, nos troupes croiront que nous envisageons la possibilité d'une défaite, et les Persans s'imagineront que leur seul aspect nous arrête; voir l'ennemi et fondre sur lui, c'est la seule tactique des braves confiants en Dieu et en eux-mêmes! » Là-dessus, d'un geste, le Sultan lança sa cavalerie d'avant-garde dans la plaine comme un ouragan d'acier! Le soir, l'armée persane, plus nombreuse que la nôtre, ayant été battue fuyait dans un désordre indescriptible vers Tébriz.

CHAPITRE V

Les affaires autour de Kars.

Une fois dans la région de Kars, Moukhtar-Pacha disposa son armée sur une étendue de 35 à 45 kilomètres : la gauche au Petit-Yahni, le centre sur les contreforts de l'Aladja-Dagh et la droite vers les ruines d'Ani (voir croquis n° 12).

On peut dire — sans connaître ce qui advint plus tard — que ce dispositif n'était pas autre chose qu'un *vrai suicide*!.... Par ce déploiement tellement exagéré pour un tout petit corps d'armée, on devait sûrement être faible partout et se faire entamer. Il ne fallait, en aucune façon, se déployer, *a priori*, d'autant plus que dans cette seconde période des affaires, Kars pouvait admirablement servir de pivot de manœuvre, ou de point d'appui.

Le Général en chef resta là une éternité — du 13 juillet au 13 octobre — laissant à l'ennemi tout le temps d'étudier les moindres détails de cette position et d'en connaître les tenants et les aboutissants..... J'appellerai cette tactique : « l'art de se faire photographier par l'adversaire ».

Depuis la fin de juin, où les Russes reviennent à leur point de départ, jusqu'aux nouvelles opérations du corps d'Alexandropol, des deux côtés on se tâte, et l'on se livre de petits combats que l'ouvrage de Mehemmed-Arif-Bey nous relate sous une forme qui serait vraiment incroyable, si elle n'était très sérieusement présentée par l'auteur..... Voilà ce qu'il en dit : « L'ennemi que nous poursuivions de loin fit sa jonction avec les troupes laissées au delà de Kars; et nous, avec celles qui y étaient enfermées. Il a été décidé de joindre à nos forces vingt-quatre bataillons sur les trente de ce camp retranché et d'y laisser les six autres comme réserve (1).

« Cependant, la mobilisation de ces bataillons rencontrait certaines difficultés qui nous firent perdre de nombreux jours dans nos positions de Vézin et d'Ak-Bounar.

« La première difficulté consistait à doter ces bataillons de chevaux de bât.

« Deuxièmement, venait la question des vivres, question fort importante, comme on le pense bien.

« En troisième lieu, l'ignorance du terrain, dans laquelle se trouvaient et le Commandement et l'État-major.

« Enfin, quatrièmement, la décision à prendre au sujet des opérations ultérieures, car il n'était jamais venu à l'idée de personne qu'on battrait les Russes au point qu'on les refoulerait à la frontière et que l'on reviendrait à Kars. Ce cas n'avait été nullement envisagé et il n'avait jamais été question *que de défendre Kars et Erzeroum*. Il est vrai de dire que — d'après les idées militaires en cours — le but n'était pas sensiblement changé. Cependant, le terrain et les choses, en général, avaient pris une nouvelle tournure.

---

(1) Il était inutile de se priver de ces troupes. On ne laisse pas une réserve dans une forteresse.

Il paraît qu'en art militaire, *les conditions nécessaires
pour la défense d'une position s'obtiennent par l'offensive;
et que, par contre, les moyens les meilleurs pour l'offensive résident dans la défensive.* »

Arrêtons-nous un peu, car nous ne saurions aller plus
loin sans analyser cet état d'âme des hommes d'alors.

Voyons! Premièrement, la mobilisation des bataillons de
Kars était presque impossible, car ils ne possédaient pas
des chevaux de bât..... Il n'y avait qu'à prendre les chevaux
des moines inutiles et des Bachi-Bozouks nuisibles, pour la
raison très simple qu'un corps d'armée en plus était sans
doute mille fois préférable à ces hordes insubordon-
nées (1).....

Deuxièmement, la question des vivres : celle-ci ne peut,
en aucune façon, être invoquée, car ces soldats ne pouvaient
pas consommer, hors des fortifications, plus que derrière les
fortifications....; au contraire, ils auraient consommé en
campagne sûrement la moitié de ce qu'on leur donnait en
ville. Et puis enfin, qui peut le plus, peut le moins.

En troisième lieu, l'État-major ne connaissait pas le
terrain : c'est d'abord, une bien mauvaise note pour lui;
ensuite le terrain entre Kars et l'Arpa-Tchaï forme une zone
classique mamelonnée, très facile à étudier.

Quatrièmement, viennent les considérations stratégi-

____

(1) En l'an 1526, on avait réuni 70,000 chevaux pour la campagne de
Hongrie!.... En 1877, nous ne pouvions pas réunir quelques centaines de
mules.

ques..... Ici nous allons nous incliner devant les beaux
principes d'art militaire qu'on avait pu apprendre à un
homme, intelligent certes, mais qui n'est pas du métier.
Pourtant, il est vraiment étonnant qu'il ne soit venu à
l'idée de personne d'ajouter à ce cours d'art militaire la
nécessité de battre les Russes et de vouloir aller au delà de
Kars! *On ne fait la guerre — une fois décidé à la faire
— qu'avec la ferme volonté de vaincre.* Et jamais autrement!

Or, il n'avait jamais été question au quartier général
de Moukhtar-Pacha que de se défendre, et tout au plus de
couvrir quelques points géographiques!.... Voilà tout ce
qu'on souhaitait, voilà tout ce que l'on envisageait....; et ce
désir unique de la défensive empêchait que l'on songeât aux
moyens de vaincre!

Quant à la théorie de l'offensive et de la défensive de
l'auteur, nous avouons humblement que nous ne pouvons
l'analyser et en extraire l'essence, parce que nous n'y avons
rien compris : elle nous échappe complètement..... C'est
une théorie de nègres!.... Et malheureusement, cette stratégie n'est pas inventée par Mehemmed-Arif-Bey : c'est
celle qui sévissait à l'époque comme une épidémie malfaisante.....

Ensuite, Mehemmed-Arif discute, en long et en large,
les « pour » et les « contre » de l'offensive et il finit par
dire : « Qu'est-ce que nous deviendrions, si nous étions
battus? »

Encore? Eh bien! mais ça n'aurait changé en rien la
situation, puisque cela vous est arrivé dans la suite, avec
cette différence que cela vous est arrivé parce que vous
n'avez songé qu'à vous défendre et que vous ne combattiez

que *pour sauver momentanément la situation :* .... de là,
à vaincre, il y a très loin.

« A ce moment des affaires — dit Mehemmed-Arif-Bey —
les ennuis que nous avions du côté des Tcherkess avaient
atteint leur paroxysme. Les plaintes, les lamentations, les
cris pleuvaient de toutes parts. Vexations, vols, crimes,
assassinats se succédaient sans qu'on pût y remédier. Un
jour, au village de Beyli-Ahmed, ils tuèrent tranquillement
un Arménien qui refusait de leur donner son mouton.
Là-dessus, les Arméniens vinrent en députation se plaindre
au Muchir qui fit juger le coupable par les tribunaux. Ceux-ci
le condamnèrent à la peine de mort. Le criminel fut pendu,
mais les six cents Tcherkess qui se trouvaient là, abandonnant leurs fusils qui appartenaient à l'État, rentrèrent chez
eux, prétextant que la punition infligée à un Tcherkess
avait outragé leur tribu tout entière..... Qu'on voie un peu
la crédulité, la pauvreté d'esprit de ces gens-là. Allez donc
faire entendre raison à de pareilles têtes..... On ne devrait
jamais les employer, ainsi organisés, mais les distribuer
parmi les escadrons de la cavalerie régulière, ou bien ne
les admettre sous aucun prétexte au sein de l'armée (1). »

Ici, Mehemmed-Arif-Bey place le récit d'un combat de
cavalerie tellement décousu et si médiocre comme résultat,
que nous nous dispensons d'en parler, sauf ce détail très
pittoresque et fort curieux, de milliers de cavaliers armés de
fusils et combattant en tirailleurs comme de l'infanterie.

« C'était — dit Mehemmed-Arif-Bey — une chose effrayante
que d'entendre la fusillade de ces douze mille cavaliers des
deux parties adverses ! »

---

(1) C'est absolument notre avis.

ა ა ა

Mais ni pour les uns, ni pour les autres, pas plus
Mehemmed-Arif-Bey que les autres historiens, on n'enre-
gistre un résultat appréciable! Et cela se conçoit : des deux
côtés, ce qui se faisait n'était nullement motivé par une
nécessité tactique ou stratégique! Tous ces petits combats
autour de Kars n'avaient aucune raison d'être. Dans la
situation périlleuse d'un contact si intime, des pointes
d'officiers seules pouvaient répondre au besoin d'être renseigné, ou bien de grands raids de cavalerie sérieusement
entrepris pouvaient apporter l'information de valeur; autrement, pourquoi les petites entreprises partielles et timides
qui ne donnent aucun bon renseignement et qui indiquent
plutôt un état de faiblesse à l'adversaire et énervent inutilement nos troupes, sans compter les nombreuses pertes
d'hommes.

ა ა ა

Dans cette seconde période, la base russe reste toujours
fixe : Alexandropol.

Pour nous, Kars devient une base éventuelle ou provi-
soire et notre ligne d'opération naturelle se jalonne par
Halil-Oglou, Metchka, Paldirvan, Molla-Moussa (1).

Toutes les routes étant bonnes, dans cette saison d'été,
notre armée pouvait manœuvrer dans tous les sens; par

____

(1) Pouvant disposer également de la route parallèle qui va de Kars à
Alexandropol par Vezin et Soubatan.

conséquent le déploiement *a priori* était absolument gratuit !

Certains historiens militaires prétendent que ce sont les stratégistes de la capitale qui auraient imposé ce plan à Moukhtar-Pacha.

Certains antécédents et des souvenirs du théâtre de la guerre en Bulgarie à la même époque, pourraient nous inciter à accréditer cette version.

Néanmoins, pour ne pas nous départir de l'impartialité qui doit guider toute critique de ce genre, nous devons déclarer que ce déploiement excessif que nous reprochons à Moukhtar-Pacha pourrait résulter de celui non moins déplorable de Loris Mélikow. La faute de l'un engendrait celle de l'autre, par ce principe que là où la vraie méthode n'existe pas, on ne peut échapper à la tentation d'épouser les mauvais exemples ! C'est contagieux...... et remarquons qu'il n'y a que les mauvaises choses qui soient contagieuses ; les bonnes, jamais !

Nous avons dit plus haut que l'une des causes qui avaient le plus influencé les événements était la conduite de certains Pachas qui, en correspondant directement avec la capitale, avaient gêné le général en chef dans ses déterminations. Il s'en était plaint à Mahmoud-Djélal-Eddin-Pacha, beau-frère de Sa Majesté Impériale le Sultan, qui avait remplacé le Séraskier-Bédif. Nous extrayons, en le traduisant, le télégramme que Mahmoud-Djélal-Eddin envoie à Moukhtar, télégramme qui est un aveu complet de cette correspondance, puisque le Ministre cherche ouvertement à en atténuer l'effet.

Voici cette dépêche :

« J'ai reçu votre télégramme du 23 juillet, 1293 (V. S.)

Aussitôt j'ai fait les communications nécessaires aux maréchaux Courd-Ismaïl et Mustapha, Pachas. Cependant, il est certain qu'aucune mauvaise impression ne saurait résulter du fait de leur correspondance directe avec la capitale, puisque tout le mérite des succès obtenus revient exclusivement à Votre Excellence! Le point capital à méditer en tout ceci serait le danger de nuire à l'unité de commandement, fait que d'ailleurs nous ignorions ici (1)! De pareilles choses ne se renouvelleront plus et je puis vous affirmer que je suis votre intérimaire ici (2)..... »

Et Mehemmed-Arif-Bey commente ainsi cette dépêche :

« Comment pouvait-on ne pas songer au mal que cela ferait à l'unité de commandement?.... Mais ce n'était point là le vrai mobile!.... Quant à la promesse de donner le Ministère de la guerre à Moukhtar-Pacha à la fin de la guerre, c'était également un bluff (3)! Nous sûmes en rentrant à Stamboul — à la fin de la guerre — que cette promesse inventée et inspirée par Saïd, avait été pompeusement et simultanément faite à tous les chefs que l'on faisait opérer en Bulgarie (4)....

« C'est pour ce motif que le poste de ministre si envié (et peu enviable du reste pour un soldat) était resté sans titulaire.

« Nous étions — dit encore Mehemmed-Arif-Bey —

---

(1) Qu'ignorait-on : que cela se passait ainsi ou bien le danger réel qui existe à diviser le pouvoir du généralissime?

(2) C'était lui faire entendre qu'il serait Ministre de la guerre, après la campagne.

(3) Qui ne devait d'ailleurs en rien influencer le patriotisme et les sentiments du général en chef.

(4) En les faisant jalouser les uns par les autres,.... ce qui avait d'ailleurs détruit toute unité, toute cohésion, toute communauté d'efforts!

46,000 Turcs contre 70,000 Russes et on était nez à nez; chacun cherchait l'occasion propice pour engager l'action, lorsque arriva une nouvelle dépêche de Constantinople qui disait à Moukhtar-Pacha que le gouvernement russe ayant blâmé le commandant de son armée d'opération en Arménie au sujet de la nullité des opérations, il fallait s'attendre à un énergique retour offensif de l'ennemi; et l'on recommandait chaleureusement au Pacha d'être sur ses gardes..... »

« A cette dépêche, Moukhtar-Pacha répondit par une autre dans laquelle, tout en donnant les assurances nécessaires, il faisait remarquer que les ennuis provenaient du manque d'argent et de l'insuffisance des moyens de transport. D'autre part, il attirait l'attention du Ministre sur ce fait déplorable que la population, prétextant qu'elle ne serait pas payée par les Turcs, vendait aux Russes clandestinement les produits de la contrée (1). »

Et Mehemmed-Arif-Bey fait suivre cette dépêche des observations que voici : « Cela ne fait pas l'ombre d'un doute que cette réponse du Maréchal — à l'instar de ses semblables, — au lieu de toucher des sentiments patriotiques et remuer des consciences, fit le tour de toute la hideuse bureaucratie, et le résultat fut que, seule, la dépêche disparut dans les ténèbres de l'administration..... tandis que les nécessités impérieuses de l'armée subsistèrent comme devant! »

Pendant les différents petits combats livrés avant les grandes opérations au nord et à l'est de Kars, Mehemmed-

---

(1) Il faut voir l'amour de ces populations pour les défenseurs de leur Patrie !

Arif-Bey remarque, avec beaucoup de justesse d'ailleurs, la différence qui existait entre la vigueur des chevaux russes et la faiblesse de ceux de l'armée impériale.

« Chaque fois — dit-il — qu'il s'agissait de changement de position pour nos batteries, ou de leur faire grimper des côtes, c'étaient des cris et des coups; souvent des fantassins venaient s'atteler aux pièces afin de les hisser au moyen de cordes! Toutes ces lenteurs faisaient perdre souvent des occasions fort belles; et, si par malheur, l'adversaire s'apercevait des difficultés éprouvées, il nous empêchait de mettre notre artillerie en position. »

En abordant ensuite les préliminaires du combat de Guédikler, Mehemmed-Arif-Bey nous parle absolument comme un militaire consommé. Il dit : « A notre allure, à notre hésitation, l'adversaire comprit fort bien que nous allions adopter la forme défensive, ce qui le réjouissait fort, car de la sorte, il pouvait être certain de nous mettre sens dessus dessous..... »

Cette dangereuse éventualité était — il faut le dire — loin d'échapper à Moukhtar-Pacha et le préoccupait fort, d'autant plus que Loris Mélikow pouvait, avec les forces nouvelles dont il disposait, battre notre petit corps d'armée de Bayézid et en retirer ses troupes pour les joindre à l'armée d'Alexandropol.

Le 18 août, Loris Mélikow entreprit une reconnaissance offensive afin de se mieux fixer sur la situation de l'armée de Moukhtar-Pacha, mais à l'instar des mouvements analogues souvent esquissés dans cette campagne, deux divisions d'infanterie marchèrent en trois colonnes contre les positions des monts Yahni-Evlia et Aladja-Dagh, positions qu'on avait eu le temps de préparer contre de pareilles attaques *et qui devaient résister à une maladresse et non à une combinaison.* D'ailleurs les Russes rencontrèrent la résistance *qu'ils auraient dû prévoir* et battirent en retraite après avoir perdu 500 hommes. Mais le 20 août, ils étaient renforcés par l'arrivée d'une nouvelle division d'infanterie, et voulant d'abord en finir avec Ismaïl-Pacha (Courd) qui était le plus faible, ils expédièrent le général Dewel vers Igdir.

Évidemment, c'était le moment psychologique de la campagne.

En restant si longtemps inactive, notre armée avait donné des atouts à son adversaire, et lorsque au sein du conseil tenu sous la tente du Muchir, on prit la décision d'attaquer les Russes, il était déjà trop-tard et *les meilleures occasions étaient perdues*!

C'est dans la nuit du 24 au 25 août 1877 que cette réunion des officiers eut lieu et Moukhtar-Pacha donna à ses sous-ordres les instructions pour l'attaque projetée.

En l'an de grâce 1526 (29 août), au lever du soleil, l'illustre Sultan Suleyman II, couvert d'une cuirasse damasquinée d'argent et d'or, le front orné d'un turban blanc surmonté de trois plumes de héron noir, se plaça sur une

éminence, d'où son regard embrassait les deux armées
hongroise et turque. Entouré de ses vézirs et de ses généraux, il distribua d'un mot à chacun d'eux les postes, les
rôles et les ordres. Il savait que la victoire est dans la
pensée, plus que dans le bras du général. Ses triomphes
dans ses deux premières campagnes donnaient à ses ordres
l'autorité de l'expérience, du génie et de la fortune. Ses
plus vieux lieutenants croyaient déjà en lui. Il fit assister à ce
conseil de guerre non seulement ses généraux, mais même
des soldats *vétérans* choisis dans chaque corps, *afin que la
pensée de la bataille circulât par leurs bouches dans tous
les rangs.*

Après avoir promulgué et motivé rapidement ses dispositions, il se tourna en souriant vers un vieux janissaire qui,
le casque sur la tête, son carquois sur l'épaule et son sabre
à la main, assistait muet à la délibération : « Voyons —
dit-il au soldat — sais-tu quelque chose de mieux? As-tu
un conseil à donner à ton Padichah? — Oui, dit le vétéran ;
c'est de se battre à l'instant ! » Ce conseil parut la plus sûre
des inspirations au Sultan (1).

C'est ainsi que débuta la glorieuse bataille de Mibadj,
gagnée sur les Hongrois commandés par le Roi Louis qui
périt dans les étangs avec la plus grande partie de son armée.

Mehemmed-Arif-Bey nous dit que les deux adversaires
étaient si près l'un de l'autre qu'on craignait de notre côté
d'être attaqué au moment de la prise d'armes!.... Contact
nuisible!

C'est bien l'apologie du facteur espace!

----

(1) Lamartine : *Histoire de la Turquie.*

Moukhtar-Pacha désigna comme objectif principal pour cette offensive une petite montagne nommée Kizil-Tépé. C'était le point d'appui des Russes.

Laissons la parole à Mehemmed-Arif pour qu'il nous dise comment cette offensive eut lieu.

« L'armée russe qui était à Guédikler, dit l'auteur de *Bachimiza-Guélenler*, était placée en partie sur le mont Kizil-Tépé, et en plus grande partie sur les côtés et derrière cette montagne. Lorsque nos premières lignes de tirailleurs se mirent à en grimper les pentes, il y eut un branle-bas infernal au camp ennemi (1).

« Pour bien donner une idée du trouble que fit naître cette offensive (2) chez l'adversaire, nous relaterons le fait bien caractéristique que voici : les très nombreux épiciers et marchands de liqueurs et de boissons alcooliques établis au camp russe, coururent affolés auprès du commandant en chef pour lui demander de les mettre à l'abri de l'offensive des Turcs..... « Allons, laissez-moi tranquille, répondit Loris Mélikow ; je n'ai pas le temps de m'occuper de vous et de vos quelques roubles en danger! Vous ne voyez donc pas que l'armée l'est encore plus! »

Cette offensive était devenue plus aisée par le départ du général russe Dewel et par l'arrivée d'un renfort de dix bataillons turcs.

L'attaque des positions russes commença à 3 heures du matin (voir croquis n° 13).

---

(1) Parce que le même contact nuisible existait tout aussi bien pour les Russes que pour les Turcs.

(2) D'autant moins attendue qu'elle se produisait au moment le moins propice et après des pertes de temps considérables.,...

Quinze bataillons sous le général Aly-Pacha, marchèrent
de Djelal contre Kizil-Tépé. La cavalerie tcherkess de
Chamil en couvrait le flanc droit. Une brigade d'infanterie
sous le commandement de Fazil-Pacha, venant de Kars,
avec une brigade de cavalerie, attaquèrent les Russes près
de Kabak-Tépé.

La brigade Nadji-Pacha marchait par Hadji-Vély-Sou-
batan sur Koulvéren.

La division Hussein-Hamy-Pacha devait marcher du
Grand-Yahny également contre Koulvéren.

De ces deux unités, la première arriva dans le temps
voulu pour engager l'action contre l'objectif à elle assignée;
mais la seconde, celle du néfaste Hussein-Hamy s'était mise
en marche fort tard et avec de telles lenteurs qu'elle ne
put remplir sa mission que dans l'après-midi, alors que
son action devenait nulle contre toutes les réserves russes
accourues.

Notre aile droite qui s'était emparée de Kizil-Tépé dès le
début de l'action et grâce à une attaque de nuit, y avait
localisé le succès. Quant aux Russes, ils purent, grâce à
Hussein-Hamy, se maintenir entre Bach-Guédikler et Kabak-
Tépé.

Le général Dewel, rappelé en toute hâte pour attaquer
l'aile droite de Moukhtar-Pacha, arriva trop tard.

Une dépêche du commandant en chef au Ministre de la
guerre à Constantinople contenue dans le livre de Mehemmed-Arif-Bey, va nous montrer comment Moukhtar-Pacha
jugea alors son succès de Guédikler ainsi nommé par lui,
et que certains auteurs appellent à tort le combat de Kizil-
Tépé.

Voici la traduction de cette dépêche :

« Cette nuit (24 au 25 août), ayant surpris l'armée russe
de Guédikler sur ses positions de Kizil-Tépé, nous livrâmes
victorieusement une bataille qui fut baptisée du nom de
Guédikler.

« La division Aly fut chargée d'attaquer la position principale russe de Kizil-Tépé, défendue par des ouvrages assez
importants. La brigade Nadji et la division Hussein-Hamy
formant notre gauche furent portées en avant. Le général
de division Ahmed-Fazil quitta Kars avec des troupes suffisantes pour flanquer et protéger notre gauche. De la sorte,
nous formions un échelon dont le front de combat avait
quatre heures d'étendue (1)......

« Les ordres relatifs à ces mouvements ayant été donnés
dès la veille, dans la nuit, vers 5 heures (à la turque :
environ une heure du matin en été), les troupes impériales
s'ébranlèrent et les premières formations furent prises. C'est
à 7 h. 30 que l'offensive effective commença. Les brigades
Hachim et Mehemmed de la division Aly, attaquèrent
vigoureusement la position russe de Kizil-Tépé qui, grâce
à la bonté Divine, fut enlevée et de là nos canons bom-
bardèrent le camp ennemi.

« Lorsque le jour vint, l'adversaire, avec le gros de ses
forces du camp de Paldirvan, se porta sur notre aile gauche
et contre Kizil-Tépé qu'il avait perdu. Dès ce moment, nos
divisions et nos brigades s'avançant également, la bataille
prit toute son extension et dura jusqu'à 11 heures (vers
6 h. 30 de l'après-midi). Sur une ligne de bataille qui

---

(1) Le Maréchal se condamne lui-même en disant cela, car ce front est
plus qu'exagéré.

s'étendait d'une extrémité à l'autre de la vallée de Kars, on
entendait le bruit des 200 canons des deux côtés et ladite
vallée était en feu..... L'ennemi livra, avec acharnement,
trois attaques successives sur Kizil-Tépé; mais toutes,
grâce à la Divine Providence, furent victorieusement
repoussées et les points tactiques importants restèrent entre
les mains des troupes impériales.

« Je suis heureux de vous faire savoir que cette sanglante
bataille rangée, cette bataille en rase campagne doit être
classée parmi les plus glorieuses victoires.

« Dans cette bataille, nous prîmes à l'ennemi un caisson,
et en fîmes sauter trois autres! La quantité des nombreux
fusils et autres armes pris à l'ennemi n'a pu encore être
établie. Les pertes de l'ennemi peuvent être évaluées de
trois à quatre mille hommes. Les nôtres sont d'environ de
douze cents morts et blessés. Parmi les blessés se trouvent
les généraux Aly et Hachim-Pachas et le colonel Mehemmed-
Bey. J'ai eu mon cheval tué sous moi.

« *Signé* : Ahmed-Moukhtar. »

Avant d'aller plus loin, nous allons prier le Maréchal
de nous excuser, si nous nous livrons à l'analyse de cette
dépêche : la question est trop palpitante d'intérêt pour
qu'on puisse échapper au désir de l'examiner.....

1° Quel était le but de cette bataille? Que se proposait
notre commandement? Était-on décidé à pousser cette offensive jusqu'à l'obtention de *l'événement*? et y avait-il eu
entente pour obtenir cet *événement*?

2° La division Aly n'aurait dû attaquer qu'une fois assurée du concours absolu des autres divisions et brigades.

3° La manœuvre ne pouvant viser qu'une rupture du centre ennemi, avec rabattement vers la droite pour rejeter les Russes, sinon totalement, du moins en partie, sur l'Arpa-Tchaï, cette manœuvre devait être un mouvement par échelons, la gauche en avant.

4° L'aile stratégique devant être l'aile gauche, fallait-il y placer Hussein-Hamy-Pacha, après sa conduite scandaleuse durant le siège de Kars? A notre avis, le Muchir aurait pu lui donner un commandement près de lui, sous sa main, et à portée de sa voix, afin de le diriger lui-même, non plus alors comme chef, mais en précepteur : on devait l'employer à n'importe quoi — à l'aile droite ou ailleurs — mais jamais à l'aile stratégique.

5° Le Maréchal parle aussi bien de brigade que de division, et jamais de corps d'armée. Chaque unité de force variable *pense* à part, *marche* à part, *agit* à part. La sainte cohésion est complètement détruite !

6° Le combat dit de Guédikler est présenté comme une grande bataille comparable aux plus belles et aux plus glorieuses consacrées par l'histoire.....

Nous apprécions certes ce beau succès de Guédikler; mais cette appellation nous paraît exagérée, car la grande victoire exige un résultat final : l' « événement » de Napoléon, avec de nombreux prisonniers, prises de canons et de drapeaux. D'ailleurs des effectifs aussi peu nombreux ne peuvent viser la grande victoire, et pour que l'on puisse donner ce nom à un succès, il faut obtenir l'anéantissement de l'armée adverse ou tout au moins d'une partie de cette armée par l'enveloppement ou par la poursuite : une bataille sans but stratégique et sans la recherche de l' « événement » *est une faute*.

Et ce ne sont pas là, durant cette journée, les seules choses qui empêchèrent *ce succès ottoman de devenir un désastre russe* : l'armée impériale ne s'étant malheureusement pas réservée le « facteur espace », ne pouvait pas agir « dans le temps » !

Certains historiens disent que si Hussein-Hamy-Pacha était arrivé à temps pour occuper sa place sur le champ de bataille, le succès de la journée aurait été plus considérable.

Je ne vois pas pourquoi et comment cela serait arrivé, puisqu'il n'y avait pas eu une idée de manœuvre et qu'il s'agissait simplement de gagner des points géographiques..... A quoi cela nous a-t-il avancé de prendre Kizil-Tépé, du moment que nous devions nous y cramponner? Et d'ailleurs à quoi cette aventure victorieuse devait-elle aboutir un peu plus tard? N'est-ce pas au désastre le plus effroyable? De pareils succès sont quelquefois les signes précurseurs de fatals événements.

En poussant le raisonnement plus loin, il faut même ajouter que cette victoire de Guédikler, *suivie d'un stationnement prolongé trop près des Russes et plus loin maintenant de notre base, sans manœuvre et sans offensive*, était déjà un *désastre* au moment même où on l'enregistrait, chez nous, comme une victoire !....

Nous allons tristement voir, dans la suite, *que les Russes font aux Turcs ce que les Turcs n'avaient pu leur faire*..... C'est l'histoire des 16 et 18 août 1870 sous Metz, avec cette différence qu'ici les nôtres restent à deux reprises différentes des semaines entières à un contact déplorable, donnant ainsi à leurs adversaires tout le temps d'étudier et de préparer leur anéantissement! Et ce n'était pas là le seul danger de cette inaction : en prolongeant les choses, les nôtres ne pouvaient que voir diminuer leurs effectifs par les désertions et les maladies mal soignées, tandis que les Russes pouvaient facilement augmenter leurs contingents.

Dans cette position où l'on s'éternise, Moukhtar-Pacha pense, sans doute, que l'Arpa-Tchaï auquel est appuyée sa droite sera une garantie. Cela eût été ainsi dans le cas d'une manœuvre *à courte échéance et non d'immobilisation* à perpétuité; car, en s'éternisant dans une position, on laisse à l'adversaire tout le loisir de tendre des filets.

Sans nul doute, l'adversaire va s'enhardir pour descendre le cours de la rivière et se jeter sur les derrières de l'hypnotisé, pendant que d'autres forces attaqueront de front. Et dans ce cas, si Moukhtar-Pacha ne s'aperçoit pas de la faute, il ne bougera pas et se fera attaquer de plusieurs côtés à la fois, jusqu'à ce que la fâcheuse crise stratégique, vienne confirmer toutes les fautes tactiques. C'est Moukden, à une plus petite échelle!

En attendant cette crise noire, ce qui ne va pas tarder, du reste, Moukhtar-Pacha est aux abois. Aux nécessités de toutes sortes, on lui répond par des phrases, la capitale renvoyant

la balle à Erzeroum, et Erzeroum à Moukhtar-Pacha.....
Dans une dépêche, le Muchir dit que les chevaux et les
mulets pouvaient encore *brouter l'herbe* en été, mais qu'en
cette saison, ce moyen lui-même faisait défaut. Ce cri se
perd, bien entendu, dans les profondeurs de l'insouciance
administrative qui est d'une acoustique navrante! Eh bien!
pourtant on nourrit quand même les bêtes..... et rien ne
manque : c'est toujours l'Idaré-ï-maslahate, cette science
admirable et réconfortante, cette science précieuse qui est
la mère de toutes les nécessités et de tous les absents :
elle arrange tout! elle subvient à tout!

Tout le mois de septembre s'écoula sans combats nouveaux, sauf quelques escarmouches — de temps en temps
— entre les deux cavaleries. Les Russes méditaient le grand
coup, l'étudiaient dans les coins..... et les nôtres faisaient
mijoter la catastrophe!

La critique s'impose *a priori*.

Certains auteurs disent que, pour les Turcs, le moment de
prendre l'offensive était passé. Erreur profonde! Ce moment
ne passe jamais, fût-on inférieur en nombre à Moukhtar-
Pacha!

En se servant de Kars comme point d'appui ou de
pivot, on devait manœuvrer et attaquer *au moment psychologique* avec, non pas une *ligne déployée* mais toutes
les forces réunies! ou bien encore se retirer derrière Kars,
ou de nouveau vers le Soghanly et attendre que les Russes
commettent quelque faute grave — ce qui n'aurait certes
pas tardé à se produire — et alors, contre-attaquer à fond.

Les Russes, depuis Plewna jusqu'en Mandchourie, nous
ont appris que quand leurs attaques ne réussissent pas, le

retour offensif agit d'une façon particulière sur leur nervosité!

La défense offensive! Voilà le principe qui s'imposait à Moukhtar-Pacha, toute part faite aux infirmités dont son armée était atteinte depuis les plus grands jusqu'aux plus petits. Mais malheureusement des méthodes de guerre semblables à celle du xviiie siècle, ces principes détrônés depuis longtemps, faisaient des ravages : ils s'étaient incarnés chez nos tacticiens de l'époque, comme toutes les vieilles erreurs si difficiles à déraciner. La bureaucratie, la paresse, l'égoïsme, l'abus sèment les fautes et repoussent systématiquement tout ce qui tend à les améliorer. Certains Pachas auraient préféré la défaite de l'armée à celle de leurs idées préconçues, attribuant la défaite bien plus à des combinaisons célestes qu'à leur ignorance personnelle.

Quoi qu'il en soit, le 1er octobre, l'armée de Moukhtar-Pacha était disposée de la manière suivante :

1. Une division (douze bataillons et douze canons) occupait Kizil-Tépé et formait l'aile droite;

2. Une autre division de douze bataillons et vingt canons défendait le Petit-Yahni, sur l'aile gauche;

3. Une brigade d'infanterie avec six canons occupait le centre, près de Soubatan.

Le Grand-Yahni, position très forte de sa nature, n'était occupé que par un bataillon.

4. La division composée de Hadji-Rachid-Pacha, forte de dix-huit bataillons, douze escadrons et dix-huit canons,

était tenue en réserve derrière le centre et postée entre Hadji-Vély et Kerkana.

Le quartier général était établi à Kerkana.

Douze bataillons occupaient en seconde ligne les positions importantes de Visin-Keuï, Evlia-Tépé et Aladja-Dagh.

Afin de protéger l'armée d'un mouvement tournant du côté de l'Arpa-Tchaï, on avait laissé six bataillons près de Dagar (voir croquis n° 14).

La cavalerie couvrait les deux flancs.

Trois bataillons seulement avaient été laissés dans Kars, ce qui était très suffisant.

Voyons maintenant le côté des Russes, avant de suivre les péripéties de cette bataille indécise du 2 octobre.

Vers la fin du mois de septembre, le grand-duc Michel avait pris le commandement effectif des troupes, tout en gardant près de lui le général Loris Mélikow. Les généraux Tchernaïev et Obroutchev rejoignent le corps d'Alexan-dropol, et de toutes parts des troupes viennent renforcer ce corps.

L'effectif du grand-duc Michel atteignait 65,000 hommes et deux cents pièces de canons, tandis que Moukhtar-Pacha ne disposait plus que de 40,000 hommes avec quatre-vingts pièces d'artillerie environ.

Le grand-duc décida que l'attaque aurait lieu le 2 octobre, et il disposa ses troupes comme il suit :

1. L'aile droite, forte de 20,000 hommes, sous les ordres du général Loris Mélikow, devait attaquer le Petit-Yahni et le Grand-Yahni, en empêchant également les Turcs stationnés à Visin-Keuï, Hadji et Evlia-Tépé de concourir à la défense des hauteurs de Yahni.

2. Le centre, sous les ordres du général Heimann, devait contenir les Turcs entre Soubatan et le Kizil-Tépé.

3. L'aile gauche, forte de vingt-sept bataillons et quarante canons, sous les ordres du général Lazarev, devait faire une vigoureuse démonstration sur le mont Kizil-Tépé, attirer le gros des forces turques sur ce point et l'y maintenir.

4. Une colonne d'extrême gauche forte de six bataillons et deux régiments de cavalerie, commandée par le général Chelkovnikov, devait passer l'Arpa-Tchaï à Komervan, faire une diversion contre l'extrême aile droite turque, contourner l'Aldja-Dagh par le sud et marcher vers Orlok et les hauteurs qui avoisinent cette localité. Le mouvement de ce détachement, dont l'effectif était réellement trop faible pour cette tâche, contribua cependant à tromper Moukhtar-Pacha sur les intentions de son adversaire *et décida du sort de la journée.*

Le 2 octobre, les Russes ouvrirent le feu avant le jour et bientôt après les troupes se mirent en mouvement. Le corps principal de l'aile droite se mit en marche le dernier vers 7 heures du matin.

A midi, la bataille était engagée sur toute la ligne et Moukhtar-Pacha avait déjà dû employer toutes ses réserves. Sauf à Soubatan et au Grand-Yahni dont les Russes s'emparèrent, les Turcs réussirent ce jour-là à se maintenir dans leurs positions.

Moukhtar-Pacha avait été avisé par des espions que les Russes allaient l'attaquer le lendemain et que leurs efforts principaux allaient se porter sur le mont Kizil-Tépé, et contre son aile droite. Abusé par ces renseignements, il dégarnit son aile gauche, par conséquent les monts Yahni, pour concentrer ses forces autour de Soubatan et du mont Kizil-Tépé.

Une vive canonnade éclata sur toute la ligne russe contre les positions turques des Monts Yahni, Kizil-Tépé et Soubatan ; il n'était donc pas possible — dit Mehemmed-Arif-Bey — pour Moukhtar-Pacha, de discerner sur quel point se porterait l'attaque principale. Toutefois, l'action était plus vigoureuse du côté de l'aile gauche ; et c'était cette aile qui était la plus faible. Les Russes s'en aperçurent et, à 8 heures du matin, ils étaient maîtres du Grand-Yahni. « Si les Russes avaient su profiter de ce succès, Moukhtar-Pacha et son armée étaient perdus. Au lieu d'enlever de vive force les hauteurs de Visin-Keuï, dit « Un tacticien », de marcher sur le mont Evlia et d'exécuter un mouvement tournant, le général Loris Mélikow s'acharna contre le Petit-Yahni, qui résista victorieusement à tous les assauts. »

La nuit mit fin au combat. L'armée turque conservait toutes ses positions, moins le Grand-Yahni.

Les Russes, avaient perdu 69 officiers et 3,000 hommes ; les Turcs, 3,200 combattants.

Le 3 octobre, Moukhtar-Pacha essaya en vain de conquérir Soubatan qui fut assailli par vingt bataillons dirigés de Kizil-Tépé et de Kerhana.

Le grand-duc Michel avait abandonné le mont Grand-Yahni et Sou-Batan comme étant trop avancés.

Ces affaires de Yahnilers devaient montrer à Moukhtar-
-Pacha que la supériorité numérique des Russes allait
bientôt lui devenir néfaste! Afin d'y remédier, le 2 octobre
il avait télégraphié à Ismaïl-Pacha de lui expédier immédiatement six bataillons à Basardjik; le 3, il lui ordonna
d'en envoyer encore dix. Ces seize bataillons pouvaient
arriver au plus tard du 9 au 10 octobre.

Le commandant en chef turc pensait, avec raison d'ailleurs, que les Russes très éprouvés ne renouvelleraient pas
de sitôt leurs attaques. Mais connaissant Ismaïl-Pacha,
devait-il espérer que ses ordres seraient exécutés à la lettre?
Évidemment non, car Ismaïl-Pacha mit un temps infini à
exécuter l'ordre de son chef et même au lieu de seize bataillons, il n'en expédia que six, et ces derniers arrivèrent le
jour même de l'affaire d'Aladja-Dagh, le 15 octobre,
beaucoup trop tard pour prendre part à cette fatale bataille.

Moukhtar avait voulu resserrer sa ligne de défense; il
abandonna donc dans la nuit du 8 au 9 octobre les
positions de Kizil-Tépé, Hadji-Véli et Soubatan et retira
son aile droite sur l'Aladja-Dagh. Les Russes occupèrent
aussitôt les lignes abandonnées.

Au sujet des affaires de Yahnilers, voici ce que Mehemmed-Arif-Bey écrit dans son curieux ouvrage :

« Dans la nuit du 1ᵉʳ au 2 octobre, plusieurs généraux
étaient réunis dans la tente du divisionnaire Hadji-Rachid-
Pacha qui m'y avait également convié. On causa durant
plusieurs heures et quand vers minuit l'on quitta la tente,

nos regards furent attirés par des lumières inusitées chez
les Russes..... Nous nous sommes demandé — avec Rachid-
Pacha — ce que cela pouvait bien indiquer, et n'ayant pu
y donner une signification, nous nous séparâmes; mais je
regagnai mon gîte avec l'esprit fort troublé. J'étais même
si inquiet que je ne pus m'empêcher d'aller trouver le généralissime. Au bruit que je fis en entrant, il se réveilla. Je
lui fis part de ce que j'avais observé. Comme il était tout
habillé, il n'eut qu'à chausser ses bottes et sortir de sa
tente pour constater ce changement dans les habitudes du
camp russe. Il vit ces lumières et se demanda si ce n'était
pas une illumination à l'occasion d'une fête orthodoxe. En
consultant le calendrier, nous constatâmes qu'il n'y avait
rien de semblable. Serait-ce par hasard pour fêter une victoire sur l'autre théâtre de guerre en Bulgarie? Nous ne
pûmes nous arrêter non plus à cette éventualité et cependant le Maréchal qui s'attendait à une vigoureuse attaque
des Russes ne voulut pas parler davantage et, nous nous
séparâmes.

« A peine étais-je endormi, que de notre droite, le bruit
d'un feu de salve parvint jusqu'à moi, semblable au bruit
d'un grand mur qui s'écroule! Deux minutes après, deux
autres salves semblables furent entendues. A ce moment-là,
je distinguai également la voix du Muchir qui donnait au
clairon de service l'ordre de sonner l'alarme générale à
l'armée. Dans cette nuit noire, ces sonneries vibraient
sonores, répétées par les clairons vigilants de toute la ligne
de bataille, donnant à ce paysage nocturne un air terrifiant
qui remuait le cœur.

« Des aides de camp furent dépêchés vers le lieu de la
fusillade, et le Maréchal ne pouvant faire arriver ses ordres

à temps au Petit-Yahny, télégraphia à Capoudan-Mehemmed-Pacha de se préparer aux événements importants de
la journée qui allait commencer; d'autres ordres furent
également expédiés aux commandants des unités intermé-
diaires.

« Mais comme il faisait encore nuit, le Maréchal se rendit
sous la tente de Hadji-Rachid-Pacha pour y attendre l'apparition du jour ; je l'y suivis. Le Muchir nous dit alors qu'il
fallait pour la journée s'attendre à ce que l'effort principal
russe se porte sur notre aile gauche, c'est-à-dire vers le
Petit-Yahni, et que le tapage entendu du côté de l'aile droite
n'était qu'une ruse et une diversion pour y fixer notre
attention.

« L'aurore vint. De toutes parts, les Muëzzin (1) de
l'armée poussèrent leurs complaintes en invitant les croyants
à la prière du matin, raffermissant les cœurs et les tendant
à un espoir en Dieu, à cette heure où le ciel allait s'ouvrir
pour recevoir tant d'âmes de héros inconnus !

« Le Maréchal se mit à prier sous la tente de Hadji-
Rachid-Pacha, où il se trouvait encore lorsque, des positions
russes, commencèrent à pleuvoir sur Kizil-Tépé de nombreux obus. Quand le Maréchal eut terminé sa prière, il
sortit de la tente au moment même où le soleil sortait de
derrière les montagnes, éclairant le paysage de toutes parts.

« En fouillant le terrain avec sa lorgnette, Moukhtar-
Pacha vit l'ennemi s'avancer sur le village de Hadji-Vély
sis vers le centre de notre ligne de bataille et constata que
les bataillons qu'on y avait placés ne s'y trouvaient plus.....
et que par conséquent la ligne formée par notre armée

---

(1) Aumôniers.

était brisée par le milieu?.... Quelle surprise agréable au début de cette journée pour un chef d'armée!....

La raison pour laquelle cette rupture du centre avait eu lieu avant même de combattre est due à une cause qui nous montre combien la cavalerie est une arme nécessaire, et à quel point il faut la préparer en temps de paix.

Capoudan-Mehemmed-Pacha possédait un escadron. Il voulut le placer en avant-postes et donna des ordres en conséquence.

L'officier commandant ces cavaliers, au lieu de choisir le secteur régulier pour couvrir l'infanterie, s'était mis à l'envers et pendant qu'il marchait dans cette fausse direction, les Russes s'avancèrent dans le vide qu'ils eurent devant eux; quand le jour vint, nos fantassins surpris dans leur sommeil furent saisis de panique et allèrent se mettre à l'abri derrière une colline quelconque. C'est là qu'à leur tête on trouva leur lieutenant-colonel Iffet-Bey, honteux et confus..... Mais!....

En cette journée, nos chers camarades de l'armée impériale montrèrent cependant un courage sans pareil, surtout au Petit-Yahni où trois bataillons tinrent tête toute la journée à vingt bataillons russes, plusieurs régiments de cavalerie et de nombreuses batteries d'artillerie. Les chefs de bataillons morts glorieusement furent remplacés par des capitaines adjudants-majors qui eurent le même sort! Ceux-ci remplacés par des capitaines succombèrent également.

Malgré les fautes commises par nous, et malgré aussi la très grande supériorité numérique des Russes, nous avions gardé nos positions..... sauf le Grand-Yahni. Mais c'était bien inutile puisque nous devions convier l'ennemi à se retourner, à reprendre haleine, à se renforcer, à étudier les causes de son insuccès et à revenir nous relancer dans des conditions tactiques et stratégiques devenues, *grâce à nous*, infiniment meilleures pour lui. Arif-Bey, qui n'est pas militaire, dit cependant dans son vaste bon sens, qu'il était dangereux de rester sur place..... Nous ajouterons que la meilleure ruse à employer contre les Russes, c'était de les maintenir dans leurs erreurs tactiques en les empêchant de recourir à la manœuvre stratégique. Cela ne pouvait s'obtenir qu'en manœuvrant soi-même stratégiquement pendant qu'ils récidiveraient leurs erreurs tactiques, comme ils l'ont fait à Plewna par exemple : on pouvait obtenir ainsi les plus grands résultats.....

Les Russes, en cette journée du 2 octobre, montrèrent, comme à Plewna et partout du reste, une bravoure indiscutable ; *mais leurs cœurs faisaient tout, leurs têtes ne faisaient rien!* Les attaques se renouvelaient sans cesse en lignes déployées, de sorte qu'ils ne pouvaient porter aucun coup décisif. Par conséquent, il n'existait aucune liaison et aucune unité d'action.

CHAPITRE VI

Bataille de l'Aladja-Dagh (14 et 15 octobre).

Le 14 octobre, l'armée russe recommença ses attaques contre les positions de Moukhtar-Pacha. Cette fois, elle devait hélas! réussir grâce à un plan mieux conçu et plus méthodiquement exécuté, et grâce surtout à sa très notable supériorité numérique.

Ce plan visait la rupture du centre turc avec attaque de dos et enveloppement. Cette éventualité, on la sentait, on la prévoyait chez nous, mais personne ne cherchait à l'enrayer par la rectification de la position : c'est triste!

On subissait la mort, sans chercher à vivre !....

Une colonne composée de vingt-trois bataillons, vingt-deux escadrons et soixante-dix canons sous le général Lazarew fut mise en route le 11 octobre. Ce corps traversa l'Arpa-Tchaï près de Hasarabad et fut renforcé en route par quatre bataillons, douze escadrons et huit canons détachés du corps d'Erivan (1).

Pendant que Lazarew marcherait avec ses 25,000 hommes en prenant les Turcs à revers contre Bazardjik, le général

---

(1) C'est la mise à exécution de l'idée stratégique.

Heimann devait attaquer avec trente-quatre bataillons, huit escadrons et cent quatre canons le centre à Evlia-Tépé et donner la main à Lazarew.

Le général Roop formait avec quinze bataillons, cinquante-six escadrons et soixante-quatre canons l'aile gauche et était destiné à faire une démonstration contre Aladja-Dagh et à y retenir les forces turques.

L'aile droite était formée par la division de cavalerie Wittgenstein, ainsi que par trois bataillons et huit canons. Elle devait faire des démonstrations contre Tache-Tépé.

Jusqu'au 13 octobre au soir, Moukhtar-Pacha *ne fut aucunement renseigné par sa cavalerie* sur le mouvement tournant du corps Lazarew. Ultérieurement, il reçut des rapports, peu explicites d'ailleurs, relatifs à la présence de quelques bataillons. Il pensa voir les Russes renouveler leur manœuvre du 2 octobre, en portant leur effort principal sur son aile gauche.....

En prévision de ces mouvements, il prit les dispositions suivantes :

La brigade Capoudan-Mehemmed-Pacha avec vingt canons, au Petit-Yahni. Un bataillon à Tache-Tépé. Trois brigades d'infanterie avec dix batteries, sur une ligne triangulaire : Visin-Keui-Evlia-Orlok. Trente-deux bataillons avec douze batteries, sur les versants septentrionaux de l'Aladja-Dagh. Quatre bataillons à Bazardjik et Chatir-Oglou, afin d'observer les derrières.

Le 14 octobre, Lazarew attaque les positions près de Bazardjik et Chatir-Oglou et s'en empare vers le tard.

Moukhtar-Pacha n'avait pu lui opposer que onze bataillons sur les points décisifs !

Il était complètement tourné. Dès ce moment, notre armée n'est plus qu'une épave !

Les Russes entrent pleinement dans la phase stratégique de leurs efforts.

Notre résistance ne peut plus être qu'une glorieuse agonie.....

Retenons bien ceci.... : un fleuve, des montagnes, des positions considérées comme étant formidables; de sérieux travaux de défense, une armée courageuse commandée par un excellent chef n'avaient rien pu contre *la manœuvre.*

Comprenons, une fois pour toutes, que les positions ne sont rien : la manœuvre seule est irrésistible et productive !....

Si notre préparation avait été bonne, jamais cette surprise de Bazardjik et de Chatir-Oglou n'eût eu lieu et l'armée ne serait pas restée dans ces positions, admirablement faites pour être tournées en ce contact si dangereux.

Dès le moment où Moukhtar-Pacha sentit qu'il était tourné, il ne pensa plus qu'à battre en retraite.

Pourquoi avoir attendu d'en arriver là, puisque tout indiquait qu'on y arriverait ?

Pour notre armée, comme pour toutes celles qui ne possèdent pas la discipline intellectuelle, la discipline de manœuvre, la retraite équivaut presque toujours à une déroute.

D'ailleurs, quelle est l'armée qui pourrait, sans péril, battre en retraite, *si l'ennemi réussit à la tourner?*.... Le mouvement rétrograde doit commencer avant d'en arriver là et en conservant ses lignes de communication ou sa ligne de retraite naturelle...... La nôtre n'était certes pas faite pour supporter une pareille crise.

La retraite entre dans la catégorie des manœuvres bien faites, mais avec cette différence qu'elle exige une plus grande force morale et la discipline intellectuelle. Si ces deux qualités manquent, ou si l'une d'elles fait défaut, l'armée ressemble à une chambrée de théâtre où surgit un incendie : la plupart du temps, s'il n'y avait pas panique, la sortie se ferait avec un minimum de victimes! Mais comment faire entendre raison à une foule affolée?

Au centre, l'attaque très vigoureuse du général Heimann se produisant au moment même où les derrières de l'armée de Moukhtar subissaient le choc tournant de Lazarew, brisa la ligne de bataille, alors que l'Aladja-Dagh était cerné de toutes parts. Nos admirables soldats qui y avaient soutenu héroïquement pendant toute la journée les attaques de forces quatre fois supérieures, mirent finalement bas les armes, *non devant la menace des Russes, mais devant l'idée stratégique qui venait, en fin de compte, de germer dans leurs têtes!*

Hélas! du coup, notre aile droite se trouvait être complètement enlevée, avec ses canons.....

La plus grande partie des troupes qui la composaient fut faite prisonnière et le restant put se retirer sur Kaguisman, où il rejoignit les 9,000 hommes de Courd-Ismaïl qui se retiraient — sur l'ordre de Moukhtar-Pacha — vers Erze-roum.

L'infériorité numérique de Moukhtar-Pacha à l'Aladja-Dagh est incontestable; mais sut-il employer utilement les forces dont il disposa? Nous pensons qu'il succombait *surtout* à l'affection organique contractée dans la période d'inaction!.... N'aurait-il pas dû tenir les défilés importants avec de faibles détachements, et constituer de grosses réserves avec lesquelles il eût victorieusement repoussé toutes les tentatives de son adversaire..... Il en avait bien constitué une, mais elle servait à alimenter par petits paquets les troupes disséminées sur un front très étendu et dont la faiblesse l'obligeait à la déverser goutte par goutte au lieu de la faire donner en masse contre les attaques décousues des Russes manquant totalement de liaison. On pourrait éteindre un commencement d'incendie en donnant le peu d'eau que l'on possède à une pompe; mais en divisant cette quantité minime d'eau entre plusieurs pompes, on serait certain de voir l'incendie se propager partout : il en est ainsi des réserves.

Moukhtar-Pacha s'aperçoit pourtant des fautes commises. Il évacue une partie des points qu'il avait cherché à garder; mais se voyant dans une situation critique, il s'obstine gratuitement à en conserver d'autres. Il est presque certain que s'il avait évacué à temps l'Aladja-Dagh et le Tchifté-Tépé, pour grouper son armée vers Kars ou plus en arrière, il aurait été en mesure, non seulement d'opposer une résistance nouvelle, mais même d'essayer d'obtenir un succès partiel par un retour offensif.

Quant au centre et à l'aile gauche de l'armée d'opération turque, pris de panique, ils se retirèrent dans le plus grand désordre vers Kars. Les Russes, qui auraient dû y pénétrer en même temps qu'eux, ne les y suivirent pas.

Malgré le temps nécessaire qu'il avait eu devant lui, l'État-major de Moukhtar-Pacha n'avait pas fortifié le Grand-Yahni. C'était une faute grave, en partant des points de vue et des principes mêmes de cet État-major qui ne procédait que par la défensive presque passive.

Par le regrettable chômage du mois de septembre, on avait laissé échapper toutes les possibilités de la victoire. Que fallait-il donc espérer après? L'espoir n'était plus que dans l'aspect de ces tranchées dans lesquelles nos héros attendaient tranquillement que l'on vienne en masse les y égorger!

Autant nos Mehemmetdjiks (1) étaient admirables, autant les Pachas qui les dirigeaient vers la mort *sans but* étaient coupables!

Par leur incapacité effrayante, tous ces lieutenants de Moukhtar-Pacha l'avaient si peu compris et si mal-secondé et la situation qu'ils avaient créée était telle, que même dans la période où l'armée paraissait tactiquement victorieuse, elle portait en elle, par monts et par vaux, le germe mor-

____

(1) Terme familier par lequel nous appelons nos soldats.

bide de la défaite ! Là où l'on sème l'ignorance ce n'est
point le succès qui pousse, mais bien le gâchis !....

Avant la bataille de l'Aladja-Dagh, en laissant échapper
le Grand-Yahni, on avait doté l'adversaire d'un pivot !....
Et cela s'explique d'autant moins que le général en chef
croyait que les Russes en voudraient de nouveau à son aile
gauche. En tout cas, cette négligence fautive en elle-même
s'aggrave par celle de l'aile droite, car une armée qui se
déploie et se retranche, *doit penser à tout*.

Quand on marche, quand on se meut, quand on
manœuvre, couvert par une bonne avant-garde et par son
réseau de sûreté, on risque peu contre l' « inconnu »; mais
dès qu'on s'établit, il faut songer à se garantir, non d'un
côté, ce qui serait inutile, mais de partout. En marche, ou
en stationnement, la sûreté de près ne garantit que relativement. Celle qui saura préserver des grandes surprises,
c'est la sûreté stratégique : l'exploration, l'information, le
contact et les fortes avant-gardes.

Certains auteurs se demandent où devait se retirer
Moukhtar-Pacha après cette défaite ?
N'importe où, s'il voulait continuer..... pourvu que ce fût
à un point d'où il aurait eu la ressource d'attaquer les
Russes dans les meilleures conditions possibles pour lui, et
les plus nuisibles à l'adversaire. Mais avec cette idée

d'offensive bien arrêtée! où était cachée cette idée (1)?

Dévé Boynou, Erzeroum..... c'était une succession d'affaires qui étaient vouées, dans la défensive passive à des séries d'Aladja-Dagh!

A quoi cela devait-il servir?

Dans l'avenir, si un Congrès de la Paix, de La Haye ou d'ailleurs, peut siéger efficacement, son rôle devrait surtout viser — n'ayant pu empêcher la guerre — d'en atténuer du moins les maux, en arrêtant les belligérants quand l'un d'eux se trouverait — comme en duel — dans un état d'infériorité manifeste qui serait constaté par la réunion et l'avis des attachés militaires présents à cette armée battue!

L'idée que j'exprime ici ne serait-elle pas une solution des luttes inhumaines entre peuples civilisés, quand l'honneur est sauf, pour limiter les horreurs et les inutiles boucheries qui visent l'extermination!

A l'heure où j'écris ces lignes, la Conférence de la Paix est réunie à La Haye. On sait à peu près de quoi elle s'occupe, mais elle devrait bien s'occuper aussi de cette question.

Si la civilisation ne peut arriver à enrayer la guerre — il est sûr et certain qu'elle n'y arrivera pas avant le règlement de certaines questions — du moins, elle pourrait en atténuer

---

(1) « Il ne faut jamais combattre sans un but; quand on a un but, il faut un plan. Ce plan au moment de l'exécution, doit être connu de tous. Il faut toujours rendre *la défensive, offensive....* » (Maréchal Bugeaud.)

les horreurs, et puisque l'échange de deux balles, ou un coup d'épée suffit à satisfaire l'honneur de deux personnes fort honorables, de même une ou deux grandes batailles devraient mettre fin à la lutte entre deux nations qui ont chacune le droit à l'estime de l'autre, avec un minimum d'exigences.

Aux temps où nous vivons, toute idée *d'extermination* ou *d'annexion* répugne et n'est pas admissible! La gloire des armées civilisées devraient être exempte de toute pensée d'accaparement..... Et ne serait-il pas plus noble, plus juste, de ne pas exiger une écrasante indemnité de guerre d'un peuple qui aurait lutté non dans un but de conquête, mais pour défendre son honneur. S'il est trop tôt d'exprimer de semblables idées, on peut espérer du moins que dans un avenir prochain, quand d'une main on relèvera le gant, on ne mettra pas l'autre dans la poche de son adversaire!

Que la conférence obtienne ou non certains points que l'on discute en ce moment, cela n'empêchera pas le fond de l'esprit de la guerre d'être un esprit toujours agressif; mais en instituant les arbitrages décisifs après certaines batailles, par la réunion d'une commission internationale présente aux quartiers généraux des deux parties pour arrêter d'inutiles tueries, l'humanité aura été dotée de l'œuvre la plus civilisée à laquelle on soit parvenu jusqu'ici.

En attendant, une chose certaine reste debout pour tout le monde : la perspective d'une guerre, de la guerre.

Pour notre armée, de longtemps encore un grand avantage existera, avantage dont il ne dépend que de nous de profiter dans la plus large mesure : c'est la question de la durée du service.....

Nous avons pour préparer nos troupes le double du temps que certaines grandes armées pourront employer désormais. Par conséquent, nous serions doublement fautifs si l'éducation de nos soldats de demain n'est pas aussi bonne que la leur.....

TROISIÈME PÉRIODE

DEUXIÈME OFFENSIVE DES RUSSES

CHAPITRE VII

Retraite de Moukhtar-Pacha.

La bataille d'Aladja-Dagh termine la deuxième période de la campagne en Anatolie.

La troisième période dans laquelle nous pénétrons n'offre pas grand intérêt : c'est une succession d'efforts très énergiques, très méritoires; mais aussi c'est une série d'événements lamentables qui aboutissent à l'anéantissement.. Certains auteurs appellent cela recommencer la campagne avec les débris de cette armée et les renforts qu'on attendait. Ils cherchent avec le généralissime *des points de résistance*, des Zéwin, des Dévé-Boynou..... On veut qu'il se replace sur quelque point dit *imprenable* et qu'il se fasse de nouveau tourner..... Ce n'est plus la guerre qu'on veut faire faire à cet homme de guerre, mais de la cuisine! Malgré l'art d'accommoder les restes et malgré la science de l'Idaré-i-Maslahat, Moukhtar-Pacha ne pouvait plus prendre qu'un parti : *renoncer à la lutte* ou bien réunir tout ce qu'il pouvait réunir et attaquer à fond les Russes même à ce moment-là..... Voilà ce que nous avons déjà dit maintes fois, et voilà ce que nous répéterons sans cesse!

Le centre et l'aile gauche de l'armée de l'Aladja-Dagh se réfugièrent en complète débandade dans Kars.

Nous allons trouver dans le livre de Mehemmed-Arif-Bey des observations fort remarquables à ce sujet.

Voici ce qu'il dit en parlant des dernières phases de cette bataille fatale à notre armée :

« En fait de troupes régulières, il ne nous était resté que la brigade de Capoudan-Mehemmed-Pacha placée au Petit-Yahni. Quand les bataillons formant notre seconde ligne de défense sur la colline de Visin se mirent à fuir vers Kars, sans qu'il fût possible de les arrêter, ordre avait été expédié à Capoudan-Mehemmed de se mettre également en retraite vers cette place. Il est vraiment curieux de voir cette brigade de Capoudan, qui ce jour-là n'avait pas eu à combattre et qui avait victorieusement combattu les jours précédents, être apeurée, affolée et venir chancelante derrière son chef qui avait beau exhorter les soldats, et même les cravacher..... Le moindre bruit venant de leur dos, la moindre petite ombre qui ressemblât à un Russe, les faisaient courir pêle-mêle vers la place (1). »

---

(1) Comment recommencer la campagne avec des éléments pareils?

« Comment expliquer franchement cette panique? Que pouvait voir cette troupe pour être à tel point effrayée? Le plus proche endroit où l'on se battait était à deux heures de distance d'elle (1), et elle en était séparée par une succession de collines..... mieux encore : elle n'avait été en contact avec aucune autre troupe démoralisée....; et quelques jours plus tôt, deux bataillons des leurs avaient soutenu durant toute une journée les attaques de vingt bataillons russes..... La conduite de cette troupe avait été tellement belle, qu'on avait même été jusqu'à décorer le drapeau du régiment..... Pourquoi donc cette déchéance? Pourquoi cette indignité après tant d'honneurs!.... Autant le cœur de nos soldats est solide quand il s'agit d'aller en avant, autant il est chétif dans la retraite! Une fois dominé par la force de la peur, il ne sait plus raisonner, et cela peut se comparer à la frayeur irréfléchie de la bête!

« Comment empêcher cela? Y a-t-il un remède? Des officiers habitués à parler énergiquement aux hommes peuvent obtenir d'excellents résultats par une bonne pratique, et quand ils s'adresseront à eux dans des moments difficiles, ils seront écoutés.

« Des manœuvres devraient avoir lieu chaque année pour habituer les officiers au commandement et les troupes à l'obéissance. C'est ainsi qu'on pourrait les manier, aussi bien en retraite que dans les marches en avant. Mais, ce n'est pas seulement cela : pour le choix et l'avancement des officiers, la loi, la loi seule devrait commander et jamais la fantaisie, ni le népotisme : en observant rigoureu-

---

(1) Ce qui prouve qu'il y avait de grands vides sur cette ligne de bataille.

sement ces principes fondamentaux, on aura, pendant une future guerre, des troupes qui sauront marcher régulièrement dans toutes les directions et avec beaucoup d'ordre. »

Il est inutile d'insister sur la valeur militaire de ces idées dictées par l'amour profond de Mehemmed-Arif pour sa patrie et inspirées sans doute par Moukhtar-Pacha.

Nous allons emprunter aux historiens qui ont écrit sur cette campagne le récit des événements qui eurent lieu après la défaite de l'Aladja-Dagh.

« Aussitôt après la bataille de l'Aladja-Dagh, les Russes procédèrent à l'investissement de Kars, tandis que Moukhtar-Pacha reculait sur le Soghanly avec les quelques bataillons qui lui restaient.

« Le corps du Kurdistan qui formait l'aile droite turque, sous les ordres d'Ismaïl-Pacha, fut informé des résultats désastreux de la bataille du 15 octobre et reçut l'ordre, dès le 16, de se retirer à marches forcées sur le Soghanly-Dagh, pour réunir ses forces aux débris du corps du centre. Dès la réception de l'ordre précité, Ismaïl-Pacha exécuta un vigoureux mouvement offensif dans le but de cacher sa retraite, qui devait cependant être faite rapidement s'il ne voulait pas risquer d'être refoulé du côté de Van. Parti d'Igdir, le même jour 16, il arriva à Daghar le 25, après avoir parcouru 250 kilomètres dans un pays extrêmement difficile et dépourvu de chemins praticables.

« Le général Tergoukassow se mit à sa poursuite, tandis que le général Lazarew se portait de Kaghysman sur son flanc droit. « Cette marche, dit le colonel Lecomte, est certainement l'une des plus rapides et des plus heureuses qui aient été exécutées jusqu'ici, étant données les circonstances particulièrement désavantageuses au milieu desquelles elle fut effectuée. » Cette retraite fut donc fort bien menée et réussit complètement (1).

« Tandis que ces événements se passaient, et que le corps d'Alexandropol marchait sur le Soghanly-Dagh à la suite de Moukhtar-Pacha, la colonne du général Chérémetiev, que nous avons laissée vers Ardahan, se dirigeait sur Olti. De son côté, le corps russe du Rion s'était porté en avant, et le général Oklobjeb, qui le commandait, poursuivait Dervich-Pacha jusqu'à Kabouleti. Enfin, ajoutons que les insurgés turcs étaient vigoureusement attaqués et le plus grand nombre faisaient leur soumission.

« En résumé, à la fin d'octobre, la situation générale était la suivante :

« 1° Le corps du Rion marchait sur Kabouleti ;

« 2° Le corps d'Ardahan se dirigeait, par Pennek et Olti, vers Keupri-Keuï, de manière à tourner le Soghanly-Dagh ;

« 3° Le corps d'Alexandropol avait laissé une division devant Kars pour investir et bombarder la place. Le général Heimann tournait le Soghanly-Dagh, tout en se reliant avec le corps d'Ardahan, pour marcher sur Keupri-Keuï ;

---

(1) Voilà enfin une bonne note pour ce Pacha qui jusque-là n'avait fait qu'entraver les opérations.

« 4° Le général Lazarew était à Kaguisman ;

« Enfin le reste de la colonne expéditionnaire fait face aux montagnes du Soghanly, à cheval sur les deux routes de Kars et de Khorassan.

« Le corps russe d'Erivan avait continué son mouvement, et le général Tergoukassow marchait sur Hassan-Kalé et Keupri-Keuï pour faire sa jonction avec les généraux Chérémétiev et Heimann.

« Du côté des Turcs, le corps de Moukhtar-Pacha s'était établi sur le Soghanly-Dagh, de Zéwin à Keupri-Keuï ; des renforts lui étaient envoyés d'Erzeroum et de Batoum, et les colonnes qui avaient opéré jusqu'alors du côté d'Ardahan l'avaient rejoint. Le corps du Kurdistan (Ismaïl) couvrait le défilé de Délibaba et s'étendait jusqu'aux environs de Keupri-Keuï sur le flanc droit de la colonne principale.

« Moukhtar-Pacha avait beaucoup de peine à rallier, sur le Soghanly-Dagh, les débris de son armée — dit l'auteur de la guerre d'Orient — qui fuyaient dans le plus grand désordre, en proie à une panique contre laquelle son autorité était devenue impuissante. » Quoi qu'il en soit, il dut bientôt se rendre compte qu'il ne lui était plus possible de rester sur la position qu'il avait choisie et reculer en remontant la vallée supérieure de l'Araxe, après avoir fait sa jonction avec le détachement d'Olti et le corps du Kurdistan. »

« Le 16, Moukhtar-Pacha avait battu en retraite avec dix bataillons ; il fut rejoint à Keupri-Keuï par Ismaïl-Pacha qui arrivait avec vingt bataillons. Le total présentait environ un effectif de 20,000 hommes.

« Le corps d'Alexandropol prit le nom de « corps de

Kars ». Il fut placé sous les ordres du général Lazarew et fut chargé du blocus de la place.

« Il comprenait trente-cinq bataillons, quarante-huit escadrons et seize bouches à feu. Dès lors, l'investissement de Kars commença. La garnison turque, placée sous les ordres d'Hussein-Hamy-Pacha, comprenait trente bataillons, cinq batteries de campagne et deux cent trente pièces de siège. Mais l'effectif des troupes ne représentait pas plus de 12,000 hommes environ.

« Les approvisionnements étaient suffisants pour un siège de six mois ; l'armement et les fortifications étaient infiniment meilleurs que ceux des Russes.

« Les ouvrages construits au nord, au nord-est et à l'ouest étaient peu favorables à une attaque ; le terrain de ce côté était presque inaccessible. Les fronts sud et sud-est présentaient par contre des facilités d'accès ; les ouvrages qui les couvraient en plaine, la prise des forts extérieurs favorisaient le mouvement en avant ; et la plus grande partie de la ville était située sur le front sud-est.

« Ce fut le point choisi par le commandement russe pour l'attaque de vive force ; mais, comme l'opération présentait des difficultés de toutes sortes, Loris Mélikow entra en pourparlers avec Hussein-Pacha pour demander la reddition de la place. Le 25 octobre, le général turc consentit à céder la ville, mais sous la condition qu'il en sortirait avec armes et bagages. Les Russes n'acceptèrent pas cette clause et le bombardement commença.

« Douze batteries furent construites à 3,000 mètres environ des forts et furent armées de quarante-huit pièces arrivées le 4 novembre. Le lendemain 5, les Turcs, sous la protection d'un feu violent exécuté par les forts, firent une sortie vigoureuse; mais ils subirent un échec complet et furent repoussés dans la place (1). Dix bataillons russes se mirent à leur poursuite et entrèrent même dans le fort dit Hafiz. Mais ces bataillons ne purent pas être soutenus; ils durent abandonner leur conquête, non cependant sans avoir encloué les canons de l'ouvrage.

« Depuis le 9 novembre, les batteries russes ouvrirent le feu, qu'elles continuèrent nuit et jour sans interruption.

« A l'état-major russe, on dut reconnaître que la forteresse ne pourrait pas être réduite par un bombardement et par conséquent recourir à l'assaut.

« L'exécution de l'attaque de vive force pendant le jour, présentant de grandes difficultés, on décida d'attendre le moment où la lune éclaire toute la nuit l'horizon. Il fut décidé que l'attaque aurait lieu pour la nuit du 14 au 15 novembre; mais le mauvais temps survenant, on la fixa pour la nuit du 17 au 18.

« Dans cette nuit du 17 au 18 novembre, par un grand froid, à 9 heures du soir, les troupes se mirent en mouvement.

« L'assaut fut donné dans le plus grand silence et réussit malgré la résistance héroïque des troupes ottomanes.

« Les Russes avaient perdu 18 officiers (dont un général) et 470 hommes tués, 55 officiers et 1,726 hommes blessés. Les Turcs avaient 2,500 morts et 4,500 blessés. »

---

(1) C'était beaucoup trop tôt! Il fallait attendre, voir, étudier et savoir sur quel point faible on aurait pu faire cette sortie efficacement. Une sortie, comme toute opération de guerre, doit viser un but et s'assurer *un avenir.*

Opérations de la dernière armée
de Moukhtar-Pacha, en avant d'Erzeroum.

« Le 24 octobre, Moukhtar-Pacha avait été rejoint à Zéwin par Ismaïl-Pacha qui lui amenait dix-sept bataillons environ. Avec les renforts qui lui étaient amenés, il ne disposait plus que de 12,000 hommes, tandis que les généraux Heimann et Tergoukassow avaient 25,000 hommes.

« Ces deux derniers généraux avaient serré de près le corps d'Ismaïl-Pacha. Le 29, Courd-Ismaïl concentra d'abord ses forces à Keupri-Keuï, puis se porta en arrière de ce point, qui fut aussitôt occupé par les Russes.

« En même temps, le général Heimann ordonna à sa cavalerie de déborder les flancs des Turcs, dont l'arrière-garde fut prise à Hassan-Kalé.

« A partir de ce moment-là, Moukhtar-Pacha se retira sur le défilé de Dévé-Boynou, sans songer à défendre la petite place de Hassan-Kalé.

Après la bataille — inutile — de l'Aladja-Dagh, il n'y avait plus rien à défendre. Le seul salut était encore dans la manœuvre et la contre-offensive (1).

Moukhtar-Pacha le pouvait-il à ce moment-là et cela eût-il amené un changement notable? C'était à risquer; car,

---

(1) Le dispositif et le déploiement de l'armée de Moukhtar-Pacha à Aladja-Dagh, ne pouvaient répondre à aucune combinaison tactique et découler d'une idée stratégique. Dans ces conditions qu'espérait-on faire aux Russes?

au lieu de rester à défendre des positions *avec l'assurance presque certaine de périr, il vaut mieux essayer de vivre en attaquant!...*

Les auteurs auxquels nous nous adressons pour la partie historique de cette étude, disent que Moukhtar-Pacha ne pouvait plus tenir nulle part. Et cela devait fatalement arriver : les occasions qu'il avait perdues d'une part, les fautes graves que les stratégistes en chambre de la capitale lui avaient fait commettre — en voulant le diriger à une si grande distance — d'autre part, et la mauvaise préparation de l'armée, les défauts indescriptibles de l'administration, la médiocrité navrante des sous-ordres, la conduite gênante des Kurdes, des Cheihs et de leurs moines, l'insuffisance et l'ignorance de la cavalerie constituaient un état de choses dont Moukhtar-Pacha aurait difficilement su tirer un meilleur parti.

Les fautes commises du côté russe pouvaient être corrigées par l'augmentation continuelle des effectifs, tandis que celles des Turcs s'aggravaient par la diminution des moyens. *Même en des moments de défaite, l'équilibre pouvait plus facilement s'établir du côté russe que du côté turc dans le succès.....*

Résumons ces derniers événements en les empruntant encore aux différents auteurs déjà consultés pour la partie historique de notre étude.

Combat de Dévé-Boynou.

« Moukhtar-Pacha, arrivé le 29 octobre à Dévé-Boynou, avait fait élever des retranchements pour interdire l'accès du défilé. Il était donc acculé à sa base d'opération, ce qui est le commencement de la fin.

« De son côté, le général Heimann concentra les forces russes et prit le parti d'attaquer les Turcs le 4 novembre. Groupé à Hassan-Kalé, il fit faire des reconnaissances et il se rendit compte que le point faible de la position adverse était au centre, c'est-à-dire au point où la route d'Erzeroum traverse le défilé. Il partagea son corps en deux fractions : l'une à droite et l'autre à gauche; en arrière, se trouvait la cavalerie partagée en deux groupes.

« L'attaque commença par la gauche de cette armée, ce qui détermina Moukhtar-Pacha à renforcer sa droite. Il y eut, de ce côté, un combat très vif, avec alternatives de succès et de revers; toutefois, la colonne de gauche du général Dewel réussit à occuper un point dominant l'entrée du défilé de Dévé-Boynou. Mais c'est surtout du côté opposé que l'attaque produisit des résultats décisifs.

« Cependant, après s'être emparés des retranchements qui couvraient l'aile droite turque, les régiments du général Tergoukassow — colonne de droite — prirent pied sur un plateau, pendant que la cavalerie russe s'engouffrait dans le défilé.

« La déroute fut épouvantable. Si, en ce moment, les Russes s'étaient présentés devant la ville, nul doute qu'ils ne s'en fussent emparés sans difficulté. La seconde armée de Moukhtar n'existait pour ainsi dire plus; mais l'armée russe, épuisée par ses marches forcées, de Kars au Dévé-Boynou, ne poussa pas la poursuite trop loin et se contenta de se fortifier dans les positions formidables qu'elle avait conquises. Les Turcs perdirent presque tous leurs canons et leurs pertes s'élevèrent à 2,500 hommes environ, non

compris les déserteurs dont le nombre fut considérable à la
fin du combat; bref, l'armée turque était réduite à
5,000 hommes environ. Les Russes accusèrent seulement
660 officiers et soldats tués ou blessés, pertes relativement
très faibles. »

Tout ceci est la continuation de la débâcle dont le
pronostic n'était pas difficile à établir dès le début. Ainsi
que le dit Clausewitz : dans cette dernière affaire, si
malheureuse pour nous, le résultat du combat d'ensemble
était la somme des résultats de tous les combats partiels,
qui tous étaient décousus et conduits avec une ignorance
et une maladresse inconcevables! Et le plus déplorable
dans cette affaire comme dans toutes les autres, c'est que
l'armée de Moukhtar-Pacha se fait battre toujours en détail
dans des positions choisies et dans la défensive..... c'est-
à-dire dans ce qu'elle préconisait le plus! La défaite ne
provient pas d'une manœuvre, de cette manœuvre redoutée
ou d'un mouvement offensif, elle est *de la maison.....* elle
est née des mœurs de notre État-major. Elle n'est pas la
bévue d'officiers savants aux combinaisons desquels beaucoup voudraient l'attribuer : elle est de toutes pièces
l'œuvre des Aghas, des Beys, des Pachas ignorants qui
formaient une armée dans l'armée!

Défense d'Erzeroum.

Les Turcs (une poignée) s'étaient battus comme de vrais
lions..... et les troupes des généraux Heimann et Tergou-

kassow étaient littéralement épuisées après le combat de
Dévé-Boynou : elles étaient incapables de poursuivre
l'ennemi. Et cependant, de l'avis de témoins oculaires, il
eût suffi d'un régiment de cavalerie pour s'emparer
d'Erzeroum, à la suite des fuyards.

« Pourtant Moukhtar-Pacha résolut de défendre la ville à
outrance. Il y rassembla tout ce qu'il avait de troupes sous
la main ; il en fit venir de tous les points de l'Arménie et se
mit en devoir de résister vigoureusement, malgré les prières
qui lui furent adressées de rendre la ville aux Russes, pour
lui épargner les horreurs d'un siège et d'un assaut.

« Le 7 novembre, le général Heimann proposa à Moukhtar
de rendre la ville, en lui laissant trois jours francs pour
formuler sa réponse. Le général turc convoqua un conseil
de guerre, qui, après une courte discussion, et encouragé
par l'attitude de Moukhtar, décida de défendre la place
jusqu'à la dernière extrémité.

« Dès que le général Heimann reçut communication de
cette résolution, il voulut profiter de la démoralisation de
son adversaire pour enlever Erzeroum d'un coup de main ;
une surprise fut donc préparée pour la nuit du 8 au
9 novembre. Deux colonnes furent chargées d'enlever une
hauteur dénommée le Top-Dagh ; mais, comme il arrive
souvent en pareil cas, elles s'égarèrent et n'atteignirent
leur objectif qu'à la pointe du jour, trop tard pour tenter
la surprise, alors qu'elles étaient harassées. Vers 3 heures
de l'après-midi, ces deux colonnes se retirèrent, poursuivies par les Turcs.....

« Devant cet insuccès le général russe, jugeant que les
forces dont il disposait étaient insuffisantes pour investir la

ville, se résigna à attendre que le sort de Kars fût décidé, pour continuer les opérations (1).

« A ce moment (15 novembre) la situation générale était la suivante :

« *a*) Le corps du Rion s'approchait de Batoum, dont une partie de la garnison avait quitté la place pour aller renforcer la défense d'Erzeroum;

« *b*) Le centre de l'armée russe tenait Ardahan et faisait le siège de Kars, dont la chute était imminente;

« *c*) Enfin, les colonnes Heimann et Tergoukassow étaient installées en face d'Erzeroum.

« L'hiver était arrivé et les neiges étaient tellement abondantes que les troupes russes ne pouvaient plus tenir devant la place. Le général Loris Mélikow décida de faire descendre dans la plaine les fractions placées à l'aile gauche; ce mouvement s'accomplit sans combat. Les troupes de l'aile droite descendirent à leur tour et occupèrent un certain nombre de localités dans le voisinage de la forteresse.

« Devant ces mouvements, Moukhtar-Pacha ne voulut pas se laisser enfermer dans la place et partit pour Baïbourt, sur la route de Trébizonde, pour y organiser une armée de secours. Ismaïl-Pacha le remplaça à la tête de la garnison. La résistance que pouvait opposer la ville sous ses ordres, dit un tacticien, ne devait pas être de longue durée; bien plus, si la place eût été attaquée par des forces tant soit peu considérables, il est plus que probable qu'il n'aurait fallu que quelques heures pour faire tomber au pouvoir des Russes la capitale de l'Arménie. Erzeroum n'était plus

---

(1) Encore une preuve à l'appui de ce que nous avons dit à plusieurs reprises dans le courant de ce livre, à savoir que les Russes ne possédaient pas une armée capable de pousser plus loin qu'Erzeroum.

alors qu'un immense hôpital où mouraient journellement
une centaine de soldats; à ce moment, la fièvre typhoïde
sévissait dans la place et le froid faisait de nombreuses
victimes parmi les troupes mal habillées et mal nourries.
Cependant l'armée russe était bloquée par les neiges et toute
marche en avant lui était devenue à peu près impossible;
elle procéda, néanmoins, à l'investissement complet de la
ville, opération qui fut réalisée dans les premiers jours de
janvier 1878. »

Le 8 du même mois, un armistice fut conclu mettant fin
aux opérations.

Avant d'en arriver à nos conclusions, nous allons encore
trouver dans le livre de Mehemmed-Arif-Bey d'intéressants
passages au sujet de cette curieuse campagne. D'après lui,
Moukhtar-Pacha, avec ce qu'il avait sauvé de la défaite de
l'Aladja-Dagh, organisa à Kars trente-neuf bataillons; il
en prit neuf pour se retirer sur les fameuses positions de
Zéwin et de Soghanly..... Donc cela revient à dire que le
généralissime recommençait la campagne dans les mêmes
conditions géographiques et tactiques que celles du début
de la campagne..... mais ayant cette fois l'avenir sûrement
contre lui, puisque pour les raisons dont nous avons parlé
plusieurs fois, il n'avait su profiter des succès obtenus, et
ne pouvait pas se décider à faire la guerre de mouvement.....

Mehemmed-Arif-Bey dit encore :

« Dans une réponse que l'on fit de Constantinople aux

16

demandes du Maréchal, on lui fit savoir que vingt-trois bataillons de Bagdad, dix de Batoum, dix autres avec quatre batteries de la Capitale, allaient être incessamment envoyés à l'armée d'Asie..... Selon ce compte, notre armée allait être augmentée de quarante-trois bataillons..... Oui, mais quand? Après que tout serait perdu!.... Les bataillons de Bagdad n'auraient pu nous arriver qu'*en deux mois*; quant aux autres, il leur fallait une vingtaine de jours pour se joindre à nous..... Il était facile de prévoir que notre adversaire ne nous laisserait pas le temps de nous reconstituer.

« Bien! Mais puisque nous avions le pouvoir de réunir quarante-trois bataillons, et d'en doter cette armée tellement en danger, pourquoi ne pas nous y être pris à l'avance, c'est-à-dire avant la catastrophe? Si Moukhtar-Pacha avait possédé ce très important renfort, au lieu d'être vaincu, on aurait pu être vainqueur, et alors pousser l'offensive sur le territoire ennemi, et qui sait alors si une paix plus favorable n'eût pas été imposée aux ambitions de l'adversaire?.... Mais voilà : chez nous, on ne peut demander la raison de tout ceci à personne....; et personne ne peut en être tenu responsable. Et même si l'on découvrait par hasard ce responsable, quel serait le tribunal devant lequel il pourrait comparaître? »

De toutes les fautes commises, le souvenir des inutiles assauts de Chipka en Bulgarie ne doit jamais être oublié non plus! Nous allons consigner ici aussi brièvement que possible les points essentiels de cette inhumaine insistance, puisqu'il s'agit de rappeler tout ce nous fut fatal en cette guerre. On sait que trois armées turques opéraient isolément du Danube aux Balkans. L'une se distinguait par ses victoires éclatantes à Plewna contre un ennemi trois, quatre, et plus tard six à huit fois supérieur à son effectif. Cette armée était commandée par l'illustre Osman-Pacha pour lequel je consigne ici un hommage ému et respectueux !

La seconde armée, la plus forte de toutes, une armée avec laquelle on aurait poussé les Russes devant soi jusque chez eux, essayait à l'est, depuis Roustchouk jusqu'à Eski-Djouma, vainement et maladroitement, une offensive hésitante et maladive contre l'armée de couverture du Czarewitch. Elle avait pour commandant le jeune maréchal Mehemmed-Aly-Pacha qui avait remplacé le vieux Serdar Abdul-Kérim. C'était un homme intelligent, instruit et certes fort courageux personnellement, mais très faible de caractère, se laissant dominer facilement par son entourage, et en même temps ne possédant aucun ascendant sur ses sous-ordres.

Toutefois, c'était bien moins de cet état d'âme du malheureux Mehemmed-Aly que de la mauvaise volonté de certains de ses sous-ordres et surtout du commandant de l'armée de Chipka, que provenait l'état léthargique dans lequel se trouvait cette armée dite du Lom ou de Hezargrad. Investi des fonctions de Serdar, Mehemmed-Aly-Pacha n'était obéi de personne ! Son chef d'État-major qui était un ancien élève de l'École Polytechnique de France se croyait très savant, mais il était poltron, et n'entendait absolument rien aux choses pratiques de la guerre. Le troisième, celui qui ne daignait même pas répondre aux combinaisons que lui télégraphiait le Serdar (1), c'était Suleyman auquel on avait confié la troisième armée qui opérait contre la passe de Chipka et la colline Swéty-Nicolas, une cousine germaine de la colline Poutiloff de Mandchourie.

Suleyman-Pacha n'avait jamais commandé à la troupe proprement dite. Avant la guerre, sa seule et unique prouesse militaire avait été de s'associer — à la tête de l'École de Guerre dont il était le directeur — au coup d'État irréfléchi qui détrôna, au milieu de son sommeil, le Sultan Abdul-Aziz qui dormait sans défense, confiant en la parole d'officiers qui lui avaient juré fidélité! Et quelle fut l'apothéose de cette nuit de folle indiscipline?.... Mais ce Suleyman était aussi peu capable de tenir un serment solennel que de commander à une armée. Nous allons prendre dans notre ouvrage *Les Occasions perdues* la description que nous y faisons du grand champion de Saïd et Cie (2).

Cet ouvrage pourra rappeler au lecteur les événements concernant Suleyman et son acharnement à vouloir prendre de vive force la position formidable de Swéty-Nicolas. Voici donc ce que je disais dans *Les Occasions perdues* :

Mon chef, le généralissime Mehemmd-Aly-Pacha, désespérant de pouvoir faire coopérer Suleyman à une opération d'ensemble qui avait pour but logique et sage la liaison des trois armées de l'Est, de l'Ouest et du Sud, décida d'envoyer un officier pour plaider et faire accepter son plan. A cause de mon âge — je n'avais que vingt ans — et de mon

---

(1) Certains auteurs écrivent : Sirdar. C'est « Serdar » qu'il faut écrire.
(2) Ceux qui, de la capitale, dirigeaient les chefs militaires.....

inexpérience, j'étais le dernier que l'on aurait dû choisir pour une telle mission.

Le Serdar était tellement pressé de me voir débarquer à Stamboul qu'il ne donna même pas le temps de faire chauffer une locomotive et me fit faire le voyage de Choumla à Varna en drésine.

En arrivant à Constantinople, je me rendis directement au Palais impérial et j'eus aussitôt l'honneur d'être reçu par S. M. I. le Sultan, qui daigna m'écouter pendant plus de deux heures et suivre avec la plus grande attention les idées du Maréchal. Le Sultan paraissait même donner des signes d'approbation, à tel point que j'avais déjà senti grandir en moi la sensation du succès.

En me donnant congé, Sa Majesté Impériale me dit qu'il fallait que j'exposasse tout cela aux deux grands dignitaires Mahmoud-Damad et Saïd qui, à ce moment-là, faisaient la pluie et le beau temps.

Tous les deux me reçurent comme un chien dans un jeu de quilles! Le premier ne daigna même pas m'écouter. Le second, qui n'était pas encore grand Pacha et dont l'arrogance n'était qu'en herbe, me favorisa d'un siège et m'accorda quelques instants d'entretien; mais Son Excellence, devant qui je déroulais des cartes d'État-major, n'y comprenant rien, suivit ma petite conférence sur une méchante petite carte géographique d'école de village.....
Dès lors, je compris qu'il n'y avait rien à faire, je rengainai mes espoirs, et je fis cette réflexion que le Sultan, le Grand Chef, le Commandeur des Croyants, celui devant qui tous courbaient l'échine, était beaucoup plus aimable et infiniment plus clairvoyant que ses ministres.

Le Serdar voulait que Suleyman-Pacha lui obéît et qu'il

manœuvrât de manière à se relier à l'armée de l'Est.

Mais Suleyman ne le voulait pas, car on lui avait promis que, s'il enlevait la position de Svéti-Nicolas, il deviendrait Ministre de la guerre et serait comblé de tout ce qu'un homme peut espérer chez nous, une fois lancé. Donc le bourreau de Chipka voulait être seul, tout seul à remporter un succès qu'il croyait possible, alors qu'il ne l'était pas.

A ce moment-là, Suleyman avait sur mon chef un avantage tactique de tout premier ordre : il était le bras droit de Mahmoud-Damad et le bras gauche de Saïd..... : ma mission se réduisait donc à une petite promenade pour aller voir ma famille, d'autant plus que Saïd, en me donnant congé, me dit d'un air solennel :

« Dites au maréchal Mehemmed-Aly que, du Sultan jusqu'au plus infime de ses sujets, nous avons tous, dans le savoir et la bravoure de Suleyman-Pacha, placé la confiance la plus grande et la mieux méritée ! »

C'était — comme on le voit — ce qu'on pouvait répondre à l'envoyé d'un généralissime de plus aimable et surtout de plus encourageant.

J'avoue que je suis sorti des appartements de Saïd-Pacha avec la rage au cœur !

Autant j'avais été mis à mon aise, traité avec bonté par le Souverain, autant ces deux hommes avaient été malveillants pour moi et surtout pour mon chef, dont ils refusaient les demandes avant de les avoir seulement comprises !

J'avoue aussi que Mehemmed-Aly-Pacha avait eu tort de m'envoyer en mission : on ne devrait jamais passer son temps à parlementer, alors que les événements se précipitent et qu'il faut agir. Mais enfin, le Maréchal — pour des raisons plus haut exposées — avait pensé qu'il finirait par triompher des résistances de Suleyman, en s'adressant à son Souverain. Fallait-il donc recevoir si mal l'officier envoyé par lui, et était-il convenable, était-il prudent de dire devant cet officier que personne, depuis le Souverain jusqu'au dernier de ses sujets, n'avait confiance en lui?

Quelle impression m'en devait-il rester et quel prestige en serait-il résulté pour ce Maréchal auquel on avait confié le commandement de 200,000 combattants, si ce que j'avais entendu de la bouche de Saïd-Pacha avait été colporté par moi dans les rangs de l'armée impériale?

La tête en feu, je marchais tristement dans la grande cour du palais, lorsque je rencontrai un vieil ami auquel je fis part de ma déconfiture. C'était un excellent patriote, un bon serviteur du Sultan, celui-là; il me conseilla d'aller voir un autre Saïd qu'on appelait Inglis-Saïd (Saïd l'Anglais) et qui remplissait les fonctions de Ministre de la marine par intérim.

Quoique ma mission n'eût rien de maritime, j'allai tout droit chez le second Saïd, puisque c'était le seul espoir qui me restait, et effectivement je trouvai en lui un homme instruit, poli et saisissant les choses — ce qui prouve que les Saïd se suivent et ne se ressemblent pas.

Pendant que nous étions là, à voir sur une bonne carte ce que mon chef appelait « son plan » et devisions sur les événements, on annonça au ministre le drôgman de l'ambassade d'Angleterre, qui fut introduit. Sur un signe de Saïd, l'envoyé de l'ambassadeur britannique exposa, devant moi, le but de sa visite, qui n'était autre que la communication des idées et plans de l'attaché militaire anglais au quartier général turc. Ce dernier, en condamnant l'attitude de Suleyman, recommandait très chaudement la jonction des deux armées, c'est-à-dire un des plans de mon chef. (Je dois avouer qu'il en avait plusieurs et c'est ce qui — très probablement — avait poussé l'agent militaire anglais à sortir de la neutralité ; car aucun bon militaire ne pouvait assister, sans s'émouvoir, à cette triste comédie.)

Saïd (le bon) nous donna la promesse de courir chez S. M. I. le Sultan et monta en voiture. Une heure plus tard, il me faisait appeler au palais, me donnait l'assurance formelle que toute satisfaction serait accordée au généralissime et m'engageait à partir de suite pour le quartier général.

Je quittai aussitôt Constantinople et arrivai, le lendemain, à Varna. Deux jours plus tard, je tombai des nues en retrouvant mon chef au milieu du combat de Tchircowna, c'est-à-dire à 10 lieues de la direction qu'il voulait suivre et à 100 de ses idées.

On avait (Mahmoud, Saïd et Cie) tout fait changer pendant que je voyageais et donné au généralissime l'ordre formel de marcher immédiatement contre l'armée du Czaréwitch, sans avoir à intervenir dans les combinaisons de Suleyman.

. . . .

. . . .

. . . .

J'ai exposé l'état de désordre et de fatigue où j'avais vu les Russes plus tard, vers la fin de la guerre, je dois parler maintenant des dispositions prises par Suleyman-Pacha en ce qu'elles intéressent la stratégie.

Pour arrêter l'invasion des armées russes dans la Bulgarie méridionale, le commandant en chef turc monte jusqu'à Tatar-Bazardjik.

Eh bien! Le choix même de cette position est la préparation de la défaite..... Mais il fallait l'adopter, disent les amis de Suleyman, afin de recueillir les divisions turques en retraite vers ce point!

Ce raisonnement lui-même ne tient pas debout : il n'y avait pas à recueillir ces troupes, puisqu'elles n'étaient pas, qu'elles ne pouvaient pas être immédiatement poursuivies : elles n'avaient, d'ailleurs, qu'à marcher deux ou trois jours de plus pour se rapprocher de la position stratégique centrale de Tirnova-Seymenly..... et c'est là que la concentration aurait dû se faire tranquillement.

Une fois cette concentration achevée, on ne songea pas à prendre l'offensive en masse contre les corps éparpillés de l'armée russe. On ne choisit pas non plus un point tactiquement défensif. On ne réfléchit pas une minute, pas une seule, que les Russes en peuvent plus avoir qu'une idée, qu'un désir, qu'un vœu : couper cette dernière armée turque de toute base stratégique et surtout éviter un choc sérieux devant Andrinople!

Il était évident que, plus cette concentration se faisait loin d'Andrinople, et plus on servait l'idée du commandement russe.

Mais alors, que faisait-on autour de Philippopoli?

On parlait...... on parlait beaucoup et l'on écrivait encore plus...... comme toujours.

Des heures précieuses, des journées dont on ne calculait pas la valeur, se passaient en dissertations fantaisistes.

A ce moment-là, pour nous, la situation était excellente et c'est l'adversaire qui se trouvait dans un cas excessivement grave; car, nous concentrés, lui éparpillé, il ne tenait qu'à nous d'être maîtres des « lignes intérieures ».

Mais comment établir ce diagnostic? Comment aurait-on

pu dégager les généraux de ces discussions oiseuses? L'un disait blanc, l'autre disait noir..... personne ne disait juste; mais, certes, ce qu'ils disaient valait mieux que ce que le chef pensait.

Effrayés? non; écœurés par l'attitude de Suleyman, les divisionnaires se réunissent en un conseil et chargent un des leurs d'aller exposer au Muchir les dispositions qu'il leur paraissait utile de prendre en cette circonstance.

Ce délégué des généraux est un soldat déterminé qui ne se gêne pas pour secouer Suleyman.

Que fait celui-ci?.... Il se met à pousser des gémissements et à sangloter..... et se plaint de tous ses sous-ordres; il crie, en disant que le but de tout le monde est, de le perdre (1).....

Cependant, il plie et devient souple. Il veut enfin écouter ses sous-ordres: mais chacun tire la corde par un bout : les uns l'engagent à rester là pour défendre Tatar-Bazardjik et Philippopoli; les autres voudraient se retirer plus en arrière; ces criminelles tergiversations prennent plus de huit jours..... Dans des circonstances pareilles, une semaine équivaut à la vie d'un empire!

Suleyman, très habile parleur, excellent avocat, rusé et poltron, échappé à toutes ces combinaisons plus ou moins conformes à la situation, et en adopte une à sa manière. Bien entendu, celle-ci n'est conforme ni à la situation, ni aux règles les plus élémentaires de l'art de la guerre; il veut abandonner — et abandonne — sa ligne de retraite naturelle, qui était sur Andrinople, et veut s'acculer — et

---

(1) Ce qu'on voulait, c'était l'empêcher de perdre l'armée.

s'accule — aux montagnes du Rodope, laissant cette ligne de retraite sur son flanc droit.

Pris dans un piège dont lui-même a tissé les trames, il chancelle et, ne se sentant ni de cœur, ni de force à tenir, il laisse la division du général Fuad-Pacha en arrière-garde se débrouiller avec les Russes ; puis, perdant la plus grande partie de ses cent vingt canons Krupp, il s'embourbe avec toute son armée — une armée qui, j'en suis certain, aurait fait merveille avec un bon chef — dans les sentiers de chèvre du Despoto-Dagh (contrefort du Rodope) et se retire honteusement vers la mer Égée.

Dans cette fuite sans pudeur, ses soldats — qui sont tous des héros anonymes — marchent pêle-mêle avec des femmes et des enfants qui émigrent, et pleurent de se voir au milieu de tout ce monde ; mais c'est lui, Suleyman, qui a donné le signal du sauve-qui-peut général !.....

Un ancien officier d'ordonnance de Suleyman-Pacha m'a affirmé que celui-ci aurait manifesté le désir de se retirer sur Andrinople, mais qu'il en aurait été empêché par le Cabinet militaire siégeant alors au Séraskiérat (Ministère de la guerre) vers la fin de la guerre.

On aurait beaucoup de peine à admettre cette version et pour deux raisons : la première, c'est que le Pacha ne nous a pas habitués à trouver dans sa méthode une mesure stratégique quelconque de ce genre ; la seconde, c'est que jusque-là, il a fait et obtenu ce qu'il a voulu, et ses deux appuis : Mahmoud et Saïd n'ont jamais refusé d'écouter leur cher protégé ! Est-ce donc au moment où l'on s'en remet le plus à son dévouement au trône impérial et à ses capacités guerrières (?) qu'il se croit autorisé à agir contrairement à sa volonté et au devoir ?

Non! Rien n'est et n'a jamais été arrêté dans cette tête.
Non : tout ce qu'il fait, c'est par intuition, par ruse. Son
esprit est peut-être pour quelque chose dans ses combinaisons, mais jamais son cœur, ni sa science, car il n'en a
pas! Et d'ailleurs, ne connaissant ni le francais, ni l'allemand, en quelle langue, dans quels livres aurait-il étudié
l'art militaire? Notre métier ne s'acquiert pas en étudiant
le poète Sadi, quoique Carnot en descende, dit une légende.

Il s'enferme dans sa tente ou se cache derrière des
arbres...... il a honte de se montrer; il a raison d'ailleurs,
car il n'a aucune tenue : habillé en civil, il a la tête et la
tournure d'un marchand d'antiquités. Quand il lui arrive
d'assister — de loin — à un combat, il est sûrement derrière un bon parapet ou un pli de terrain protecteur! Le
soldat ne le connaît pas; depuis Chipka, il se dérobe et
évite ses propres soldats autant que les balles russes! On a
dû le voir rarement à cheval : il en avait une peur bleue. Il se
dit « muchir » et ne daigne jamais s'adresser aux subalternes dont il ne sait rien obtenir. Par son silence absurde
et hautain, il inquiète les jeunes, les apeure au lieu de les
réconforter et de remonter le moral de tous. Avec une attitude énergique et une bonne manœuvre, cet homme se
serait rendu célèbre dans cette dernière partie de la guerre!
car je le répète, nos chances sont en raison directe de
l'éparpillement et de l'épuisement de l'adversaire. Dans
toute cette campagne, nous n'avons été jamais si près de
vaincre et le commandant en chef si loin de saisir une belle
occasion! Il ne s'en doute même pas et ses amis — car il en
a encore quelques-uns — disent qu'il fallait bien se retirer
puisque la troupe ne tenait pas!

Mais, raison de plus! C'est justement parce qu'il y avait

par-ci, par-là, des troupes qui ne tenaient pas, qu'il ne fallait pas les effrayer davantage par des combats isolés où elles se sentaient abandonnées et perdues! C'est justement pour cela qu'il fallait les réunir, les concentrer un peu loin de l'ennemi, sans les énerver, sans leur faire sentir la possibilité d'une défaite! On devait montrer à ces soldats qu'on était nombreux et fort et leur dire qu'on avait derrière soi un repli, un refuge, un point défensif tel qu'Andrinople! Ce n'est pas en abandonnant ses communications — avant même de se battre — qu'on relève le moral de ses soldats.

L'idole de Mahmoud-Saïd et Cⁱᵉ, cet homme qu'on croyait un Soleil, ne luit plus que pour montrer le chemin de la déroute. C'est le lampion du fuyard..... Il court le premier vers la mer Égée, laissant les Russes libres de marcher vers la Capitale. Rien ne peut plus les arrêter, et notre dernier espoir est éteint (1)!.....

Dans la même période, une armée de 40,000 hommes, avec de nombreux canons Krupp, avait été confiée à un certain maréchal Weysel-Pacha qui, comme Suleyman, n'avait de sa vie commandé à la troupe. Il prend la suite odieusement inutile de la boucherie de Chipka et reste derrière les Balkans, sans manœuvrer, sans même se garder..... si bien que Skobeleff, arrivé avec Radetzki, enveloppe ce Weysel qui se rend sans coup férir! Après cette prise miraculeuse, après ce coup de filet extraordinaire, les colonnes

______

(1) Ici prend fin le récit emprunté à notre ouvrage *Les Occasions perdues*.

russes descendent tranquillement dans la vallée de la
Maritza pour aller couper la retraite à Suleyman qui avait
volontairement pris *sur une aile*, sa seule ligne de communication!

Ces 40,000 hommes réunis un peu plus tôt à la nombreuse armée de Philippopoli, la plus nombreuse que nous
ayons jamais pu réunir en cette campagne, eussent créé
une force écrasante dans une manœuvre en avant d'Andrinople! C'eût été un Plewna formidable qui aurait fait une
bouchée de cette armée russe fatiguée, réduite et épuisée.
Car, ainsi que nous l'avons dit dans *Les Occasions perdues*,
cette soi-disant marche triomphale des Russes, n'était
qu'une « déroute en avant »! (voir croquis n° 15).

Comment oublier cette page de notre histoire militaire?
Comment n'y pas revenir sans cesse? Quelle introuvable
occasion envolée!

Mehemmed-Arif-Bey relate, à propos de cette aventure
de Weysel à Chipka, une conversation qu'il eut avec
Moukhtar-Pacha, vers la fin de la guerre.

Voici ce qu'il dit : « Au moment de rentrer à Constantinople avec Moukhtar-Pacha, nous rencontrâmes, sur la
route, entre Erzeroum et Baybourd, le général Campbell
envoyé par le gouvernement anglais pour suivre les opérations. Il nous annonça la chute de Plewna, et nous dit
qu'Osman-Pacha était prisonnier. Cela nous affligea beaucoup, et nous causâmes un moment des motifs de ce triste
événement. Moukhtar-Pacha avait dit alors : « Maintenant
les troupes de Chipka devraient se replier sur Andrinople (?). Expédions un télégramme au Ministre de la
guerre pour lui conseiller ce mouvement, car si cette
armée reste à Chipka, elle sera tournée et faite prison-

nière….. » J'ai répondu au Maréchal : il y a, en ce moment,
à Constantinople Réouf-Pacha qui occupe le poste de
Ministre de la guerre; il est entouré d'un nombreux État-
major. Peut-être la démarche de Votre Excellence soulève-
rait-elle des récriminations….. Le Maréchal voulut bien se
ranger à mon humble avis, et moi je m'en suis toujours
voulu de l'avoir émis….. Peut-être l'aurait-on écouté, et
ce conseil arrivé dix jours avant la capitulation de Weysel
aurait sauvé ces 40,000 hommes qui eussent compté considérablement dans la balance, au moment des opérations décisives?…. Que conclure de cela? N'y avait-il pas
eu dans tout cet État-major quelqu'un capable d'émettre un
avis analogue, ou bien faut-il attribuer cette lacune à
d'autres causes?…. »

Quand notre livre *Les Occasions perdues* a été publié,
nous ne connaissions pas celui de Mehemmed-Arif-Bey, où
nous trouvons ces détails, car il n'avait pas encore paru, et
pourtant nous avions, sur le même sujet, versé de nombreuses larmes…..

Nous avons laissé Mehemmed-Arif-Bey au moment où il
parlait des dernières troupes organisées à Kars et des
neuf bataillons avec lesquels Moukhtar-Pacha se remettait
en route vers les mêmes passes du même Soghanly, comme
aux premiers jours de la campagne….. Il nous cite des
faits de guerre fort intéressants, et quoique cela nous
entraîne à des longueurs, nous ne pouvons nous empêcher
de les consigner ici :

« Nous étions arrivés un peu au delà de Yeni-Keuï, à un

endroit qu'on nomme Kitchésor : c'est un petit village situé
au-dessous d'une colline et en face de la route qui descend
du Soghanly. Le lendemain du jour où nous étions arrivés
en ce point de notre retraite, nous apprîmes qu'une importante force ennemie, composée des trois armes, venait d'être
aperçue sur le Soghanly..... Moukhtar-Pacha résolut que
tant que l'on ne verrait pas l'ennemi bien décidé à quitter
les montagnes, on ne ferait pas bouger nos troupes pour
une retraite. Le lendemain, les Russes commencèrent à
descendre et aussitôt le Maréchal fit placer les neuf
bataillons du côté non visible à l'adversaire de la colline
située au-dessus du village en attendant de voir ce que ferait
l'ennemi (1).

« Comme au début de la campagne, les Russes pouvaient
nourrir trois projets : 1° occuper la passe de Délibaba pour
empêcher le débouché d'Ismaïl-Pacha; 2° se mettre entre
Ismaïl-Pacha et nous, afin d'empêcher notre jonction; nous
attaquer directement et, quand ils nous auraient battus,
rester libres de leurs mouvements pour agir directement
contre Ismaïl-Pacha.

« Il faut savoir que nos neuf bataillons ne constituaient
qu'un effectif total de 2,500 hommes.....

« Pendant que l'ennemi descendait du Soghanly, et que
nos troupes attendaient au repos, le Maréchal, seul sur le
sommet de la colline, observait l'ennemi avec sa lorgnette.
Et moi, j'étais assis à une cinquantaine de pas en arrière,
en compagnie de Capoudan-Mehemmed-Pacha et de deux

---

(1) Ces troupes sont placées en position d'attente. C'est pour la première
fois dans le cours de cette campagne que nous voyons faire de la bonne
tactique.

colonels, à attendre les événements, lorsque Capoudan-
Mehemmed nous dit : « Pour l'amour du Ciel, qu'est-ce que
nous faisons ici? A quoi cela sert-il de rester là à attendre
le choc avec une poignée de combattants?.... » Et comme
les autres camarades demandèrent ce qu'il fallait faire,
Capoudan exposa plusieurs moyens qu'on pouvait —
d'après lui — employer pour en finir. Voyons d'abord ce
que le Maréchal ordonnera d'après la gravité des circonstances; mais il ne bougeait pas, et parlait encore moins;
sa lorgnette braquée vers l'ennemi, il observait en silence.

« Capoudan Mehemmed de plus en plus inquiet recommença à parler et dit : « Je crois que le Pacha effrayé par
la gravité de la situation a perdu littéralement la tête....;
ou bien il s'entête..... Il va se faire tuer, et nous avec..... »
Et il ajouta en s'adressant à moi : « Allons, levez-vous et
allez trouver le Pacha..... Montrez-lui bien le danger
énorme dans lequel nous sommes; moi, je ne peux pas —
comme soldat — lui parler ainsi; d'abord, c'est contraire
aux règles, et ensuite, il croirait que c'est par peur que je
tiens ce langage. » Les colonels furent du même avis et me
décidèrent à faire la démarche. Je me mis à marcher lentement vers le Pacha et m'arrêtai derrière lui. On eût dit
qu'il était figé en terre, hypnotisé par sa lorgnette ou les
objets observés, incapable de savoir que quelqu'un était
venu près de lui. Je compris qu'il n'était pas disposé à
écouter et à parler..... Je toussai fortement; il tourna la
tête et d'un ton sec et posé dit : « l'individu arrive! »

« Profitant de l'occasion, je répondis : « Oui.... Oui....
Excellence..... votre serviteur aussi, voyant que l'ennemi
arrive, venait prier Votre Excellence de vouloir bien.....
me permettre de..... rejoindre à Erzeroum ma pauvre

famille....., car on ne sait pas ce qui peut arriver..... J'expédierai les miens en un lieu sûr et rejoindrai Votre Excellence à l'endroit qu'elle me désignera!.... »

« Remettant la lorgnette devant ses yeux, il me répondit d'un ton encore plus sec : « Dieu est miséricordieux; si nous partons, nous partirons tous ensemble! » Et il se tut. J'ai attendu encore un peu, et voyant que la suite ne venait pas et n'osant pas le déranger dans un pareil moment, je revins à mon point de départ. Capoudan-Mehemmed venant anxieux au-devant de moi me demanda : « Qu'as-tu fait? Qu'a-t-il décidé? » Et quand je lui dis que pour toute réponse, j'avais eu : « Allah-Kérimdir! — Oui, dit-il, je vous l'avais bien dit, il s'entête, il s'obstine, il va périr, et tous ceux qui sont là n'auront pas d'autre sort..... Oui, vous ne pouvez pas deviner l'entêtement de cet homme. Dès l'École de guerre où nous étions ensemble, je le connais..... » Tout en parlant ainsi, nous arrivâmes près des colonels qui furent mis au courant du résultat de ma démarche infructueuse. Tous se mirent, de nouveau, à se lamenter; ils voulaient, pour échapper au danger, que l'on se retirât sur les hauteurs de Namervan (Nériman). Ils firent tant que je me décidai, une seconde fois, à entreprendre une démarche auprès du Maréchal..... En arrivant tout près de lui, je le retrouvai dans la première posture : immobile et la lorgnette collée à ses yeux..... Comme il ne faisait pas mine de s'apercevoir de ma venue, je me mis à parlotter tout seul..... A la fin, il regarda de mon côté, et me voyant, il dit : « L'individu est descendu dans le vallon! — Oui, répondis-je, c'est pour ce motif que je venais.... prier Votre Excellence de vouloir bien me permettre d'aller mettre les miens à l'abri de..... » Mais il me coupa la parole en me disant de nouveau : « Allah-Kérim! Si l'on part, nous parti-rons tous ensemble! » Et puis, d'un ton de commandement, il cria : « Holà! Mehemmed-Pacha! » Et il dit à notre ami le Capoudan qui était venu en courant : « Depuis une demi-heure, j'observe l'ennemi avec ma lorgnette. J'ai vu cinq régiments de cavalerie ennemie et une batterie d'artillerie quittant le camp de Soghanly, descendre des hauteurs dans le vallon qui est à notre droite. Il résulte de mon observation qu'aucune troupe n'a suivi ce détachement, de sorte qu'il faut conclure que c'est un détachement de découverte chargé de reconnaître notre force, ou bien l'avant-garde (1) que toute l'armée va bientôt suivre. D'après toutes les apparences, l'adversaire a sacrifié ce détache-ment; par conséquent, c'est un gibier qui nous tombe du Ciel! Eh bien! j'ai la conviction que si nous attaquons de suite, il en résultera — avec l'aide de Dieu — une chose très importante pour nous (2). Allons, va, mon ami, appelle Messieurs les colonels, et préparez l'attaque.

« En prenant trois bataillons sous ton commandement, marche par la droite sur ces crêtes, et que le colonel Mehemmed-Aly-Bey avec trois autres bataillons s'avance par celles de gauche. Les trois bataillons restant marche-

---

(1) C'est pour la seconde fois que l'on pense chez nous, — au même endroit, comme à la première marche vers Soghanly — que la cavalerie seule peut être employée comme avant-garde..... Au surplus, on pouvait s'attendre de la part de l'adversaire à une pareille façon d'agir, car cette cavalerie n'avait rien donné pendant la campagne d'été autour de Plewna et les Russes avaient formé souvent des avant-gardes composées exclusivement de cavalerie.

(2) A la bonne heure! Voilà des paroles bien conformes aux vrais prin-cipes et à la situation. Elles révèlent en Moukhtar-Pacha l'homme de guerre par excellence, qui eût été un grand capitaine dans un ensemble mieux préparé, mieux outillé, mieux secondé par ses sous-ordres et par les autorités.....

ront au centre de la formation sous mon commandement direct et que Dieu nous accorde le succès! Va, mon ami! »

« Pendant que Capoudan-Mehemmed-Pacha écoutait ces ordres du maréchal avec une visible pâleur sur sa figure, il me regardait de côté et par clignement d'yeux semblait vouloir me faire comprendre : « Que t'avais-je dit?.... Tu vas voir ce qui va nous arriver? » Et chacun courut à son poste, et bientôt les troupes se mirent en mouvement. Un peu avant l'attaque, Moukhtar-Pacha harangua ainsi la troupe : « Soldats! L'adversaire vient de nous donner une bonne occasion de nous venger; allons, disons : Dieu! et marchons vite! » Et toutes les bouches répétèrent : « Allah! Allah! » Et chaque fois que le nom de Dieu était répété, on eût dit que les cris de ces braves montaient jusqu'au ciel et que les vallées et les montagnes dans leurs échos propageaient notre confiance en ce Dieu puissant! On eût dit que sous chaque rocher, des êtres invisibles, des camarades disparus nous criaient : « Nous sommes là, ne nous oubliez pas.... et donnez-nous une part de votre prière. »

Malgré son énorme supériorité numérique, le général Heimann n'osa pas attaquer. Le 23 octobre, les Russes ne bougeant pas, ce fut une bonne journée de gagnée par Moukhtar-Pacha.

La reconnaissance offensive du 24 (1) échoua devant l'attitude énergique du généralissime turc. Cette petite victoire releva considérablement le moral de nos troupes, et nous fit gagner du temps, en rendant l'ennemi plus

---

(1) C'est l'affaire dont Mehemmed-Arif-Bey parle en dernier lieu.

hésitant, et en démontrant éloquemment encore une fois, qu'il ne faut jamais abuser des reconnaissances offensives. Mehemmed-Arif-Bey nous dit que l'après-midi de ce jour, le Maréchal employa une ruse de guerre qui eut pour effet de faire croire aux Russes qu'on disposait, là, de forces assez importantes. En effet, les quelques bataillons du Maréchal passèrent et repassèrent plusieurs fois autour d'un même mamelon que les Russes pouvaient apercevoir de loin et cette ruse leur fit croire que c'étaient ae nombreux bataillons. Ce stratagème enleva à Heimann toute velléité de poursuite et le Maréchal put opérer sa jonction le 27 octobre à Keupri-Keuï avec Ismaïl-Pacha, et cette jonction *dans la retraite* est presque une victoire. La réunion des deux troupes s'élève environ à 15,000 hommes.

On ne pouvait plus, dans ces conditions, prendre l'offensive, ni contre Heimann, ni contre Tergoukassow. La défensive-offensive était seule possible.... et encore!....

Entre temps, Moukhtar-Pacha voulant se rendre compte, par lui-même, des capacités de Dévé-Boynou qui avait été reconnu comme étant le seul obstacle à opposer aux armées russes, confia le commandement des troupes à Courd-Ismaïl-Pacha et s'y rendit le 28. Mais les troupes en retraite arrivèrent à Hassan-Kalé, et comme toujours Ismaïl ne sachant pas recourir aux moyens de sûreté, et ne se gardant pas *par des avant-postes réguliers*, fut surpris la nuit; l'absence de Moukhtar coûta cher à notre pauvre armée qui, de nouveau, perdit toute sa force morale si miraculeusement relevée un moment!

Cette ignorante négligence du rustique Courd-Ismaïl devait être un coup mortel pour la dernière armée de Moukhtar.

Entre cet Ismaïl-Pacha ignorant, inconscient, et ceux qui
le maintenaient sans cesse comme le factotum du généralissime, c'est assurément le premier qui était le moins
coupable!....

Ces caprices de notre destinée qui, j'ose l'espérer, seront
moins féroces dans l'avenir, ne peuvent s'expliquer que par
notre persévérance à vouloir nous nuire à nous-mêmes!

Le cœur de la nation ottomane doit frémir en voyant en
quelles mains étaient placées les destinées de l'Empire, en
l'an 1877.

On a vu plus haut que la résistance à Dévé-Boynou n'avait
pas été longue et que c'est là que Loris Mélikow écrasa par
le nombre, et rien que par le nombre, les derniers héros
turcs; mais Dévé-Boynou ne devait-il pas être une nouvelle
édition de l'Aladja-Dagh, et dans de plus médiocres conditions? Qu'aurait-on pu attendre *d'une position* moins
bonne, ce qu'une meilleure n'avait pu donner? Pourquoi
ne pas avoir cherché un autre moyen, à défaut de recourir
à la manœuvre? C'est ce que j'appellerai : la sujétion
tactique..... Regrets superflus! mais amertume productive, si l'on veut s'en souvenir!

CONCLUSIONS

Une histoire militaire où sont consignées les batailles de
Nicopolis, de Cossova, de Mohacz, et maintes autres, et les
conquêtes dont la liste formerait de gros volumes, la prise
de Rhodes, de Crète et de Byzance, et les sièges de Vienne
et les journées de Scutari et de Varna et la prise de
Byzance sont d'impérissables souvenirs qui chevauchent
dans le ciel ottoman! Notre armée saura un jour retrouver
ses vertus un moment égarées, surtout si le privilège
inqualifiable qui exempte la capitale du glorieux service
militaire vient enfin à être aboli.....

Certaines populations de diverses régions de l'Empire
sont dispensées du service militaire. Cependant un meilleur
groupement de nos forces nationales augmenterait non
seulement nos effectifs, mais encore il permettrait à notre
race turque, qui détient seule l'honneur de soutenir toutes
les luttes, de prendre haleine, dans une sélection reposée!

Et nos compatriotes arméniens et grecs, qui grandiraient
dans nos écoles militaires à côté de nos enfants, compren-
draient enfin ce que signifient « Patrie » et « Drapeau » :
ils aimeraient, avec nous, la première ; et ils nous aideraient
à défendre le second!

Il faudrait pour cela leur donner des assurances formelles, assurances qui font partie intégrante des réformes attendues!

Mais comment admettre des Chrétiens dans nos rangs? Nous seraient-ils fidèles, dira-t-on?

Ceux qui pensent ainsi n'ont aucune idée de la force morale qui assure la cohésion dans les armées modernes!

A quel sentiment obéissaient donc ces Turcos musulmans qui se faisaient exterminer en 1870 à Wissembourg? Et sur qui tirent-ils donc nos soldats au Yémen, si ce n'est sur leurs coreligionnaires et leurs compatriotes (1)?....

Comment et avec quel succès les Russes ont-ils employé contre nous en 1877-1878 leurs éléments musulmans (leurs cosaques du Vladikaucase, leurs Géorgiens, leurs Tartares)?

Que penser de nos braves Bosniaques, si fanatiques pourtant et qui font de si excellents soldats dans l'armée autrichienne?

Et que dire des Musulmans des Indes qui défendent si bien les intérêts anglais?

Dans de nombreux rapports échelonnés depuis vingt ans, nous et de nombreux camarades, avons exposé toutes ces questions et bien d'autres.....

Beaucoup de réformes, d'immenses progrès se sont accomplis et d'autres viendront encore s'y ajouter : nous les attendons avec confiance! Mais nous ne serons jamais une nation forte, une nation armée, tant qu'une partie seule de celle-ci se fera décimer pendant que l'autre se désintéressera immoralement de la défense de la Patrie.

____

(1) Depuis de longues années, nos troupes sont décimées au Yémen, tandis que par un mot de justice et par le châtiment des coupables qui les gouvernent, on aurait la paix.

Pendant que d'une part la race combattante turque s'anémie à vue d'œil, d'autre part, celle qui est exempte et privilégiée augmente rapidement son nombre et sa fortune qu'elle emploie contre la première, au lieu de l'aider à supporter le poids compliqué de ses devoirs civiques.

Heureux les peuples qui n'ont pas d'histoire, dit-on; mais malheureux aussi ceux qui n'ont pas, comme nous, un glorieux passé derrière eux, capable d'atténuer l'amertume d'une période de dépression et de malchance!

Notre armée de 1877, malgré les nombreuses lacunes de son instruction, de son entraînement et de son organisation matérielle et morale, méritait certes un meilleur sort.

En ce qui concerne Moukhtar-Pacha, par son énergie et sa valeur, il sut à lui tout seul vaillamment soutenir le poids du commandement, et il n'est pas douteux que si les troupes qu'il commandait devinrent les victimes de leur mauvaise préparation, la cause ne saurait en revenir au vaillant Maréchal; ces mêmes troupes, normalement instruites et méthodiquement entraînées par des périodes de manœuvres où les cadres aussi eussent achevé leur éducation, avec des chefs élevés dans une *doctrine unique*, et non fantaisiste, la sainte liaison des armes eût été assurée et malgré leur nombre, tous les jours croissant, les troupes russes eussent été assurément battues!

Qui peut confirmer cette croyance, pensera-t-on? Tout simplement, la récente guerre de Mandchourie..... Nous aurions été des Japonais contre les mêmes Russes, puisque ces Russes commirent en 1877-1878 les mêmes fautes stratégiques et tactiques que celles qu'ils répétèrent — sur

une plus vaste échelle, il est vrai — dans le Liaotoung!
C'est là une précieuse indication pour l'avenir, mais en
attendant, on ne saurait ne pas reprocher à Moukhtar-Pacha,
le contact qu'il n'avait pas su prendre en arrivant à son
commandement, et celui fort périlleux auquel il se vit par
contre de lui-même condamné vers la fin de la campagne
devant Kars en ne s'assurant pas, par une troupe de sûreté,
ou par une avant-garde, les facteurs « temps » et « espace ».
Il est indispensable, en ce qui concerne surtout l'espace,
qu'une armée — petite ou grande — soit maîtresse de la
zone environnante, si elle ne veut pas s'exposer à être
enveloppée et cernée..... Notre État-major, en négligeant
de se réserver « la zone de manœuvre », qui est l'espace
compris entre les gros de l'armée et leurs avant-gardes,
s'était volontairement voué à une défaite sûre et certaine!

Sans entrer dans des détails que cette étude ne comporte
pas, nous dirons qu'à l'armée de Moukhtar-Pacha la préparation des cadres et de la troupe étant fort médiocre, la
guerre de mouvement, la guerre offensive (même dans la
défensive) n'est point pratiquée. En outre, la stratégie est
inconnue! Tout se fait tactiquement, et là, dans le domaine
de la tactique aussi, de nombreux défauts sont à déplorer (1).

---

(1) Était-il nécessaire de tant de science et franchement fallait-il se
donner tant de peine sur les champs de bataille, puisque au sein de la
capitale on possédait de puissants moyens pour détruire les armées du
Czar!... Que l'on juge plutôt : on doit se souvenir dans les hautes classes
de Constantinople que pendant cette guerre un certain H. M. Effendi —
personnage fort influent et fort écouté — avait présenté un Cheih magicien d'une puissance tellement extraordinaire, que rien que par ses
prières — et à distance — il parvenait à trancher des têtes, invisibles à
l'œil.... H. M. s'enfermait dans une chambre avec son Cheih et tous deux,
dans le silence de la nuit — car c'est la nuit que les Esprits agissaient —
commençaient la sainte besogne..... Élevant des sabres recourbés en l'air
et les abaissant sur une table à tour de rôle et à tour de bras, ils s'exhor-

La préparation par l'artillerie; le choix des points d'attaque; le combat démonstratif; le choix des emplacements pour les réserves; et enfin la manière de contre-attaquer avec les réserves, et non avec les troupes engagées, étaient des choses peu connues et très mal exécutées.

Quant à la tactique de sûreté en marche et en stationnement, elle était à peu près nulle!

A côté de ces erreurs, une autre tendance fâcheuse a régné parmi nous : la croyance que ce qui s'acquiert sur la place d'exercice aux manœuvres et dans les écoles de guerre n'est pas applicable en campagne!.... Alors pourquoi perdrait-on du temps à les acquérir? Nous allons dire, avec le règlement de manœuvres pour l'infanterie allemande en main, qu'une troupe sera à hauteur de toutes les nécessités de la guerre, si elle s'est approprié, par les exercices, les principes du règlement. Son instruction aura été rationnelle, si elle sait faire tout ce que la guerre exige, et si, sur le champ de bataille, elle n'a rien à rejeter de ce qu'elle a appris sur la place d'exercice. Nos vieux officiers ne croyaient pas à cette perfection de la troupe, parce qu'ils n'y étaient pas arrivés eux-mêmes.

Et pourtant on peut faire du Turc, et par conséquent du

---

taient, s'excitaient, s'encourageaient de la voix et du geste et..... allez donc à qui mieux mieux!.... encore une!.... encore dix!.... encore vingt!.... encore cent!....Allons courage!.... Et les coups pleuvaient drus et les lames damasquinées s'abaissaient sur des têtes de Russes!.... Et le lendemain ils présentaient un bulletin où on lisait : total têtes russes tranchées = ... tant! Mais comme l'Empire russe est vaste et ses sujets nombreux, il faut croire qu'à l'État-major de nos adversaires on ne se ressentait pas des vides causés par les saints exploits de H. M. Effendi et de son puissant ami le Cheih magicien!

soldat turc, ce que l'on veut. Nous sommes des gens aptes
à tout : il s'agit de nous assouplir, de nous perfectionner,
et de nous bien guider, en nous empêchant de nous faire du
mal à nous-mêmes. L'administration des postes de sauvetage de la mer Noire, celle des phares de l'Empire, et enfin
la Dette Publique ottomane, nous montrent qu'il n'y a pas
de meilleurs fonctionnaires que les Turcs.

Avec une bonne direction à Plewna, il a été obtenu le
maximum d'efforts et de résistance qu'une armée puisse
donner.....

Si cet admirable effort tactique, qui est physique, avait
pu être lié à des combinaisons stratégiques, les armées
russes avec l'Empereur et les Grands-Ducs et tous les généraux en tête eussent été nos prisonniers. Et il ne faudrait
pas s'imaginer qu'il eût fallu des choses extraordinaires
pour obtenir ce résultat! Non! Un accord des trois chefs
des trois armées d'opérations en Bulgarie, sans immixtion et
intervention, et une bonne utilisation des forces dans l'offensive, venant immédiatement après les premiers grands
succès tactiques, eussent suffi pour obtenir ce résultat. Une
autre preuve : c'est que la formidable armée du Tzar, voyant
le maximum de ses efforts tomber impuissants devant Osman,
dut recourir au précieux et amical concours de la brave
Roumanie pour pouvoir vaincre la *petite poignée* de héros
turcs retranchés en rase campagne à Plewna. Quelle plus
grande gloire pouvons-nous rêver? Quel plus convaincant
argument pourrait-on invoquer?

La fin glorieuse de l'armée d'Osman-Pacha a été certes
un résultat *matériel* très important obtenu par les Russes,
mais elle peut être hardiment qualifiée de *défaite morale*
pour nos adversaires..... surtout si l'on y oppose les sou-

venirs récents de Stœssel à Port-Arthur et de Kouropatkine à Moukden !

Nous avons cependant cela de commun avec les Russes, qu'en 1877 il nous manqua, comme à eux en 1904, la cohésion, la liaison des armes et l'unité de doctrine.

Tout le secret de vaincre est dans cette trinité (1).

Nous avons vu, au commencement de cette étude, que les Heimann, les Tergoukassow sont les Quasdanowitch et les Wurmser de la campagne d'Asie Mineure. Les généraux autrichiens de 1796 marchaient au hasard, tout comme les généraux russes de 1877 ; mais ces derniers ont commis des fautes bien plus grosses que les premiers et ils n'ont pu vaincre Moukhtar-Pacha qu'une fois bien concentrés, bien massés et par un geste stratégique qui a mis près de quatre mois à germer sous les tentes confortables du grand quartier général russe.

Le jour où les Russes ont laissé de côté les considérations secondaires et quand ils ont vu Moukhtar-Pacha s'éterniser devant Kars, dans des positions qu'ils ont fini par connaître dans leurs moindres détails, ils ont obtenu le maximum stratégique.

---

(1) Osman-Pacha occupait à Plewna une position efficace sur le flanc de la ligne principale d'opérations des Russes, qui allait de Bucharest par Sistowa et Tirnowa vers Kézanlik. Les Russes furent donc forcés d'abandonner leur marche de la Bulgarie vers la Roumélie et d'attaquer Osman-Pacha. Celui-ci, au lieu de se retirer à temps (il avait sûrement voulu se retirer et rectifier sa position, mais le Conseil Aulique qui siégeait à Constantinople l'obligea à rester) après avoir produit son effet..... se trouvait encore à petite distance sur le flanc de la ligne d'opérations des Russes..... c'était la meilleure position de flanc qu'on pût rêver..., d'autant plus que les Russes avaient le Danube à dos..... (M. le Commandant von Bigge).

D'ailleurs, même pour une armée comme celle de Bazaine en 1870, Kars eût été un Metz renversé..... Et je me demande maintenant si ce camp retranché aurait pu servir de pivot de manœuvre, puisque le rabattement à gauche de l'aile stratégique eût présenté les difficultés qui n'auraient pas été aussi grandes à vaincre dans une conversion à droite, d'autant plus que Moukhtar-Pacha, du 1er au 15 octobre, ne possédant pas une réserve stratégique, ne pouvait, en aucune façon, songer à un mouvement tournant « en séparant l'armée » (1).

Dans une position inconnue de l'adversaire, on aurait pu, en l'y attirant, espérer lui faire commettre les mêmes fautes qu'à Plewna et l'anéantir par des retours offensifs (2).....

Mais malheureusement, cet adversaire avait assisté non seulement à plusieurs répétitions générales de la pièce, mais encore était-il dans les coulisses et derrière les décors dont les trucs et les ficelles avaient fini par être parfaitement connus de lui!.... Le mauvais génie de la défensive passive, unie à la vision de la tactique linéaire, faisait le métier de souffleur!....

Moltke dit : une stratégie qui s'occupe plus du terrain que de l'ennemi, qui veut couvrir tout et par suite occuper tous les points, n'aboutit qu'à un éparpillement funeste!....

Ahmed-Moukhtar-Pacha a subi l'influence du milieu et de l'époque. Il commandait à une armée mal concentrée dès le

---

(1) Maxime napoléonienne.

(2) Moukhtar-Pacha ne possédant pas assez de monde, ne pouvait songer à avoir une réserve dans Kars.

début, et dans laquelle l'esprit guerrier existait certes, mais parmi laquelle l'esprit de guerre moderne manquait totalement.

Grâce à Dieu, les forces morales qui constituent les facteurs les plus puissants du succès ne nous manquent pas : l'esprit de sacrifice et le dévouement sont nos apanages..... Nous devons donc nous assurer les forces matérielles plus aisément par le travail, l'entraînement et la convergence des efforts.

La sécurité en marche et en stationnement, le service des renseignements et la grande roue du service d'État-major, le service des étapes et de l'arrière, les moyens de correspondance, l'administration civile et militaire, les trains et les parcs, les équipages de pont, les ambulances, la discipline de manœuvre, la discipline de feu, la discipline de marche, l'utilisation de la hausse des fusils, enfin tout ce rouage, toutes ces choses dont l'ensemble et l'association constituent une bonne machine de guerre, nous manquaient presque totalement.....

En Mandchourie, les Japonais ont souvent fait des marches d'approche et même des manœuvres de nuit. Cela les aida beaucoup. Mais quelle discipline, quelle cohésion doit posséder une armée pour se mouvoir la nuit ! De longues expériences et des pratiques seules peuvent obtenir de pareils résultats. Les officiers de tous grades étaient munis de lanternes électriques.....

Il faut ajouter à ces mauvaises conditions dans lesquelles la guerre fut entamée, l'impuissance désolante de notre marine qui avait pourtant englouti des sommes telles qu'en les utilisant intègrement et intégralement, on eût organisé non seulement une flotte très suffisante, mais avec l'excédent, on aurait comblé tous les vides de notre organisation militaire.....

Cette flotte qui était toute de parade, superbement ancrée dans le Bosphore et ne prenant jamais la mer que pour de courts et faciles voyages, était loin d'avoir à sa tête des Barberousse, des Pialé et des Torgout.....; et nos marins qui naviguaient fort peu, ne connaissaient pas les zones classiques de nos prouesses d'antan, et ne devaient pas facilement échapper à cette infirmité *sui generis* qu'on appelle « le mal de mer », ce mal qu'aucun remède ne put calmer jamais, et contre lequel les faveurs, les croix et les galons n'ont aucune influence et que seule l'habitude de la navigation peut vaincre et dominer.

Ces formidables navires, cuirassés armés de canons si chers et au maniement si compliqué ne s'étaient jamais livrés, ni à des manœuvres, ni à de fréquents exercices de tir; ils ne surent donc pas prendre la revanche si attendue et tellement aisée de Sinope..... Par contre, de méchants petits bateaux russes construits en bois sont venus insulter l'embouchure du Bosphore, en défiant tous nos Capoudan-Pachas et nos amiraux chamarrés d'or et gavés d'honneurs....., mais occupés ailleurs.

Jamais les côtes très musulmanes de l'Asie, ni celles des Îles verdoyantes de l'Archipel de la Sonde, accaparées en notre sommeil par de petites marines presque marchandes, oui, jamais toutes ces régions qui professent pourtant la religion dont nous détenons le Khalifat n'ont vu flotter le glorieux pavillon ottoman!

En 1877, un officier de marine russe, monté sur une méchante petite barque, fit sauter sur le Danube un gros moniteur cuirassé, à la barbe de nos officiers qui rêvaient sans doute à ce moment, qu'il aurait mieux valu se trouver dans la Corne d'Or, devant Kassin-Pacha, à manger d'excellentes moules farcies, de ces moules qui pullulaient, incrustées hélas! en dessous de nos cuirassés au repos!....

Cependant, quel utile emploi on eût pu faire de ces bateaux de guerre qui se trouvaient alors dans le Danube!....

Il n'y avait qu'à les laisser tout simplement descendre le courant — mieux encore que ne l'avait fait jadis l'archiduc Charles avec des moulins flottants contre le pont de Napoléon à Lobau — et le pont de Sistowa eût été rompu juste au moment de la déroute des Russes devant Plewna!

Il est aisé de se figurer ce qui en serait résulté!

C'eût été prodigieux!

Mais on ne sut pas plus utiliser ces petits engins de guerre sur un fleuve aux eaux dormantes, que les grands navires impotents contre les fiers ports russes de la mer Noire.

Que les nombreux achats de navires, torpilleurs, sous-marins, croiseurs et autres que l'on fait maintenant et nos cuirassés ancrés aux Dardanelles puissent réserver à notre histoire des pages meilleures! Et cela arrivera, nous en sommes persuadé, car nos camarades de la marine impériale, dans une transformation méthodique, ne demanderont pas mieux que de répondre à tout ce que l'on peut attendre de leur patriotisme et de leur intelligence, mieux guidés et plus normalement orientés!... Que Kilidj-Ali nous entende!

En terminant, laissez-moi vous dire, mes chers camarades et amis, que si l'amour que j'ai pour la Patrie m'a dicté le devoir sacré de publier des actes blâmables suivis de sévères mais scrupuleuses appréciations, et de manifester quelquefois trop vertement peut-être mon opinion sur des hommes, j'ai néanmoins la satisfaction de penser que, grâce à certains progrès réalisés depuis plusieurs années dans notre pays, il nous est permis d'espérer que si des événements nous obligeaient à nous trouver de nouveau en face de l'ennemi, notre armée, savamment conduite par vous, mes camarades d'aujourd'hui, doit nous faire envisager pour l'Empire un avenir aussi brillant que son passé a été glorieux !

TABLE DES MATIÈRES

Paris. — Imprimerie R. CHAPELOT et Cie, rue Christine, 2.

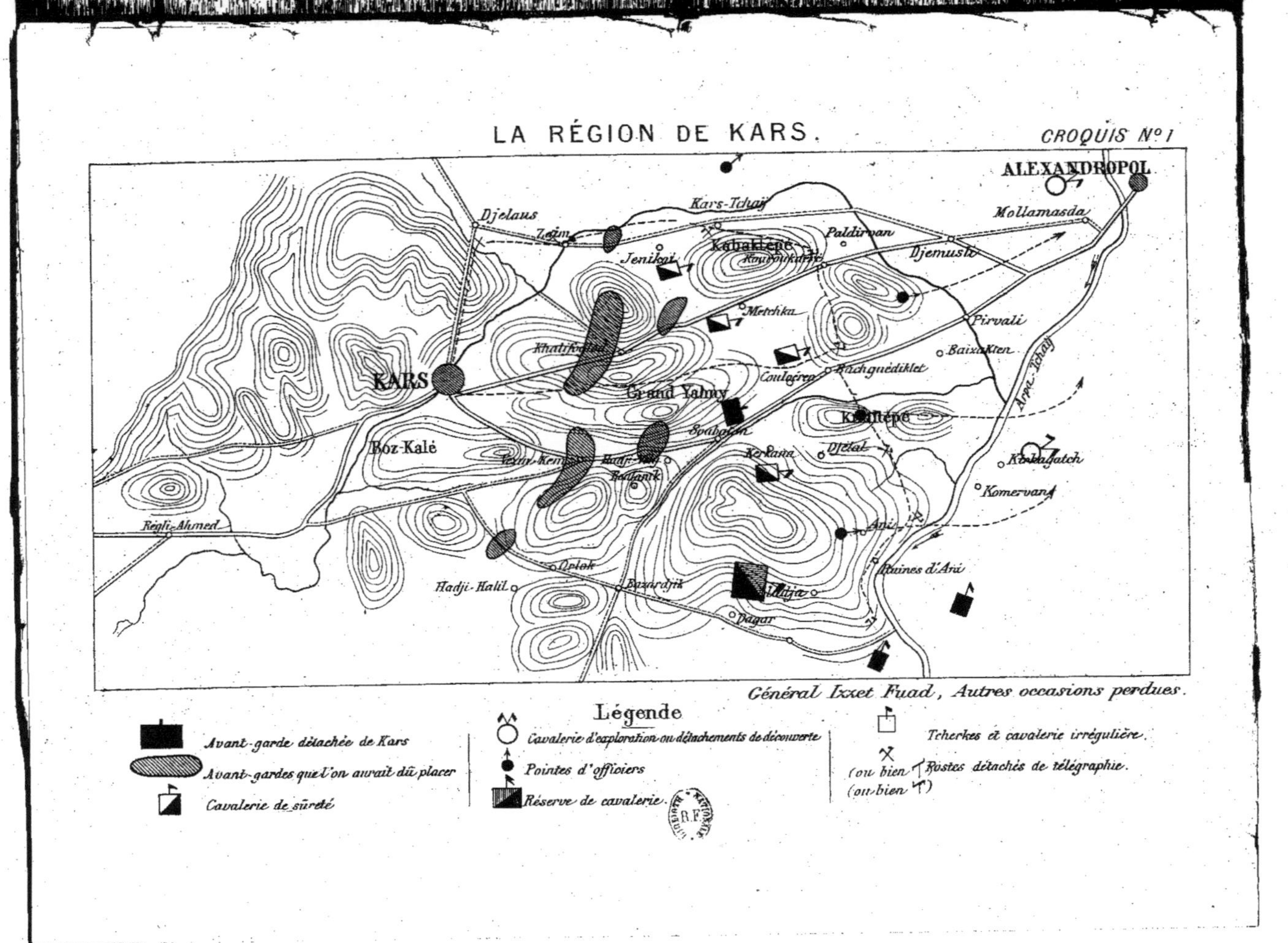

LA RÉGION DE KARS.
CROQUIS N° 1
ALEXANDROPOL
Djelaus
Kars-Tchaï
Mollamasda
Zeim
Paldirvan
Kabaktépé
Djemuslu
Jenikoi
Kourouikarié
Metchka
Pirvali
Baixakten
Khatikoilui
Arpa-Tchaï
Couleira
Büchguédiklet
KARS
Grand Yalny
Kouktépé
Spahoun
Kerkana
Djelal
Kirbagatch
Boz-Kalé
Yesil-Kendssi
Hadj-Veli
Komervan
Radjanik
Regli-Ahmed
Ani
Oplok
Ruines d'Ani
Hadji-Halil
Bazardjik
Ilidja
Dagar
Général Izzet Fuad, Autres occasions perdues.
Légende
Avant-garde détachée de Kars
Cavalerie d'exploration ou détachements de découverte
Tcherkes et cavalerie irrégulière.
Avant-gardes que l'on aurait dû placer
Pointes d'officiers
(ou bien) Postes détachés de télégraphie.
Cavalerie de sûreté
Réserve de cavalerie.
(ou bien)

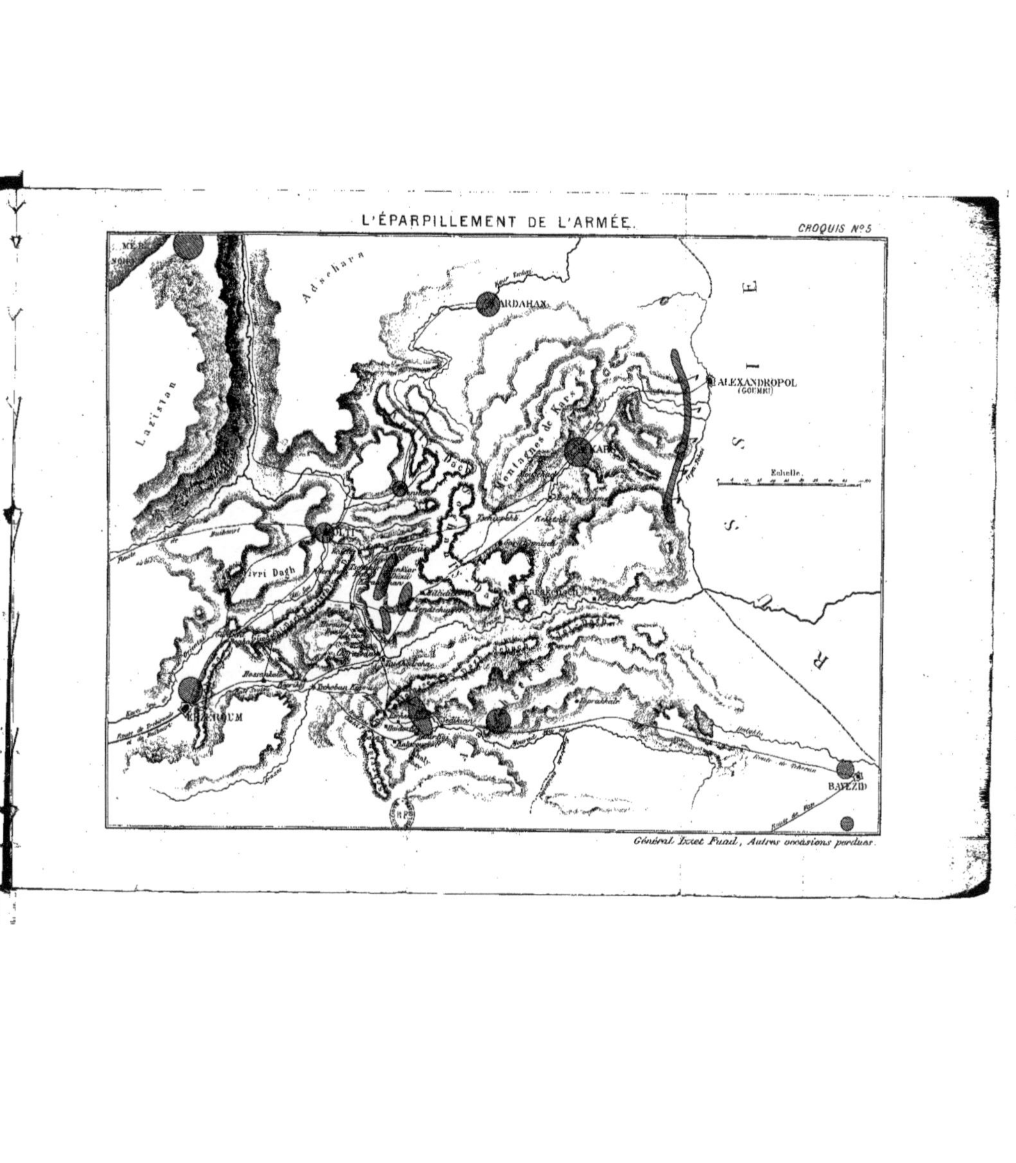
CROQUIS Nº 5
Adschara
Laziston
ARDAHAN
Montagnes de Kars
ALEXANDROPOL
(GOUMRI)
KARS
Echelle.
Ivri Dagh
ERZEROUM
BAYEZID
RUSSIE
Général Izzet Fuad, Autres occasions perdues.

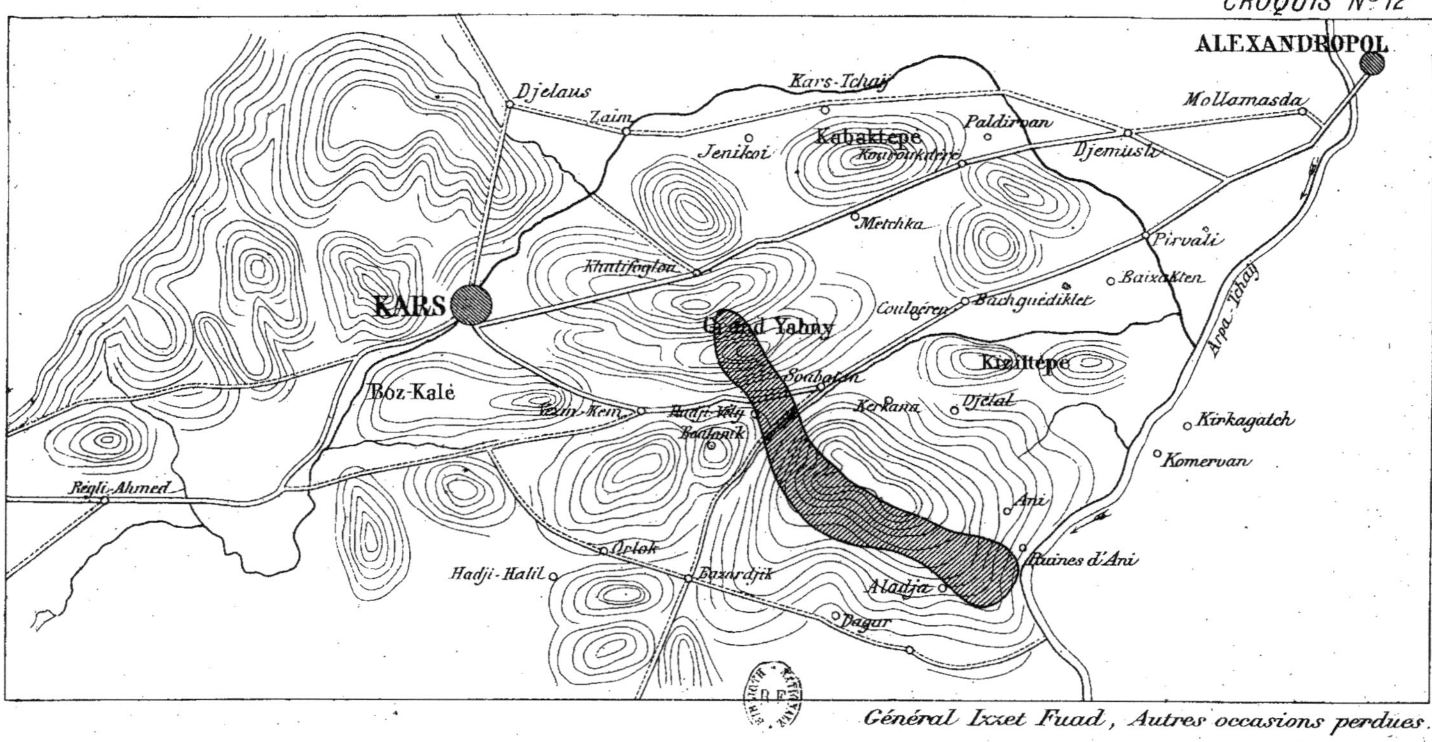

Général Izzet Fuad, *Autres occasions perdues.*

COMBAT DE KIZILTÉPÉ LE 25 AOÛT 1877.

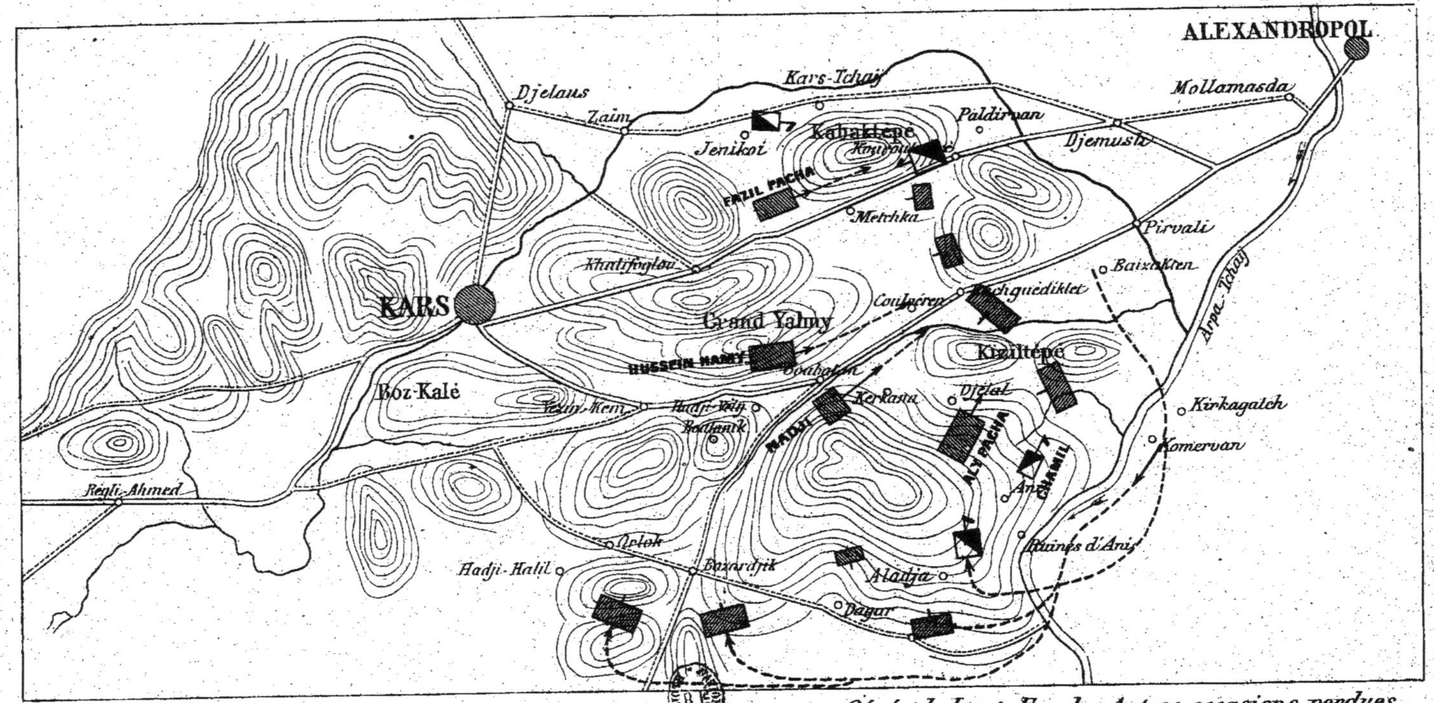

CROQUIS N° 14

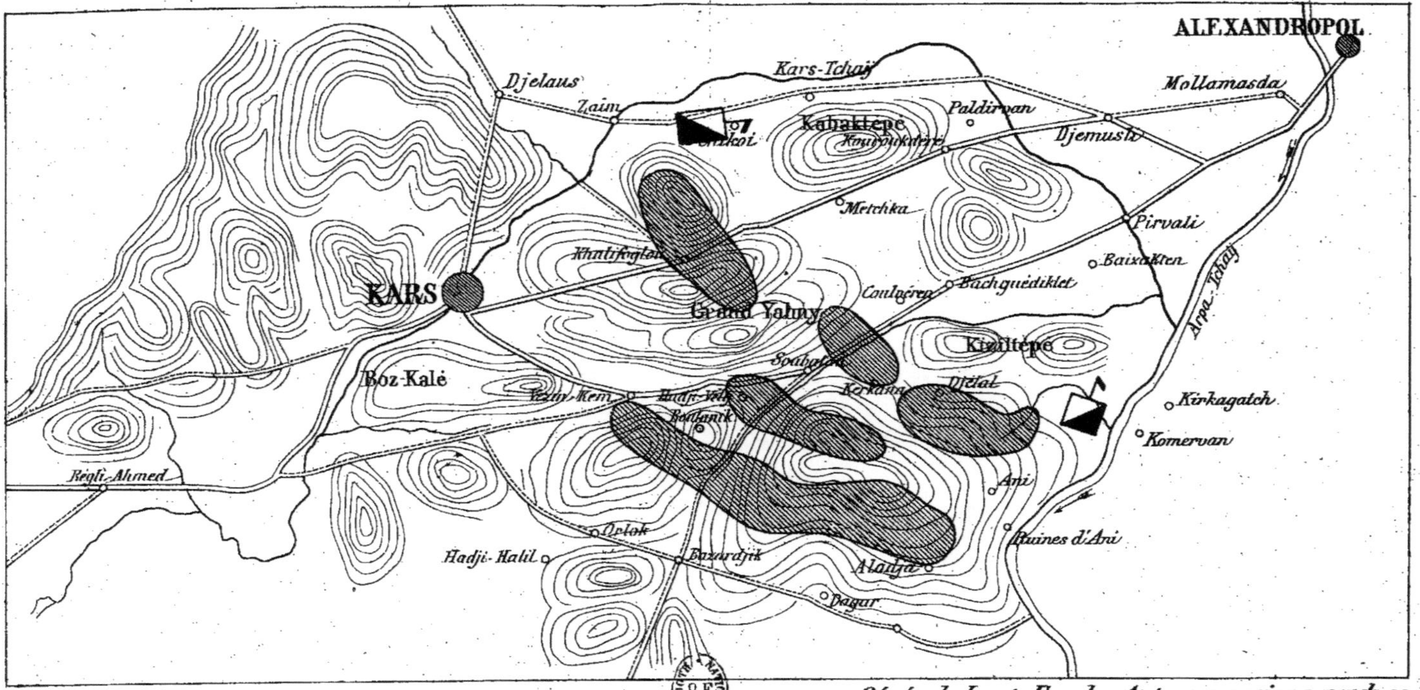

Général Ixxet Fuad, Autres occasions perdues.

Général Izzet Fuad, *Autres occasions perdues*

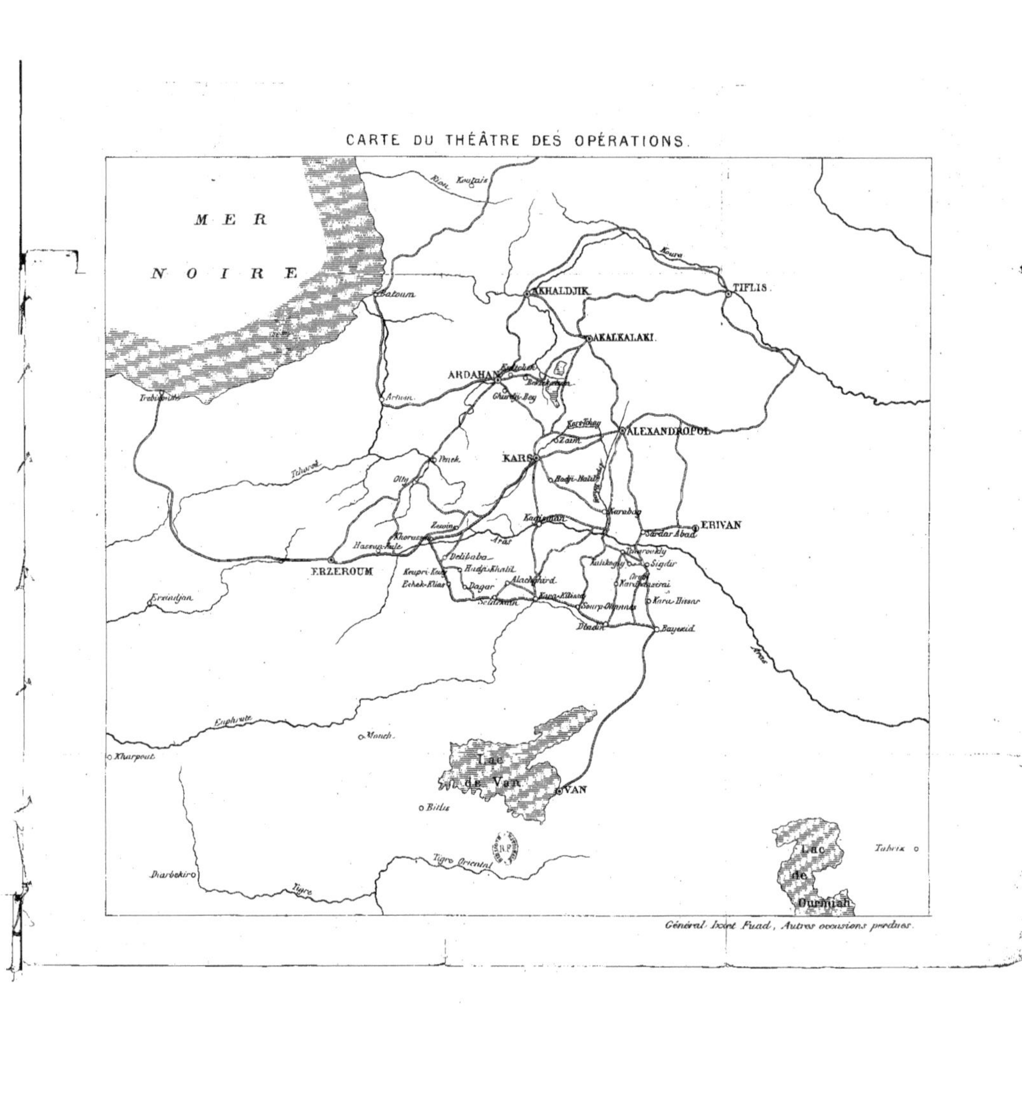

Général Izzet Fuad, Autres occasions perdues.

www.ingramcontent.com/pod-product-compliance
Ingram Content Group UK Ltd.
Pitfield, Milton Keynes, MK11 3LW, UK
UKHW021506090726
13657UKWH00001B/70